实业强国

中国制造自强之路

观察者网·科工力量栏目组 编著

中国人民大学出版社
·北京·

推荐序一

工业追赶的历史再透视

封凯栋

北京大学政府管理学院长聘副教授

在国家发展的漫长历程中,伟大的时代必然开拓了新的经济结构,并为后续的革新积蓄了势能。20世纪中叶,格申克龙(当代"经济追赶"学术研究的开拓者)在思考后发展国家的工业道路时敏锐地意识到,在先行者(如英国)成功地开创了现代工业经济霸权之后,追赶者们已经无法再简单地套用英国的工业化道路。领先者不仅为后来者树立了典范,同时也在通过竞争挤压,甚至通过非经济手段围堵后发者的发展空间。这使得后发国家的工业追赶无法亦步亦趋地模仿先行者,而是需要不断摸索和开拓新的空间。对于这一点,作为格申克龙的前辈,李斯特(德国)和汉密尔顿(美国)等人早已有了或深或浅的认识,并据此深刻地影响了19世纪大西洋两岸的两个新兴经济大国的发展道路。

成功的工业追赶者需要创造符合自身特征的发展路径,这一判断意味着我们需要形成以下三个紧密关联的认识:首先,对一个国家的工业发展战略和工业发展历程的理解,必须要放到历史情境中去。正如格申克龙的追随者们所归纳的,"每一次成功的追赶都是独特的",因为后发国家无法通过简单地模仿先发国家的经验而获得增长空间,它的成长历程需要回应其特定的发展条件和外部环境。而在工业陆续发展起来的不同时期,这些条件又会不断地被改写,驱使后发国家持续地自我革新以保证内生的发展动力。由此,只有回到历史情境,才能帮助我们更好地理解国家在特定阶段的发展约束和追赶战略。

其次,成功的追赶过程必定是一个不断开拓的过程。只有前一阶段为后一阶段积累了势能,创造了在后一阶段开拓新空间的关键条件,持续的工业发展才能成为现实。它必定是一系列典型的熊彼特式"创造性毁灭"的过程:在战略性愿景的指引下,一代代先驱者打破了先前的禁锢,创造了新的结构,解决了特定时期、特定工业体系中的问题,同时又为自己在下一个时期回应后来者挑战积蓄了物质条件。由此,工业追赶过程必然是由一系列重大战略决策所驱动的结构性调整,它们不能仅仅由简单的市场合理性来解释,否则,如果人们都屈从于中短期的经济理性,那么为后一阶段开拓新空间的势能积蓄也就无从谈起了。

最后,对于后发者来说,追赶过程成功与否关键在于国家与社会层面的整体行动,无法简单地还原为市场上的企业总和。尽管成功的大企业或企业群往往是特定时代国家财富的主要来源,同时它们又推动了时代的发展,然而新空间的开辟往往需要工业体系的构建、战略性资源的动员、科技能力和劳动力水平的整体提升。这些都大大超出了单个企业的能力和活动范畴，需要政治性的战略决策和广泛的社会动员才可能实现。可以说，工业企业的蓬勃发展为国家和社会积蓄了力量，但企业发展所依托的体系，却需要由国家和社会来锻造，并推动其持续转型进步。

中国正在贡献着自20世纪下半叶以来世界范围内最重要、最深刻也最波澜壮阔的工业追赶。由观察者网·科工力量栏目组编著的《实业强国：中国制造自强之路》为中国的大众读者提供了一个极好的历史性的、国家与产业整体性的视角。这本书体现出了作者们对国家发展、本土工业的极大热忱，为读者们提供了从石油、煤炭到粮食，从化工、制药到医疗器械，从轴承、精密仪器到工程机械等20多个产业的故事，更是包括了早已集聚世界关注目光的中国高铁、大飞机、光刻机和稀土产业的发展故事。全书数据翔实、内容丰富，而且具有很强的可读性。最难能可贵的是，写作团队不仅分析了实业翔实的发展历程，还能从历史视角来评价中国工业发展各阶段所做出的贡献、所面临的瓶颈和挑战，厘清了国家重大战略决策出台的外部约束和执行实践。全书20多个章节的结合很好地为读者编织了中国工业崛起、发展、遇困和突破的整体图景，从客观上反映了中国不同工业部门间彼此激发、逐步形成越发强大的内生增长动力的过程，让读者能够更好地理解在百年未有之大变局面前，中国工业经济内在韧性的根源。

科工力量栏目组的工作填补了大部分学术作品留下的空

白,即面向占人口大多数的普通读者深入浅出地介绍和解释中国工业发展所取得的成就和所面临的挑战。而且,相比部分晦涩的学术文章,本书采用了平实的语言来直击中国工业实践中的真实问题,反而能够更好地引发读者的共鸣,帮助读者思考中国工业发展的前景。

事实上,社会大众对实业的重新重视,本质上也是中国工业经济动态发展历程的一部分。今时今日,大部分受过良好教育的中国读者已经认识到,以中国的人口规模和中国建设人类命运共同体的愿景(不复制西方帝国主义模式),脱实向虚是无法支撑中国社会实现共同富裕的。全社会可供分配的财富,归根到底来自实业所创造的产品;而中国这样一个秉持社会主义理念的人口大国,既不该也不能依靠金融手段从其他国家、从人民身上攫取财富来获得发展。只有实业才能将广大的中国人民纳入持续咆哮向前的现代经济洪流,也只有实业才能为新科技的不断诞生、新生产力的持续兑现提供平台。

对实业的重要性已形成共识。但回顾过往,令我们(或许也包括下一代中国青年)惊讶的是,我们竟然在相当长的一段时间里并未坚信这一点,甚至一度对中国工业的内生创造力存在怀疑。对实业重要性认识的回归,得益于过去 40 多年间中国工业经济持续发展所重塑的社会心态和发展愿景,得益于中国人民看待世界和世界问题的视野发生了重大的变化。这一共识扎根于自 20 世纪 80 年代起中国融入以西方为首的世界经济体系时,通过改革开放和资源动员所积累的工业实力。在难得的发展机遇面前，中国通过打破旧的框架，搞活经济，完成人口从农业部门向工业部门的庞大转移，充分利用国内外两种资源，开发国内外两个市场，从而最终结束了短缺经济，成为"世界工厂"，并开启了向自主创新转型的探索。强大的工程能力和制造能力积累了巨大的势能，使得我们在国际经济体系裂变时拥有了博弈能力，也使得我们拥有了通过自我革新打破既有模式、为系统转型创建一个新结构所需要的燃料和战略纵深。

回溯中国工业崛起的脉络可知，中国之所以能在改革开放时期抓住融入世界经济体系的机遇，则又得益于中华人民共和国成立后30年先辈们所构建起来的健全的工业体系、稳步提高的国民素质、远超同等收入国家水平的科研队伍和科研能力，以及高水平的社会组织能力。可以说，是每一代投身于工业实践与发展活动的中国决策者、本土企业、工程师和普通劳动者，为中国随后的转型积蓄了势能，使得中国总能在危机面前通过"创造性毁灭"开拓新的空间、创建新的结构。而在屡次转型的背后，使得中国有别于同时期其他绝大多数发展中国家的，是中国基于朴素的自力更生理念对本土工业体系的重视。这种一以贯之的重视，不论是以正式的自觉还是以潜意识的形态存在，反映的都是国家和社会乃至家庭致力于动员资源来追求工业追赶、实现民族富强的深层共识。它使得中国在全球化体系中依然能够保持自身独特的自我意识。而齐全的工业体系，又使得本土不同工业部门的关联效应为中国本土经济的增长扩张提供了内生动力，为中国经济的转型塑造了韧性。这种理念和前景的正向反馈，使得在每一次重大转型中，国家和社会都能超越短期经济理性的考量，合力创建新的结构，为本土工业和本土企业营造新的发展平台。

可以说，在过去的十多年中，从越来越多的青年人开始关心工业，到新时期观察者网·科工力量等专业分析和传播力量的兴起，正是中国社会这一轮自我批评、自我革命浪潮中的可喜现象。它们推动了当前这种新的结构的形成与发展，同时它们也早就孕育在中国追求本土工业自立、追求民族工业生命力的传统中。当思考实业发展的战略、思考本土工业技术被卡脖子问题成为大众的热门话题时，社会意识就会更倾向于将追求技术重大突破、发展产业科技双循环作为价值创造的关键，而本土企业就更有可能在新的资源配置结构中迸发出创造力来。从这个角度来说，我们今天的讨论、我们新的改革实践都镶嵌在新中国70多年的工业发展历程中，我们的思考、质疑、争执、反省，乃至再探索、再革新，都将成为持续向前的历史的一部分；不同时期的建设者，每个产业中不同的企业，中国工业中不同的产业，都在共同推动着这个漫长的工业追赶历程。

当然，历史不会在我们的时代止步。在过去的十多年里，中国人结束了对"市场换技术"的迷信，结束了关于是否要自主创新的争论。但这个时代的建设者还需要继续完成他们的伟大任务，即：构建一种立足于中国本土的创新经济体制，通过国家与社会协同发力，推动各类本土企业发展新材料、新工艺、新产品、新组织，开拓新市场，从而使得创新竞争成为日常惯例，使得被卡脖子成为历史。

而未来中国的年轻人将继续开启新的征程。他们必将笑着、跳着，跨过我们向前进，继续去创造新的世界！

2022 年 3 月

推荐序二

日常幸福的宏大支撑

严鹏

华中师范大学中国工业文化研究中心副主任

对中国人来说,这既是一个大时代,又是一个小时代。

说是大时代,是因为我们正处于百年未有之大变局。自冷战结束后,咆哮高歌的全球化第一次因为贸易战、疫情、战争出现了逆转,各种曾经被神话笼罩的体制纷纷失灵,东西方力量对比出现了显而易见的变化,享受全球化红利的一代或几代幸运儿似乎再也回不去"昨日的世界"。

然而,关上手机或电脑上的某些网页,这些远方的喧哗与骚动又似乎可以离我们远去。日常的生活中的确有种种烦恼,有突然降临的疫情风险,有不情愿的加班,有年轻人的不想恋爱、不想结婚、不想生小孩,有高喊一声"躺平"或偷偷"摸鱼"的时刻……这些日常琐碎远离着宏大叙事。在生活的某些瞬间,则总有追追剧、刷刷短视频、打打游戏、玩玩剧本杀、撸撸猫的幸福时光。这种幸福,或许不大,甚至也不那么确定,但总归好过战乱流离与灾荒饥馑。在大时代的缝隙中,镶嵌着一个个小时代。

小时代有小时代的时代精神。小时代特别在意小小的幸福，特别警惕与抵制宏大叙事。在小时代的叙事模式里，个体是最重要的，个体的喜怒哀乐可以被置放于历史的舞台中央，在社交媒体的镁光灯下被万众凝视，然后被代入、被投射，成为我们自己生命戏剧的一部分。在这部戏剧里，宏大叙事的那些力量，不是消失得仿佛就不曾存在过，就是被设定为永恒的反派角色或潜在的犯罪嫌疑人。小时代不在乎宏大叙事，只在乎小小的日常与日常里小小的幸福。不，时代本身也不重要，小小的一粒灰就是一切。

比起新闻里远方的某些亢奋，小时代的幸福乃至小时代本身，都是弥足珍贵的。

只不过，这一切，并不是理所当然的。

曾几何时，我们也曾是世界镜头下苦难的悲剧的中心。先辈们所经受的战乱和灾荒，并不能通过关掉收音机而成为另一个世界。不过就是五六十年前，物资短缺还是这个国家日常生活的常态，这种记忆深深刻在我的父母辈的基因里，成为他们今天仍然会去超市抢购囤货的动力。二十年前我读大学时，电脑还是稀罕玩意儿，上网还要拨号，我还记得和"狐朋狗友"们去学校网吧通宵玩游戏、看电影的日子。十几年前，当我一个学生从武汉去上海时，要么坐历时十几小时还经常晚点的火车，要么在颠簸的长途大巴上睡一宿，深深感慨"在家千日好"就是小小的幸福。而现在，我的学生们，可以趁我不注意就去一趟远方，在我"召唤"时又火速归来，在我去过与未去过的远方体验他们小小的幸福。

是的,时代变了。

我们不能忘记过去的时代,因为时代还在变化,会变得更好还是变得更糟,一定程度上就取决于我们对变化本身的警觉与认识。

我们不能忽视的是,在时代变化的背后,是一些看不见的宏大叙事的力量,为小时代缔造了"结界",保护与支撑着这个国家无数个体的小小的幸福——或者,就是日常。

这些宏大叙事的力量中,就包含着科技与工业,就包括我们看得见而习焉不察或不容易看见的中国制造。

我推荐这本《实业强国:中国制造自强之路》,因为它生动地展示了那些支撑日常幸福的宏大叙事。我希望小时代的读者尤其是其中年轻的读者们,通过阅读这本书,能够看到这个世界的某些底层逻辑,清楚地意识到宏大叙事并不是小小幸福的对立面,相反,它是小小幸福赖以"圈地自萌"的守护者。

没有人是一座孤岛。宏大叙事并不必然是个体的对立面。孤岛上的鲁滨逊靠的是文明社会遗留的知识与物品生活,他与文明世界、与人类社会以这种纽带保持着联结。小时代的我们有"社交恐惧"的自由。这种自由,是我们的祖先所无法享受的奢侈品,因为他们只能靠紧密抱团来对抗严酷的大自然和同样残酷的同类。但通过一代代宏大叙事的积累,通过对工业文化的继承,我们可以去主动成为网络时代的鲁滨逊——或许,还可以是"元宇宙"时代的鲁滨逊。就算我们是离群索居的赛博鲁滨逊,我们也应该为这个文明添砖加瓦,留下点什么给后来的漂泊者。

《实业强国:中国制造自强之路》不是一本用"扑克脸"说教的书,我也就不用惯常的文风写序了。

2022 年 2 月

推荐序三
当美国开始重新"拼实业"

沙烨

观传媒执行董事

自 20 世纪 80 年代开始,曾经的"世界工厂"美国开始了制造业空心化。2008 年金融危机后,美国痛定思痛,反思虚拟经济过度发展的弊病。从奥巴马、特朗普到拜登,三任美国总统,力图重振美国制造业。

奥巴马的一系列政策,核心是减税和补贴。特朗普更具有对外的威胁性,除了减税,他还动用关税,挥舞制裁大棒,试图强迫生产线搬回美国。但事与愿违,贸易战非但没能让"美国再次伟大",还反噬了美国制造业,铁路货运与出口的下滑是最明显的指标。

拜登将重心转回对内措施。虽然"与中国竞争"的目标是不变的,但他把希望寄托在基建投资上,签署了 1 万亿美元基建法案,宣称要修 10 万公里的公路,建 1 500 座桥、50 万座充电站。"与中国竞争"看来其实是"向中国学习"。如果说福耀玻璃的《美国工厂》纪录片展现了美国企业高管学习中国经验的浪潮,那么大基建计划则是美国政客对中国模式的一次照猫画虎。

以中国为代表的新兴工业国家,在努力沿着制造业价值链往上爬。而占据价值链顶端的美国,无力将价值链继续升级,反而选择逆向补全自己在价值链上的位置,也就是拜登所说的"确保从航空母舰甲板到高速公路护栏的钢材,都是美国制造的"。

这背后的原因是复杂的。一个重要原因是美国的基础研究投入下滑,而中国的科技创新却迎头赶上。1953—2002年的50年间,美国基础研究经费年均增长率几乎是GDP年均增长率的两倍,在鼎盛时期,美国的研发投入可以占到全球的70%左右;联邦政府始终是基础研究的主要资助者,比例在57%~71%。但正如本书第一章所描述的,如今,无论是美国在全球研发投入中的占比,还是联邦公共投入在美国研发投入中的占比,都大大下降了,前者为30%左右,后者仅剩25%左右。发达工业国家开始走向存量知识再利用的创新,而对具有高度不确定性的基础研究热潮退却,使价值链进一步产生革命性升级的空间变小了。

另一个重要原因是全球化的危机。普林斯顿大学经济史学家哈罗德·詹姆斯(Harold James)在2000年就富有远见地写出了《全球化的终结》(*The End of Globalization*)一书。他认为,自由贸易无法长久,全球化-国家化的周期就像钟摆,曾在两次世界大战之间高涨的保护主义诉求卷土重来只是时间问题。无论全球化的终结是否为必然的结果,人们对全球化的问题已经观察得越来越清楚。过去 70 多年，完成工业化、上升为发达国家的国家不多，其人口少之又少，全球化没有为世界多数人口带来福音，而国家解体则注定是苏联、南斯拉夫联邦等国家的悲剧。

没有完整的工业体系，即便像乌克兰一样继承马达西奇公司、安东诺夫设计局、南方机械制造厂、尼古拉耶夫造船厂（又称黑海造船厂）这一众世界顶尖技术企业，也会因缺乏配套设施，而终究玩不转。而像巴西、墨西哥这样的新兴工业化国家，不能在国际分工中建立起独立自主的经济体系，把工业建立在依靠大量外资企业的基础上，陷入了"中等收入陷阱"。将研发外包给印度等国的美国制造业代表波音所遭遇的困境，则与上述例子体现了一种殊途同归的对称，同样证明了全球化的不可持续与对民族产业的伤害、崩解。不妨用"高收入陷阱"来形容如今贫富分化日趋严重、需要工业价值链各个部分回流的美国。

实体经济对数字经济、虚拟经济的带动作用不言而喻。比如，中国如果没有基建优势与物流便利，就没有电商的繁荣。但实体经济内部，不同产业链条上各环节与链条之间的分工协作，由此编成的一张张内循环或外循环的网络，却往往被忽视。人们把目光聚焦在工业体系中的一颗颗明珠上，并讲述这些传奇企业的神话时，容易忘记整个结构的重要意义。正如马达西奇如果在中国，肯定和在乌克兰是不同的命运。离开了这个结构带来的产业集群协同效应，明珠也会黯然失色。重振美国制造业不是靠振臂一呼就能实现的。今日的中国能给特斯拉这条"大鲶鱼"这样一片"水域",美国现在能吗?

当美国开始重新"拼实业"的时候,回顾并考察中国制造的自强之路,恰逢其时。本书用 23 个核心产业的故事,为读者勾勒出中国实体经济这张大网的结构,从基础的原材料到高端的光刻机,都尽量帮读者抓住重点,看懂每个产业的运行逻辑。书中用有趣的故事和简明的数据,讲清楚问题的来龙去脉、是非曲直。

从 2011 年观察者网创立以来,一些富有家国情怀的理工知识人聚集于此,以甬温线动车事故的舆论争议为契机,从科学、技术和战略角度正面支持中国高铁发展,形成了"工业党"这样一个群体和话语阵地。关注中国工业发展,是观察者网的一大特色。在这里,除了有智库学者的发声,也诞生了科工力量这个垂直栏目。本书是观察者网·科工力量栏目组在日常的科普工作中长期积累的成果,愿和更多关心中国制造的有识之士共同切磋、探讨。

是为序。

2022 年 3 月

目 录

引言 // 001

第1章 **一条荆棘之路** // **009**
　　民族资本推动的工业化 // 011
　　前三十年的工业化 // 014
　　企业家的创新 // 019
　　科技创新竞赛 // 024

第2章 **石油产业的中国方案** // **041**
　　石油与现代史 // 041
　　确保中国油气消费安全 // 045
　　资源的诅咒 // 047
　　中国油气勘探新征程 // 051

第3章 **粮食是国家安全的根基** // **055**
　　并非多余的粮食焦虑 // 055
　　国际粮食贸易的黑手 // 058
　　耕地红线托住主粮底线 // 062
　　农村合作化的中国方案 // 064

第4章 "香蕉共和国"的本质 // **069**

"香蕉共和国"的诞生 // 070

被异化的苏东阵营农业合作 // 073

云南咖啡豆引发的思考 // 076

第5章 碳中和目标下的煤炭产业转型路 // **083**

煤炭,中国经济发展的"燃料" // 084

煤炭与气候变化 // 086

煤炭产业转型之路 // 089

迈向清洁能源"无人区" // 092

第6章 将钢铁这一工业主粮握在自己手心 // **097**

澳大利亚铁矿卡得住中国脖子? // 097

铁矿供应多元化之策 // 100

铁矿石定价权之殇 // 102

澳矿断供,受伤的是谁? // 106

第7章 面对低端制造业外溢需要国家智慧 // **109**

世界工厂:大国的冠冕 // 110

产能转移的限度 // 112

汲取中国经验的越南 // 116

第8章 印度药业对中国的启示 // **121**

印度仿制药的第一桶金 // 122

"世界药房"离不开中国 // 125

赶超法宝——产业政策 // 127

创新药的中国"红利" // 130

第 9 章 服装纺织：从"丝绸之路"到"纤维之路" // **135**

"中国织造"的千年辉煌 // 136

1 亿条牛仔裤换 1 架波音飞机 // 139

走向高端"纤维之路" // 143

第 10 章 中国"稀土霸权"如何炼成 // **147**

"点石成金"的稀土 // 148

中国"稀土霸权"如何炼成 // 150

稀土为何只卖出"土"价格 // 155

稀土产业升级之路 // 157

第 11 章 石化产业的污染悖论 // **163**

石化产业的崛起 // 164

治理石化"两高"的对策 // 166

欧美石化产业"生意经" // 169

第 12 章 破解国产高端医疗器械行业困局 // **175**

口罩极限增产背后的中国制造 // 176

口罩"去产能"的烦恼 // 178

呼吸机增产之难 // 180

高端医疗器械突围策略 // 182

第 13 章 新能源汽车的机遇 // **187**

电动汽车前史 // 187

特斯拉横空出世 // 190

特斯拉辉煌的暗面 // 194

中国电动车产业的"鲶鱼" // 199

第 14 章 中国工程机械走进"无人区" // **207**

基建狂魔 // 208

了不起的中国工程机械 // 211

徐工改制风波 // 213

工程机械创新"无人区" // 216

第 15 章 精密仪器行业何以积弱 // **219**

神通广大的 PCR 仪 // 219

难以摆脱的进口精密仪器 // 222

中国精仪行业何以积弱 // 225

"逼上华山一条路"的价值 // 228

第 16 章 小小的轴承,大大的隐忧 // **231**

分清轴承与轴承钢 // 232

可堪大任的中国轴承钢 // 234

轴承突围,可以从轴承钢学到什么 // 238

第 17 章 豪华邮轮:制造强国的重要一环 // **243**

邮轮的前世今生 // 244

邮轮产业版图的变迁 // 246

邮轮建造难在哪里 // 248

与市场共成长的国造邮轮机会 // 252

第 18 章 高铁:残酷的技术竞争和政治角力 // **255**

意难平的日本 // 256

抄袭是个伪命题 // 259

国际高铁"大博弈" // 261

第 19 章　大飞机复刻高铁奇迹 // **267**

　　大飞机情结 // 268

　　运-10，生不逢时 // 270

　　C919 的骄傲 // 274

第 20 章　北斗导航系统：艰难的历程 // **279**

　　北斗定位系统溯源 // 280

　　北斗与"伽利略"的情仇 // 283

　　走向世界的北斗三号 // 287

第 21 章　机床：跌跌撞撞的追赶者 // **291**

　　白话智能制造 // 292

　　大而不强的中国机床业 // 295

　　04 专项的失与得 // 298

第 22 章　光刻机：一步一个脚印补齐功课 // **303**

　　光刻机之难 // 304

　　阿斯麦崛起 // 306

　　中国光刻机，征程漫漫 // 309

第 23 章　工业软件：逆水行舟 // **317**

　　EDA 软件卡脖子之忧 // 318

　　工业软件发展不如印度？ // 320

　　历史机遇的到来 // 324

第 24 章　深海探测：海洋里的角逐 // **329**

　　深海探索的人们 // 329

　　"挑战者"的文明意蕴 // 333

　　载人深潜突围路 // 336

后记 // **341**

引 言

曾经有一次,笔者问过父母这样的问题,那就是,他们觉得社会的哪个变化对自己的人生产生了最明显的影响,父母不约而同地说是"入世",也就是中国加入WTO。在那一刻,我明白了一个道理:每个普通人的人生轨迹,确实和国家发展的脉动息息相关。

2021年,中国发展的又一次巨变开启了,这一年的全国两会上,《中华人民共和国国民经济和社会发展第十四个五年规划和2035年远景目标纲要》(以下简称《纲要》)正式表决通过,这标志着未来五年到十五年,中国经济与社会的发展有了一份总蓝图。

这份纲要可以说和我们每个人今后的人生都息息相关。2020到2035年,是我们国家从大国向强国迈进的关键阶段、关键考验。

每个迈向世界舞台中央的大国,都不可避免要经历这种关键阶段的考验。

1899年,西奥多·罗斯福,也就是老罗斯福,发表了著名演说《奋斗不息》。在这篇演说里,老罗斯福针对当时美国粗放式发展的种种弊病,将清王朝作为一个反面例证,呼吁美国人在风起云涌的国际政治百年大变局中，不能像中国人那样满足于个人生活的"小确幸"，要保持刚健质朴的奋斗精神，追求更高的个人成就和社会价值；而美利坚民族，也要大力建设远洋海军，在西半球乃至更遥远的世界，展现美国的意志，维护美国的利益。老罗斯福甚至说，美国不能仅仅做一个"西半球的中国"。

两年后，老罗斯福正式入主白宫，成为美国总统，在其任内，对外大力推动门罗主义、"门户开放"等积极有为的外交政策，对内则强化联邦政府的权威，平衡国内利益分配格局，打压分拆日益庞大的托拉斯产业、金融垄断资本，推动进步主义国内改革，让普通美国人得以感受到社会的公平正义，并第一次把环境保护提上了议事日程。

在这个变革的时代之前，美国的经济和政治，可以说都有鲜明的农业社会特点，比如国会的超级强势地位。而在这场巨大的转折后，以现代化大都市的快速发展为背景，美国社会从产业基础到上层政治，都发生了翻天覆地的变化，深刻改变了美国普通人的生活方式。

美国史学泰斗亨利·康马杰（Henry Commager）在他的不朽经典《美国精神》一书里，这样评价 1900 年前后的转型阶段对美国的意义："分水岭的这边是农业国家，那边是现代美国。"

老罗斯福的一系列改革，使美国实现了意义深远的现代化转型，庞大的经济体量转化成了有效的国家竞争力，踏上了大国崛起之路，并在两次世界大战之后，正式接替英国，建立了全球性霸权。

美国崛起和英国衰落的背后，是科技和工业的力量（科工力量）的此消彼长。

1900年，英国著名物理学家开尔文（Kelvin）对人类科学技术发展表达了消极的观点，指出：除了黑体辐射等方面残存的"两朵乌云"，物理学基础理论大厦业已基本建成，剩下的工作只不过是一些更精确的测量之类的杂活。

后来的事情我们都知道了，人类科学技术很快出现了新的突破，只不过，这些突破不再是由英国人所主导和引领。开尔文当年错误的判断，正是在大英帝国科技创新减速的环境下产生的。大英帝国在科技、产业等领域战略优势的相对衰落，也是一战前国际政治"大变局"的重要驱动因素。

太阳底下没有新鲜事，一个世纪后，类似的声音在美国再次出现。"工业革命到头了"，在2011年一本名为《大停滞》的书中，美国经济学家泰勒·考恩（Tyler Cowen）提出了这样的观点。放在美国当前的现实环境里，这并非哗众取宠。

从美国乃至更广泛的发达国家的经验来看，科学技术创新正在变得越来越艰难。早年一个简易的试验装置就足以做出拿诺贝尔奖的成果，而今天投资成百上千亿元的精密科学装置，动辄上千名科学家参与，要收获点滴新发现却十分艰难，要累积到出现重大基础理论突破更是遥遥无期。中小学教材里那些天才发明家灵光一现就能造福人类的故事，在今天日益成为天方夜谭。各国科研投入越来越多，学术共同体的规模越来越庞大，新的科技成果却呈现投入产出明显的边际效应递减，甚至是负收益。

发达国家在科技创新前沿十分明显的减速，产生了两个看起来矛盾的现象：一面是"新知识"越来越昂贵，越来越不容易获得；另一面则是"旧知识"越来越容易得到，也就是成熟技术扩散速度加快。如今天普通人可以买到的大疆无人机，30年前，可能只有美国最顶尖的理工实验室能够拼凑一架。

当前国际科技竞争的格局，颇可类比于龟兔赛跑的寓言：领先的兔子步伐越来越迟滞，追赶的乌龟则跟着兔子的脚印，一步步稳稳拉近了差距。这一停一进之间，科工力量过去百年来的传统秩序开始被动摇，新兴国家凭借着学习现成知识的优势，也就是所谓的后发优势，快速缩小了与美国等发达国家的技术能力差距，随之而来的是美国官方、产业界、学术界的空前焦虑感：当美国不再是科学技术上最优越的国家时，美国凭借什么让全世界认同其权势和影响？

百年轮回，焦虑的"旧世界"霸主和雄心勃勃的追赶者们，在科工力量此消彼长的驱动下，在科学技术的"版图"上展开了一场边疆开拓大博弈，以图在可能的新产业革命中发展自己、超越对手。

对于正在崛起的中国来说，在由韬光养晦的角落走向世界舞台中心的这个关键阶段，科工力量是决定成败的关键。

在《纲要》描绘的总蓝图里，可以清晰地看到国家对科工力量的重视，以及两个清晰的思路：一方面，中国已经形成的传统工业优势要继续保持，明确"保持制造业比重基本稳定，巩固壮大实体经济根基"，保护和完善传统产业，补齐产业链短板。另一方面，在增量上要争取优势地位，也就是在可能的未来产业革命中，中国要卡住位置，不能错过潮流。

《纲要》把未来产业革命的潜在方向梳理为八个领域，即人工智能、量子信息、集成电路、生命健康、脑科学、生物育种、空天科技、深地深海，并将在相关领域落地一批具有前瞻性、战略性的国家重大科技项目。这八个领域，就是中国在全球科技"大博弈"中的布局和规划。决定未来国家盛衰的新产业革命，必将出自其中某个或某些"赛道"。

而从2021年开始的"十四五"，将会是这些战略性"赛道"全球竞赛的关键阶段，这五年里形成的技术路径和竞争格局，将塑造未来很长时间的产业面貌。

在这场围绕产业革命"潮头"位置的竞赛中，有一个越来越明显的趋势，那就是：赛场上的玩家越来越少了。在普遍对规模效应和资源优势更为依赖的新兴产业方面，如人工智能、新一代通信、新能源产业，西欧国家和日韩等中型经济体逐渐力不从心，不得不退居附属性地位。

此前发展优于中国的国家，在这场比拼中无疑比中国更为焦虑，它们的各类智库或官方顾问委员会发布的评估报告每年不下百份，大同小异的威胁评估和政策建议一大堆，真正用来解决问题的措施相比之下则显得乏善可陈。这些国家除了使用赶走中国科学家或者捐款游说"国货国造"等手段给对手下绊子，在更艰苦，更考验能力的方面，也就是如何"做好自己的事"方面，无论是官方预算和政策，还是企业的战略投入，总体而言都呈现一种"雷声大雨点小"的态势。

中国人的做法却截然相反。比起去做"容易"的事情，也就是如何给别人制造短期困难和限制，中国人更喜欢埋头做好自己的事情，关心怎样提高自己的能力。在不断挑战自己的过程中，中国的科工力量，也从产业政策，到项目牵引、企业扶持、市场引导，形成了纵向贯穿政产学主体、横向连接产业循环链条的有机整体，冲破了一个个技术和产业壁垒。

一个伟大国家崛起的转折年代，同样是社会生活面貌将发生巨大变化的阶段，如同在从老罗斯福到伍德罗·威尔逊的"转折时代"，美国人的生活方式、工作模式都发生了翻天覆地的变化。

今天大多数中国人可以亲眼见证2035年的到来，在《纲要》所瞄准的那个时间点回首，对比2020年的中国人的生活方式，一定会有让人感慨的巨大变化。

2035年的中国将是怎样的一幅图景？

1935年，方志敏烈士在《可爱的中国》一文中，写下了对未来中国的想象："朋友，我相信，到那时，到处都是活跃跃的创造，到处都是日新月异的进步。"

《纲要》已经为我们提供了许多理解和想象未来的线索，这些线索与先烈们的愿景不谋而合。

除了新型战略技术和产业的清单外，在社会层面，《纲要》明确提出了宏大的基础设施建设规划，这种规划不是传统城乡基础设施简单的规模扩张，而是第五代移动通信、工业互联网、大数据中心等"新基建"硬件体系和基于这些硬件基础设施的社会生活深度"数字化"转型。

在"远景中国"，今天如同空气和水一样不可或缺的社会微观结构，如国民教育和医疗体系、企业雇佣和劳动模式、人口迁徙和家庭组织，都很有可能发生巨大变化。今天的每一个中国人，也需要做好拥抱变化的心理准备和人生规划。我们将与每一个读者同在，一起参与和见证这个伟大的时代转折。

在社会生活发生更纵深的变化之前，科技大博弈的最前沿，已经有太多内容值得我们梳理和记录。正是怀着这样的心情和认识，我们沿着工业体系低中高端的纵剖面，与您共同领略中国科工力量的光荣与梦想、艰辛与希望。本书第 1 章全面梳理中国工业的过去，并展望未来发展；第 2 章到第 24 章，讲了中国 23 个产业的故事，基于中国视野，从产业角度全面解析全球供应链，梳理和复盘北美、欧洲、东亚、中东在低端、中端、高端制造业中的博弈竞争，勾勒和描绘中国攻坚克难、勇攀高峰的复兴轨迹。

第 1 章　一条荆棘之路

中国人用几十年的时间，走过了西方用几百年走的路。

《人类简史：从动物到上帝》(*Sapiens：A Brief History of Humankind*)作者尤瓦尔·赫拉利说："全球不平等的加剧体现在许多方面，如我们可以看到，自动化革命和人工智能革命由极少数国家领导，而大多数国家被甩在后面。"机器替代人脑的第四次工业革命正在到来。可在奔向未来的道路上，越来越多的国家因为失去"工业化"的资格，正在脱离队伍。

20 世纪以来，特别是第二次世界大战之后，工业化成为世界各国经济发展的目标。少数西方国家在第二次世界大战前通过殖民等手段，完成了工业化目标。后来，以色列、韩国、新加坡等人口小国，在美国扶持和产业转移的大背景下，也完成了工业化。更多的国家仍在底层挣扎，难以翻身。

"资源诅咒""中等收入陷阱"深深困扰着沙特阿拉伯、墨西哥等国家。输出廉价的资源产品，输入高价的工业品，成为一种常态。有的国家甚至没有能力参与国际工业分工体系。为了实现工业化，这些国家也曾尝试各种办法。像东欧各国、俄罗斯在改革后，完全拥抱市场经济，却并没引爆工业革命，反而去工业化严重，沦为农产品、原材料出口国。

与此相反，中华人民共和国成立后，经过几代人的不懈努力，成功地实现了工业化目标。回头来看，中国的成功，并非缘于刻板地照搬所谓的主流理论，而是缘于强有力的中央政府的领导。从第一个五年计划，到当前的第十四个五年计划（2021—2025 年），中国人用几十年的时间，走过了西方用几百年走完的路。

历史经验告诉我们，自由市场、小政府主义无助于工业化，这些术语本质上是为老牌资本主义国家侵略发展中国家提供借口。没有强有力的中央政府，没有各级行政人员的努力，没有合理的产业政策，对弱国、穷国来说，工业化只是虚幻的梦想。

跨越百年时间长度，从明清开始的民族资本主义萌芽，到新中国成立后的高度计划经济，再到改革开放后的市场探索，在不同的历史时期，中国的工业化遇到了不同的问题，遭遇各种挑战。而一代又一代中国人，通过尝试和总结，最终蹚出了自己的工业化道路。

民族资本推动的工业化

毛主席曾说过这样一句话:"讲到重工业不能忘记张之洞,讲到轻工业不能忘记张謇。"前者是为了挽救清王朝而付出巨大努力的洋务派,后者是实业救国的实干家,他们虽然来自不同阵营,却都为中国民族资本主义发展做出了独特的贡献。

西方的工业化是从轻工业开始的,以纺织工业为主,从手工业向机器大工业过渡,用机器取代人力。蒸汽机、煤、铁、钢构成了工业革命的要素。英国也凭借这样的先发优势,快速建立起"日不落"帝国。苏联作为后来者,并没有照搬这样的模式,而是反其道而行之,奉行"优先发展重工业的社会主义工业化"路线。

为了快速实现强国的愿望,民国政府也曾想在重工业上努力,可现实条件不允许。从结构上看,民族工业主要集中在纺织、食品等轻工业,重工业基础薄弱,没有形成独立完整的工业体系。另外,民族工业先天不足,缺乏资本、技术、人才。在动荡的局势下,没有政府的统一思想和强力支持,完成工业化无从谈起。洋务派掌握国家资源,曾在重工业领域发力,但他们的目的只是维护封建统治。而民族资本在政治领域没有强力的话语权,被封建主义、官僚主义、西方资本压迫,只能在夹缝中生存。

第一次世界大战结束后,民族资本主义的黄金时期即刻破灭,帝国主义列强卷土重来。刚刚兴起的民族工业开始走下坡路,就连轻工业也步入困局。日、美、英等国加紧向中国倾销商品和资本,利用中国境内丰富的资源和廉价的劳动力开办工厂,占领市场。

1929年,西方资本主义市场爆发金融危机。帝国主义为了转嫁第一次世界大战后的战争亏损、弥补资本不足,转向开拓新市场掠夺财富,将资本侵略的目标直指中国民族资本主义市场。当时,国内的民族资本主义市场本应大力发展民族工业,稳定市场、积累财富。但是,西方资本操控使得金融界持有的资本大量流入公债市场,导致民族工业资金周转失灵。当时,西方的银行资本和工业资本已经紧密结合,诞生出金融资本,也就是资本最高级、最抽象的表现形态。

此时正值南京国民政府成立。基本统一全国后,南京国民政府实施了一系列恢复国民经济的措施。从某种意义上来说,这也为后来的抗日战争奠定了一定的物质基础。

在1927年到1936年间,很多工业部门有较大的发展,国民生产总值也有一定的提高。国民政府还成立资源委员会,由其负责发展重工业,包括勘采煤矿、石油矿、铁矿、铜矿、铅锌矿、锡矿、金矿,并配套建设了炼钢厂、炼铜厂、钨铁厂、机器制造厂、电工器材厂、无线电制造厂、电磁制造厂等。当时,从国防角度考虑,这些工厂分布在湖南、湖北、江西、云南、四川、青海,而沿海地区几乎没有。

在南京国民政府时期，通信事业也有了显著发展。苏、皖、鄂、粤、湘、鲁、冀、晋、豫九省的大城市及军事要塞之间建立了直接的电信联系。同时，我国先后与美、德、苏、英、日、荷兰等订立无线电通报合同。国民政府于 1933 年 3 月开设上海、莫斯科之间的直接无线电路，并筹设中英通讯电台及洛阳国际电台等。

在外表繁荣的假象下隐藏着严重危机。蒋、宋、孔、陈四大家族所控制的官僚资本垄断了国民经济的主要部分，成为国民政府的经济基础，严重遏制了社会经济的发展。在此过程中，民族资本受到官僚资本的剥削。

宋、孔两家先后担任财政部长，长期把持国家的财政大权。以宋家为例，在抗日战争前，宋家拥有的产业包括中国棉业公司、华南米业公司、国货联营公司等。宋子文也利用政治特权发展官僚资本，控制中央银行等金融机构，通过发行货币、公债等手段掠夺财富。

日本发动侵华战争后，中国民族企业遭受严酷的双重压榨：一方面，如前文所述，在国统区，官僚资本膨胀，民族资本日益萎缩；另一方面，在沦陷区，民族企业被日军毁坏或吞并。热播电视剧《大宅门》中讲述了这样的情节：日军侵占北京，日本商人策划阴谋，逼迫主人公白景琦交出自家的医药秘方，甚至用他孙子的性命相威胁，还逼迫他担任所谓"会长"，展现中日"亲善"。这些细节虽然是故事需要，但也从侧面反映出民族资本主义发展的艰难。

抗日战争胜利后，民族工业也没有迎来春天。1946年，蒋介石政府与美国签订《中美友好通商航海条约》。该条约表面上规定双方国民在彼此的国土上享有同样的居住、旅行权利，可以在对方国家从事商业、工业、宗教、文化教育活动，但实际上是为美国的经济侵略大开国门。因为此时的中国，经济实力与美国相比差之千里，毫无平等可言。蒋介石政府之所以签订这样的不平等条约，为的是在内战中获得美国更大的支持和援助。此后，美国对华进行大量商品输出，国货被排挤，民族工业陷入绝境。

中国民族资本主义从明清萌芽，到鸦片战争后兴起，再到民国时期发展，民族工业在国民经济中所占的比重一直很小，始终没有成为中国社会经济的主导，缺乏独立性。因为没有重工业基础，民族工业难以构成完整的工业体系，在技术、设备以及原材料方面不得不依赖外国垄断资本和本国官僚资本。但不可否认，中国民族工业的发展积累了经验，为近代化进程铺设了道路。

前三十年的工业化

新中国成立后，前三十年的工业化看起来充满计划，关键却在计划之外。与其说中国是在执行以苏联模式为代表的"计划经济"，不如说中国是在混沌的工业开局中，艰难地摸索出一套尚且可行的生产体系和经营模式。在持续不断的探索和失败中，人们预期的计划经济模式尚未成型，发展上限就已经被锁死。但是，这套"锁死"的系统又为中国提供了后续工业化升级的宝贵的基础资源。这也让对前三十年工业化进程的评价比起预期复杂许多。

对于当时的中国，工业建设的问题主要分为三种：筹集资金、集中产能、构建体系。筹集资金的问题在于成本高昂，预算有限。集中产能和构建体系的问题，则是另一个层面的博弈。

以产能问题突出的钢铁行业为例，单独按照产能评价，中国在宋朝时期钢铁产量就超过了 100 万吨，但是这些钢铁属于"土钢"，无法转化成工业产能。为了把这些手工钢迅速"集中"成标准钢，"大跃进"时期就提出搭建"土高炉"，利用全国性的零散生产扩大钢铁工业规模。"大跃进"的解决方式是失败的，但是它要解决的问题，却是当时全国工业进程存在的固有问题：利用群众化的生产运动，实现规模化生产。

构建体系的问题，则聚焦于人才领域。新中国缺的不光是专家，还有中层技术人员和基层工人。根据 1949 年的人口统计数据，全国 5.4 亿人口中，大学生不到 14 万人，技术人员不足 5 万人，全国文盲率更是达到 80%。这样的人口素质，连理解工厂都困难，成规模的工业生产几乎不可能。想要解决生产力水平问题，也只能依靠国家层面。

总而言之，新中国前期的工业建设，集中了一个国家工业化发展中包括资金、产能、人才在内的所有核心矛盾。这些矛盾无法靠援助根治，更不能靠掠夺缓解，只能依靠庞大的全局规划解决。

整体而言，在新中国成立后我国的工业化进程中，"计划经济"仅仅完成了预期的一部分任务。在工业化从无到有上，中国通过学习苏式计划经济体制达到了目标。在工业发展的规模化和集中化问题上，中国的计划经济则没有给出完善的解决方案。这一问题最终也就发展成了工业产能的流动性问题。

我国的工业化经济模式受到我国农民数量大这个国情的影响，导致计划经济一直在解决群众问题和地方问题，将更多农业社会的民众转化为产业人口。中国的计划经济一直在通过权力下放的方式进行经济发展的探索，反映在工业领域则是央企和地方企业的交叉建设。

针对地方资源的调动，中国主要做出了两种尝试：一种是发动群众运动，迅速上马小规模工业；一种是利用资源迁移，实现不同地区的再平衡。经过不断的尝试后，中国探索出了农村工业化的道路，以农机厂、农具厂为代表的乡镇企业发展出了中国特色的基层工业体系。以三线工程为代表的产能再平衡，则从国家的角度，缩小了地区间工业发展的差距。

两种尝试的设想十分完善，实际执行中却出现了各种问题。借助农村工业化，小规模工业引入了大量产业人口，但是这些产业人口并没有在后期实现深入的转化，对应的社队企业在同质化的生产中各自为战，无法达到工业生产规模化的要求。工业再平衡在执行的过程中则是"为了平衡而平衡"，先进产能并没有融入地方,成为产业系统的一部分,中国的工业发展形成了大量孤岛。

这些问题的本质在于,中国工业化建设遇到的问题需要的解决手段是反工业化的。如果按照传统的工业化思路,城市规模需要扩张,先进产能需要快速升级、扩展规模,农民、农村就会成为工业发展的累赘,内陆省份会沦为原材料输出地。这种经济上的不平等会转化成社会上的不平等,最终演变成城乡的二元对立。这样的工业化建设模式,显然不符合中国当时的国情。中国计划经济也就显得不太"工业化"。

强行实现的平衡是不可持续的。一方面,平均主义的分配模式在完成资源配置后,无法调动后续生产的积极性;另一方面,不设上限的产能援助,在后期打击了先进产能自身的发展。生产部门的矛盾,逐步转化到供给端和消费端。人民的生活水平也长期停滞。

停滞的问题,不仅体现在民众生活中,也体现在地方和国家层面。计划经济针对地方的动员,在备战思路的异化下,变成了"大而全"和"小而全"的建设。所有地区都拥有相同的产业,各地的经贸往来就需要额外的调整,然而当时的中国并不能像苏联一样实现强势的计划动员,工业化的建设和供销互动不足,形成了事实上的流动性枯竭。

如果从外部环境来看,中国工业的流动性枯竭不仅是地方性的,也是全国性的。1950年1月,巴黎统筹委员会成立,作为西方发达工业国家的贸易制裁工具,这一组织限制了共产主义国家的尖端技术和稀有物资的流通。正常的工业化发展中，中国也要借助对外贸易，实现技术和物资的流通。以巴黎统筹委员会为代表的西方国家组织，则断绝了这条道路的正常发展。

在社会主义阵营中，中国工业化发展遇到的不光是中苏之间的政治矛盾，也有中苏之间的产业矛盾。通过苏联援助和中国持续的工业化建设，中国作为后发国家，已经具备了一定的重工业产能。除了原料产业和代工产品之外，中苏的产业分布在当时已经出现了一定程度的同质化。中方也很难借助贸易往来承接急需的技术资源，无法形成有发展潜力的工业贸易。

工业化对流动性的追求，是工业化对资本积累的追求。对于工业国家而言，这种资本的积累可以借助基础产业的自主发展，然而当时中国的农业尚未完成机械化，还需要工业产品的反哺，难以为工业发展提供资本。历史上出现的武力掠夺，也不适合中国的发展道路。先发国家的资本转移受到外部环境的影响，成为国际关系问题。

对中国这种后发国家而言，计划经济体制有发展的合理性和必要性。但是，在工业化产能建设之后，流动性问题的解决已经超出了中国计划经济体制的能力范围。这是因为，计划经济体制的建设和规划，在中国的执行环境中，往往集中于系统之内。

工业资本的形成和流动，一般依托于系统之外，内生过程也极其漫长。计划经济无法掌控外部环境，实际执行中也并没有对内生资本加速。解决这一问题的唯一方式，就是参与国际贸易体系，借助外部的资本和技术转移推动工业发展，这也意味着中国计划经济体制完成了应有的历史使命。

企业家的创新

21世纪以来，随着国内经济的高速发展，中国已经以全新的姿态站到了世界舞台的中心。在改革开放的40多年里，一群别样的企业家勇立潮头，深耕实业。

这些人尝尽人间百味、历经不测风云，有的人仍在潮头挺立，有的人几经沉浮飘摇。不得不承认，正是因为有这些企业家的冒险精神和创造力，才得以有今日中国宏大的商业气象。这些企业家的特殊之处在于，他们总能第一时间感受到变化，并把这种变化转化为机遇。

本节以曹德旺的例子作为代表，反映中国企业家拼实业的这段历程。

一块平平无奇的汽车玻璃有着怎样的科技含量呢？"玻璃大王"曹德旺用自己的实际行动给出了答案。作为福耀集团创始人，他领导的福耀生产出的产品被宾利、奔驰、宝马、奥迪、大众、丰田、通用、福特等多家全球知名厂商使用，在全球9个国家和地区拥有生产基地。在国内，更是每3辆汽车中就有2辆使用福耀玻璃。然而，这个目前全球第一大汽车玻璃生产制造商，在30多年前，还只是一家乡镇企业。

福耀集团前身是创办于1976年的乡镇企业——高山异形玻璃厂，当时专门生产水表玻璃。曹德旺是厂里的采购员，不过该厂效益并不好。1983年，玻璃厂经营不下去了，公社领导找到曹德旺，希望由他承包。曹德旺接下了玻璃厂，在他的一番改制下，玻璃厂起死回生，当年就赚了22万元。

1985年，玻璃厂搞合资，曹德旺以父亲盖的房子抵押入股，占这家企业50%的股份，算是彻底掌控了企业。但曹德旺不满足于做水表玻璃。在一次游玩中，他发现汽车玻璃价格高昂，一片玻璃要几千元，而且全靠进口，国内没人做。"我一定要为中国人做一块自己的汽车玻璃"，怀着这样的想法，曹德旺一刻不停地开始筹备生产汽车玻璃。在购买了上海耀华玻璃厂的旧设备图纸后，他们成功地完成了设备的安装并投产，当年盈利70多万元。

尽管当时的生意已经做得风生水起，但曹德旺并不满足现状，他还在寻求做得更好。1987年，曹德旺联合11个股东集资627万元，在高山异形玻璃厂的基础上，成立了中外合资企业——福耀玻璃工业集团股份有限公司。当年底，他带着公司技术人员一起赴芬兰泰姆格拉斯（Tamglass）公司参加培训。在培训中，他偶然看到实验室有一台根据设计参数自动成型的玻璃钢化炉。这个钢化炉对方报价100多万美元，这在当时是一笔巨款。曹德旺回国后想方设法筹齐了款项，买下了这台设备。这台设备也没让他失望，买回来之后，半年内就回本了。更重要的是，它把福耀推到了中国汽车玻璃生产的顶尖位置。

1993年，福耀玻璃正式上市。

福耀的高歌猛进没有局限于国内。1990年，曹德旺进军国际市场，并率先在美国打开局面，随后逐步渗透到东南亚、俄罗斯、澳大利亚等地。福耀的快速崛起引起了国际汽车玻璃龙头企业法国圣戈班的注意，对庞大的中国市场非常感兴趣的圣戈班决定入股福耀玻璃，持股42%。但圣戈班来后，福耀的情况急转直下。曹德旺发现对方并不打算让福耀成为世界级汽车玻璃供应商。观念分歧之下，双方在1999年分道扬镳，曹德旺用4 000万美元买断圣戈班在福耀的所有股份，并约定圣戈班5年内不得再进入中国市场。这一承诺为福耀争得了发展时间。

好景不长，2001年，中国加入世贸组织前夕，中国被美国起诉倾销玻璃。2002年，美国商务部裁定包括福耀在内的十几家中国企业在美国有倾销行为。当时，中国企业面对这种情况往往选择忍气吞声，但曹德旺拍案而起，联合国内5家企业去美国应诉。官司的结果是倾销税率从124.5%降到了9.79%。曹德旺仍然不服，选择死磕到底，官司打了3年多，最终裁定倾销税率降到了0.13%（小于0.5%视为零倾销税率）。

打赢了官司的曹德旺，把工厂从中国开到了大洋彼岸。2014年，在美国考察了几个城市后，曹德旺选中了俄亥俄州代顿市的通用汽车旧厂房，准备把这座已经废弃多年的厂房改造成福耀玻璃在美国的第一家工厂。2016年10月，福耀玻璃美国工厂正式竣工投产，成为全球最大的汽车玻璃单体工厂。中国人的建设和安装速度让美国人看傻眼了。

尽管在美工厂运营过程中，福耀遭遇了工会冲突、员工效率等种种水土不服的不利因素，但福耀的到来终究给当地带来了更多的就业机会，助力了当地经济复苏。这段神奇的经历被史蒂文·博格纳尔导演夫妇用摄像机记录了下来，这就是获得第92届奥斯卡金像奖最佳纪录长片奖的《美国工厂》。全世界通过这个片子认识了来自中国的曹德旺。

如今，福耀已在美国五个州拥有了自己的工厂。这些年间，福耀的经营模式也发生了改变，从直销模式变成了代理模式，同时开始不断钻研技术、改进生产。福耀生产每平方米夹层玻璃的单耗已经低于世界平均水平，但是曹德旺仍不满足，到处找专家降低单耗，甚至自己蹲在生产线上研究，终于又把福耀夹层玻璃的单耗降低了一大截。

2004年年底，福耀又组建工程研究院，从国内知名高校汽车系和海内外研究所、企业里高薪聘来250多人，由其专门负责设备、工艺、产品、设计创新。上天总是眷顾有准备的人，2008年，丰田决定将一款准备在中国生产的新车的玻璃天线设计任务交给福耀。这是中国企业第一次在汽车制造的概念阶段同步参与设计。

有第一次就有第二次。2010年，世界著名车企宾利又将一款正在开发的概念车的玻璃制造任务交给了福耀。宾利要求：不管何种天气，玻璃需要始终透亮；同时，玻璃上还要埋入6根天线。面对这样高的要求,福耀再次接招,最终在年底成功交付产品。

在接下来的日子里,福耀得到了越来越多企业的认可。奔驰、宝马、奥迪、大众、通用、福特等全球多家知名厂商都找上门来。福耀的产品种类创新高。比如,其研发的调光玻璃,通过遥控器可以随意调节玻璃的透亮程度;憎水玻璃则可以在雨天行驶时,让雨滴迅速被风带走;平视显示玻璃让驾驶员只需要保持正常驾驶姿势,就能对车速、油耗等行车信息一览无余;还有隔音玻璃、太阳能天窗玻璃……福耀玻璃成为整个行业的引领者。

这种创新的背后是持续的投入。福耀每年投入数亿元进行产品及技术的升级,研发投入占产品销售收入的比例不断提高。福耀还搭建了海内外设计中心、科研工作站等多层全球化协同创新平台,形成了一套自主创新研发体系。不仅如此,曹德旺还提出,创新不仅是专家的事,也是每一名员工的事。为了鼓励全员创新,从2008年开始,福耀设立了集团创新奖,目前已经挖掘上万个创新项目,其中50%来自一线员工。

在吸引员工创新的同时,曹德旺还注重对技术和管理人才的培养。近年来,福耀不断加强与厦门大学、南京大学、福州大学、福建工程学院等高校的产学研合作,在玻璃制造与深加工、玻璃相关新材料、信息化技术、自动化控制等领域共同开展关键技术攻关,培养玻璃专业人才,为福耀可持续发展奠定了坚实的人才基础。

2021年，已经75岁的曹德旺再次出资100亿元，以"民办公助"的形式筹建福耀科技大学。这所大学被定义为一所民办、非营利性、新型应用研究型大学。在曹德旺看来，教育应该被定位为事业，而非产业。他希望我国今后能够出现更多由基金会捐办的大学。"现在大学的问题在于学科的设置还不能完全与社会需求相适应，也就是说，大学培养的学生不一定满足企业的需求。"

按照曹德旺的设想，这所大学未来会采用双导师制度，一位是学术导师，另一位导师指导学生实践，后者将由企业中有经验的人担任，比如企业高级工程师等。在阐述创办这所大学的初衷时，曹德旺说："我办一所大学的目的，不是让中国多一所大学，而是在效仿日本和德国做法的同时，希望能探索出一条适合并推动中国向前发展的路。"

科技创新竞赛

最后的考验

如何实现国家工业化、现代化的目标，是无数仁人志士苦苦求索的问题。马克思对此曾作出过论断——"工业较发达的国家向工业较不发达的国家所显示的，只是后者未来的景象"。这一论断，长期以来遭到发展经济学学者的误读——将终点图景的趋同庸俗化为发展路径、发展模式的趋同。如罗斯托

(Rostow)基于英国工业化的历史经验总结的所谓赶超六阶段论,认为发展战略的作用不过是确保这一"自然自发"的过程不受负面干扰,坐等市场经济、自由贸易无形之手安排的"起飞"阶段到来。

在中东欧度过前半生、近距离见证了苏俄工业化进程的亚历山大·格申克龙(Alexander Gerschenkron),在移居美国后,提出了其后对发展经济学影响深远的后发优势理论。格申克龙的"边缘地带"在地化视角,使其得以摆脱西欧中心视角及随之而来的种种隐含研究假设,深入苏俄等"边缘地带"国家工业化历史细节,自下而上提炼出19世纪末20世纪初欧洲后发国家工业化的诸多特征,构建了内生还是引进、被动还是自主、侧重资本品还是侧重消费品等现象学层面的基本论题,最终形成了其对后发国家工业化的共通成功经验的总结,即格申克龙准则:

- 强有力的国家主导
- 早期坚持发展重工业
- 集中资源扶持大型骨干企业
- 抑制消费,强制储蓄,维持工农业剪刀差
- 快速学习吸收发达国家的技术成果

基于其经济史研究的发现,格申克龙提出了后发优势理论,指出:越是与中心国家发展水平距离悬殊的国家,其社会要求发展的内在张力就越强,发展的突变性与特殊性就越强烈,发展速度也就更具潜力。

从格申克龙准则不难看出，后发国家的工业化高度依赖发展战略的"主动作为"。经济发展绝不是一个所有部门同步得以增加福利，任何人都无须被迫付出代价的"自然"过程；恰恰相反，它天然地要求对原有社会结构进行改造与深翻。

格申克龙理论的价值，已经被中国近代以来科技与工业的发展历程所充分印证。新中国成立后，前三十年、后三十年的发展战略，无不贯穿着"积极有为"的国家调控与规划，抓住了那一时期的世界性发展浪潮。这些有效加速了新中国科技与工业水平的提升。

今天，全面建成小康社会的中国，现代化历史进程已经进入新台阶，中美科技竞赛是当下这一阶段的核心议题，也是不以我们的良好愿望为转移的一场终极考验。

面对中国在科技与产业领域越来越显著的存在感，美国精英阶层不能不产生强烈的焦虑感。早在2010年，奇书《十亿消费者》（One Billion Customers）的作者、中国经济的杰出观察家之一詹姆斯·麦格雷戈（James MacGregor），就应邀为美国商会撰写了一份中国产业政策分析报告，对2006—2020年以国家中长期科技发展规划为标志的中国产业发展战略进行了独到的分析，毫不遮掩地阐明中国科技产业的发展对美国核心经济能力——技术密集型产业的高薪酬工作岗位的威胁，将之视为中美间不可调和的根本性矛盾。中国科技和产业的赶超越成功，则越接近这一矛盾的爆发点。

数年后，被普遍认为是中美贸易战开端的美国贸易代表办公室（USTR）发布的"301调查报告"，通篇对贸易逆差甚至不置一词，完全聚焦于中国推动"自主创新"的多维度政策措施，可见其真正关切所在。该报告同样敏锐地把握到《国家中长期科学和技术发展规划纲要（2006—2020年）》的里程碑意义，将之评价为"表述中国长期科技发展战略的精华文本"。

显而易见，遏制中国科技与产业发展，确保美国优越地位，是美国朝野对华各类打压动作的核心驱动力。

被献祭在大国博弈舞台中心的科技创新诸议题，也正如权威人士撰文所总结的，"对中国来说不仅是发展问题，也是生存问题"。

中华民族的复兴，必须跨越这道难关。

美国霸权的"密码"

有趣的是，美国人的科技发展焦虑，甚至跨越了所谓的意识形态差异，在20世纪80年代的美日贸易战中，同样有淋漓尽致的展现。90年代初期的一份民调显示，苏联解体后，日本一度是美国公众最为敌视的国家，日本的"罪过"，恰是其在科技与产业发展上显示出对美国优越地位的威胁。

要理解这种焦虑，就不能不回到美国崛起的历史现场。

19世纪末20世纪初，蓬勃发展的经济力量、巴拿马运河等改天换地的超级工程，激发出了美国社会强烈的民族自豪感和"天定命运"的意识。老罗斯福在经典演说"奋斗不息"（The Strenuous Life）中自信地宣布美国的昭昭天命："文明的每一次扩张,都有益于和平,换句话说,一个伟大的文明强国的每次扩张,都意味着法律、秩序和正义的胜利。"

美国的商业传统,是由一个个创业者的"神话"组成的。早在狂飙猛进的镀金时代,洛克菲勒、卡耐基等在艰苦环境下白手起家的"强盗男爵",是美国企业家乃至美利坚民族的代表性人物;好勇斗狠的"狼性",是无数后来者效法的特质。

美国微观经济主体的"奋发有为",已经使美国制造业产出规模在 1890 年前后正式超过英国。"美国制造"席卷全球,以至于经济史学家米拉·威尔金斯(Mira Wilkins)在其名作《跨国企业的兴起》中,留下了 20 世纪初一位英国人的感慨:"什么是伦敦生活中的新特征呢?在我看来是电话、便携式照相机、留声机、市内有轨电车、汽车、打字机、室内载客电梯及多种用途的机械工具。这些东西中的每一种,除燃油汽车外,美国生产商都占据最重要的地位;其中的若干领域,它们是垄断者。到 1914 年时,美国的制造商——福特汽车公司,在汽车市场上也占据了优势地位。"

尽管如此,此时的美国科技与产业仍然处于"大而不强"的状态。

以基础研究为例,根据 1900 年相关数据,此时美国物理学研究水平与比利时、瑞士等小国相差无几,德国、奥地利等日耳曼语区国家则是当之无愧的全球科创中心。由于在国际主流学术界几乎没有影响力可言,美国零星的本土物理学研究者往往需要一边业余苦读德语、法语前沿文献,一边打工攒钱,以赚取赴德国攻读博士的川资。甚至直至第一次世界大战爆发,隔岸观火多时、眼看形势明朗要选边下场"发战争财"的美国,赫然发现高精度光学镜片等许多关键零部件和硝酸等多种核心原材料严重依赖德国。例如,对于当时的化学工业高端产品硝酸,美国战争部紧急成立的硝酸供应委员会(诺伊斯委员会)评估显示,中断从德国进口后,美国"没有能力在短期内建成硝酸生产装置并大规模生产,必须寻求其他供应来源"。

事实证明,这是一个准确的判断。1917年紧急动工的四个美国硝酸生产厂,直到第一次世界大战停战也没有建成投产。

正是在这样卡脖子的痛切体验下,美国人开始发起在科技领域的"迎头赶超",以1916年美国国家研究委员会(National Research Council)成立为起点,以第二次世界大战后瓜分轴心国科技成果并正式确立全面领先优势为终点,美国从制造大国,花费足足三十年的时间,最终蜕变为名副其实的全球科创中心。

第二次世界大战后,以范内瓦·布什(Vannevar Bush)《科学:无尽的前沿》(*Science:the Endless Frontier*)报告为标志,在冷战两大阵营和平竞赛的压力下,美国对聚拢于其国内的科学研究资源进行了力度空前的动员和发掘,对科学技术事业的公共投入规模远超出对企业的投入规模。1960年,美国一国的研发投入就占到全球69%,其中一半以上又集中在主要由公共财力支持的军事科研领域,特别是在许多刚刚萌芽的新兴技术领域，如半导体集成电路、大型计算机与互联网、航空航天，几乎完全依靠军事投资、政府研发合同等方式，推动其跨过了技术发展的"死亡之谷"。

正是这段时期美国对科技创新的超高强度的公共财政投入，使现代物理学革命的成果得以被充分挖掘，急剧增加了美国社会的技术知识存量和智力资源储备，为企业的应用研究创新提供了异常广阔的探索空间，直接催生了这一时期美国"工业实验室"的创设热潮。

在民间，美国政府也成功激发起公众对"硬科技"的广泛热情，婴儿潮一代等社会中坚力量中优秀的头脑被吸引到相关领域，无数美国小镇青年乃至农场青年获得了深造机会。高通公司创始人艾文·雅各布（Irwin Jacobs）就曾忆起，他高中毕业后为了继承家业，进入了康奈尔大学学习酒店管理专业，但在学校中受到当时风气的影响，中途转学到麻省理工学习电气工程，足见当时崇尚科技创新的社会氛围之浓厚。

依靠政府研发合同分摊工业实验室成本，相关企业在沉淀了领域专有知识后，得以聚焦资源，开发更有潜力的民用产品市场，也将美国在科技领域的领导者地位推上空前的高度。即便在20世纪80年代面对咄咄逼人的日本技术竞争，美国此时已不算高效的国内产业政策，依然得以释放出丰厚知识存量的潜力，在不长的时间内甩开了日本，重新巩固了其对高技术产业发展的定义权。时至今日，在集成电路、航天等领域的美国"新秀"企业，如苹果公司和SpaceX，细究其发展史，都能看到关键工程人才的决定性作用。那些在自家后院车库里鼓捣新发明的"极客",正是美国社会丰厚的技术知识存量的受惠者。

从以上的简要梳理不难看出,美国朝野尽管不常宣之于口,但科技霸权无疑是美利坚民族全球性权势的核心密码,是美国人保有对其生活方式的自信心与优越感的基石。

今天,在向科技与产业发展的最前沿位置前进的中国,无法逃避中美科技竞赛这场"考验"。

"大停滞"的恐惧

在这场我们必须直面的考验中,中国胜机何在?

从外部看,通过近年来的新闻,公众不难得出这样的看法,即美国制造业发展出现了明显的问题。

2011年,美国乔治梅森大学经济学教授泰勒·考恩(Tyler Cowen)出版了《大停滞?》(*The Great Stagnation*)一书,以典型产业案例结合全要素生产率等经济计量数据,阐释了其核心观点,即以美国为中心的现代科学技术发展,自20世纪六七十年代以来已经出现明显减速,即便是计算机与互联网这样的重大技术变革,对人类社会生活景观的塑造,依然无法与第二次工业革命相提并论。美国经济发展在进入新世纪后的不断降速,正是这种技术进步大停滞的反映。在摘下了所有科技创新"低垂的果实"后,人类社会新的科技创新革命前景难测。

《大停滞?》一书的鲜明观点立即引发学界乃至公众的热烈反响,催生了一场有关技术进步的大讨论。

无论在这一论题上持何种观点，至少有一个事实是任何严肃的观察家都无法否认的：科技创新，亦即获得新的科学知识与技术能力，正在变得越来越昂贵与艰难。20世纪上半叶，物理学还是一个充满人文意蕴的领域，一个聪明的头脑、一套纸笔或实验室桌子上的一个简陋器具，就可能贡献出诺贝尔奖级别的重大发现；而在今天，一台粒子加速器的建设动辄需要投入几十亿美元的资金，汇集数千位一流名校博士进行大规模协作，科研论文光署名就有数十页，具体成果却乏善可陈。

这种研发边际成本递增、边际收益递减的现象，同样存在于产业界。近年来，美国诸多成熟产业的传统领军企业，如航空航天业的波音、半导体产业的英特尔，在技术创新上，其声势均已出现公众可清晰感知的下滑。

除了"旧经济"巨头们的表现，曾经完美无瑕的硅谷科技创新"新经济"生态，同样已经今不如昔。

进入新世纪以来，美国风险投资界对"硬科技"的兴趣越来越淡薄。在光纤宽带等基础设施的支撑下，消费领域的潮流风口吸引了更多资本，而航空航天、半导体、通信技术等"硬科技"吸引的风投项目数、投资额均出现大幅下滑。

按照泰勒教授的理论，将生产可能性边界/技术前沿外推的成本越来越高，或迟或早将进入这样的状态，即边际递增的成本最终与边际递减的研发收益相接近，令私营部门的技术创新在经济逻辑上不具有合理性，进一步导致技术进步的"熄火"。

波音公司正是这一机制的典型代表。20世纪90年代与麦道公司合并后,波音在经营上日益职业经理人化,冷战时期玫瑰色的工程师自治文化逐渐消散。进入新世纪以来,尽管研发开支占公司营收的比重看似未有明显萎缩,但在数据背后隐藏着许多"魔鬼"细节。为了压缩研发成本,2013年后,波音决定关闭其主要研发基地,位于华盛顿州普吉特湾区的研究与技术部等多个工程开发部门将4 300个研发工作岗位转移到亚拉巴马州等内地低薪地区,甚至将研发外包给印度等国。波音内部的评估报告显示,在这一转移过程中,每个岗位平均可以节省6万美元的薪酬福利支出。

这种"节省"只能依靠裁汰老员工。波音在宣布转移计划时,仅仅对研发团队10%的核心人员提供津贴补助,其他工程师要么离职、要么不得不接受降薪和搬家。毫不奇怪,大量资深航空工程师被"优化";西装革履的精英高管们相信,只要保留核心骨干,再招募成本低廉的年轻员工重组团队,足以替代这些拿高工资的"老家伙"。

这无疑是对工程实践的高度无知。在大型开发工程的运转中,以图纸、数据等技术资料形式存在的显性知识,以及有形的工程组织架构,往往只能表征研发能力的一小部分;更为重要的核心能力,往往以文化、理念、价值观、经验、关系等高度内隐的形式保存在组织内部。在大量裁撤看似负担的老员工的过程中,宝贵的组织记忆也被同步"清洗"。

一位匿名工程师在接受媒体采访时回忆起当年波音公司研

发部门内部精诚团结的氛围,他说自己甚至会出钱添置实验材料。而在这场人人自危的"研发优化"后,强烈的忠诚感与归属感已经一去不复返。这位工程师不但表示"不会再为他们花一分钱",还报复性地宣称,在被迫搬去内地后,他和他的同事们不会把自己的经验传授给新入职的员工,手把手的主人翁式"传帮带"从此在波音研发部门断绝。

成本和能力被一并"削减"后,波音产品研发的滑坡有目共睹。除了震惊全球的波音 737 MAX 设计丑闻,在对国家安全更为关键的防务与航天业务上,波音近年来的"闹剧"更是不胜枚举,其承包的重型运载火箭项目,在主要沿袭航天飞机时代成熟的设计,甚至火箭发动机都是翻新成品的情况下,依然超支近百亿美元,首次发射时间拖延逾 5 年,和后起之秀 SpaceX 形成了异常鲜明的对比。

波音的困境,恰恰是美国产业界科技创新越来越力不从心的缩影。

向更深的层面挖掘,这种力不从心并不能完全归咎于资本的本性,更植根于科技创新公共投入的匮乏,泰勒·考恩"低垂的果实"这一比喻形象反映出企业界的创新天然聚焦于应用层面,是对一个社会技术知识存量的利用。在发达经济体,对存量知识的利用往往已经达到相当充分的程度。而基础研究,由于其增厚知识存量的价值,往往较应用研究具有更大的杠杆作用。再考虑到基础研究投入产出的高度不确定性,对科技创新的公共财政投入在这一发展阶段具有尤其重要的意义。

讽刺的是，美国公共财政投入恰恰走上了截然相反的路径。

时移势易。由于迷信应用研发的热潮能够永远持续，美国联邦政府的科研投入日益缩减。半个多世纪后，美国在全球研发投入中所占的份额，已经降至30%左右；而联邦公共投入在美国研发投入中的占比，也从2/3降至1/4左右；对硬科技发展牵引作用最直接的国防研究投入，所占比重更是跌落至1960年的1/10。即便是有限的国家经费，也越来越偏向于投入产出具有确定性的医疗医药领域，传统数理化基础科学和光机电工程领域备受冷落。

由大向强的冲刺

美国能否重振其公共资源对科技创新的投入，并非本书所关注的问题，重要的是，这一对美国而言的积弊置于中美科技竞赛的语境中，却等同于中国的红利。其原因正在于，位于科技前沿的发达经济体，其研发投入力度或许未达到形成颠覆性技术突破的"临界点"，但仍会不断推动既有存量知识的模块化、商业化、货架化，从而减少其全球技术扩散的障碍，后发国家对成熟技术的汲取得以享有更为有利的条件。前沿领先者的停滞与后发追赶者的加速，无疑意味着美国技术优势的不断削弱，"中心—外围"世界体系下的技术知识存量"鸿沟"被逐渐填平。

不过，有利的外部环境并不能取代内生的努力。中国科技与产业发展，更多需要的是自身的艰苦奋斗。

需要指出的是，以填补空白、拉近距离为目标的工业发展战略，通过"引进—消化—再创新"过程及相适配的经济、社会诸机制建构，业已帮助中国显著提升工业能力。随着先发与后发者之间距离的缩小，技术扩散面对的人为阻碍剧增，既有赶超发展战略面临必要的扬弃与更新。

进入新世纪以来，中国科技创新能力的长足进步以及金融、教育等社会结构因素的协调发展，也使得这样的发展战略切换成为可能和必须。

复杂制成品可以拆分为次级零部件、原材料的集成，而每个次级零部件通常也可以进行类似的递归拆解。每一层次和环节的生产商往往同时扮演着两种角色，即其产品使用者的技术供应者和次级技术的集成者。集成创新满足交付需求，累积资源，在扩大经营效益的动机驱动下渐渐掌握次级技术的知识与诀窍，已经被一再证明是一种科学有效的方法。然而，随着这一战略向技术单元越来越上游、越来越细分的领域伸展，其效能将不可避免地出现钝化。

一言以蔽之，集成创新效能钝化，原始创新价值突显。

这种此消彼长的状况，其背后的原因并不难理解：随着技术单元拆分的颗粒度细化，最终将抵达难以拆分的技术单元，即直接建立在某个底层物理现象或效应之上的材料、部件。今天为公众所熟知的不少概念，像卡脖子技术、关键核心技术，相当程度上与这些"细粒化"技术单元重合。由于相关市场体量狭小，能够容纳的企业数量和规模极为有限，与研发制造相关的专有知识（know-why）、诀窍（know-how）往往已高度内部化，甚至成为某些美欧日家族企业或"町工厂"父子师徒相承的秘密。在这样的环节上，集成创新由于缺少可供集成的技术单元，效能已无法发挥。对于这些领域，基于基础研究的内源创新、原始创新、正向创新是唯一可行的发展路径。

事实上，美国科技霸权也正植根于这样的基础核心技术单元。从当前全球技术密集型产业产出份额来看，不同于普遍的公众认知，美国在高端、中高端产业的份额事实上长期保持稳定，甚至稳中有升；中国工业的迅速崛起主要蚕食的是欧洲、日本传统产业份额。某种程度上可以认为，美国企业相当成功地保持了其在产业链、价值链最高端的地位，得以在垂直分工的顶端坐观中欧日等经济体争夺次级环节水平分工的份额，哪家有脱颖而出的势头，就予以居高临下的打击，实现了极为有效的"分而治之"。

今天的中国，已经走上了由大向强的赶超进程，或者说民族复兴进程，即将迈上最后也是最关键的几步台阶。正因如此，从以汲取和整合外部技术为主的集成创新向以内部基础技术攻关为主的原始创新转变，是走向前沿的必由之路。近年来围绕卡脖子技术的"自主可控""国产替代"热潮，可被视为新阶段中国创新战略的最新实践。

尽管发展战略在切换，战略的实践依然继承了许多中国创新发展的优秀传统，如不拘一格的"揭榜挂帅"激励、快速试错的"一哄而上"企业创新、如火如荼的硬科技投融资热潮……这些今时今日正在中国上演的科技创新实践，几近于20世纪七八十年代出现于美国硅谷的科创黄金时代的图景。

原始创新的喷涌，是一项覆盖全社会方方面面的系统工程，除了公私部门经济资源的引导与注入，社会心理与风气的塑造、人才教育培养体系的畅通同样不可或缺。从"十四五"规划等一系列纲领性文件，到工信、财政、教育等线条主管部门和地方政府的支持，发展战略正在呈现出向科技创新的明显聚焦。一系列坚决有力的配套改革，逐渐勾勒出科技创新从实验室到企业、从投融资到消费需求的"国内大循环"的完整轮廓，在生物医药、半导体、新能源等硬科技领域已经展现出巨大效能。假以时日，待这一国内大循环顺畅运行，中国科技创新战略的切换也将水到渠成。

将视野进一步放大，中国的科技创新还面临这样一个有利的宏观因素——新一轮技术革命的迹象正在显现。

尽管在技术深化的前方，基础物理理论与人类身体能力似乎已接近边界，但需要指出的是，既有科学技术知识横向扩展渗透，仍然是一个大有可为的方向。换句话说，现代科技的柠檬还未榨干。

我们所看到的诸多前沿产业现象，皆可以这一底层机理审视。例如，由集成电路产业牵引带动的物理化学综合精密制造知识向生命科学领域的渗透迁移，带动了以基因测序芯片为代表的领域内研究、操作手段的革命性变化；物理化学综合精密制造知识向传统机电领域的渗透，则带动了微机电系统（MEMS）的产业热潮；传感感知、伺服执行的微型化和数字化，则成为"万物互联"愿景的重要技术基石。

另一个有广阔前景的方向，则是地理空间的扩张。初看起来，这是一个匪夷所思的判断，自 1913 年北地群岛被发现以来，人类再未找到新的未知陆域。然而，在覆盖地表 70% 面积的大洋以及地球之外的宇宙空间中，都有着业已并非幻想的开发、开拓机会。

无论是提出近地空间人造定居点计划的杰夫·贝索斯、提出火星大规模移民计划的埃隆·马斯克，还是以 Google X 挑战赛激励民间极客探索月球的谷歌，美国科技巨头们不约而同地将目光放在了太空。

以 SpaceX 为代表的低成本商业航天创业风潮，正在将太空发射的"物流"成本，推向潜在的应用环节"引爆点"，即便这种对规模化商业应用的引爆不可能直接以千百万人移民定居为目标，但其意义或许可类比于 18 世纪末的海运大三角贸易之于英国工业革命。

无论是"新能源＋数字化"深度渗透的智能社会，还是上天入地的新边疆探索，新的重大科技创新已经越来越频繁地显露苗头，令人不难感受到其中变革社会生活形态的巨大潜力。中国在新兴技术领域的饱和式投入，也使我们具有在未来科技革命中与他国并驾齐驱乃至独领风骚的可能。天时地利人和兼备的中国，在中美科技竞赛中必将脱颖而出。

第 2 章　石油产业的中国方案

我一定要为中国人民争口气，把石油工业落后的帽子扔到太平洋去！

——王进喜

石油与现代史

对能源的利用水平，是划分人类文明史的重要标尺。

第一次工业革命，公认始于蒸汽机的发明。到了 19 世纪末，内燃机崛起，成为交通工具乃至工业生产的主要动力源，加速了第二次工业革命。石油作为内燃机的燃料来源，地位也越来越重要。在第二次世界大战期间，同盟国与轴心国为了争夺石油资源，进行过多次残酷较量。甚至可以说，石油资源是第二次世界大战格局演变的重要推手。

第二次世界大战初期，还处于"中立国"地位的美国，以日本南下扩张为由，对日逐步实施石油和钢铁禁运。日本本土资源贫乏，石油对外依赖度极高。在美国这一主要进口渠道断绝后，为了维持其战争机器的运转，日本盯上了油气资源丰富的东南亚，决定铤而走险"南进"。

当时的日本海军联合舰队司令长官山本五十六认为，要想吃下东南亚这块肥肉，必须先偷袭美军珍珠港基地，消灭其太平洋舰队主力，以保护自己的侧翼不受威胁。表面上看，偷袭珍珠港是为了摧毁几艘战舰，深层次的驱动因素则是日本对石油资源的饥渴。同样，在欧洲战场也是如此，纳粹德国入侵苏联的重要战略目标之一，就是夺取高加索地区的油田。希特勒认为，如果丧失高加索地区的石油，苏联的战争机器将难以运转，不得不对德媾和。希特勒曾在军事会议上说过：如果能夺取迈科普、格罗兹尼（这两座城市都是高加索的重要产油区）的油田，我必能结束这场战争。

石油在地缘政治中的"武器化"，并没有随着第二次世界大战的结束而消失。

1956年，第二次中东战争爆发，埃及想从英国人手里收回苏伊士运河。当时，西欧国家经济发展严重依赖海湾石油，大部分石油必须经苏伊士运河运输，否则需绕过非洲好望角。时任英国首相艾登声称："没有苏伊士运河运入的石油，英国和西欧的工业便不能保持正常运转。"为了继续控制运河，英、法延续传统的帝国主义思维,悍然出兵,武力阻挠埃及收回运河主权。

不过,20世纪50年代的国际环境已经容不下老牌殖民帝国的做派,阿拉伯国家坚决支持埃及,叙利亚、黎巴嫩立即切断了英国输油管道,沙特停止向英、法供应石油。这一举措给西方国家造成致命打击,也让中东国家体会到石油在地缘政治中能够发挥的杠杆作用。这种战时的团结被延续了下来,1960年,中东产油国成立了今天大名鼎鼎的"欧佩克",靠相互协调一致对外,增强与西方谈判的话语权。

欧佩克的成立,标志着世界原油产业的主导权正式从英美寡头私营公司转移到了石油主产国国营机构。

20世纪70年代,随着美元金本位制的终结,布雷顿森林体系宣告土崩瓦解。美元和黄金脱钩,引发了全球金融市场的剧烈波动。欧佩克公开宣布,原油定价将根据美元贬值幅度同比例上浮,也就是保持单位原油对应的黄金价格不变。欧佩克这一政策,推动了原油价格暴涨,直接引发了20世纪70年代西方发达国家的"石油危机"。

为了摆脱美元货币权和石油定价权的双重危机,美国人想出了一个一石二鸟的巧妙方法——"石油美元"。

巧的是,作为当时欧佩克产油量最大的国家,沙特也处于极其不利的国际环境。沙特一方面面临着苏联地缘触角和原油出口的双重挤压,另一方面又背负着带领海湾国家与以色列武装对峙的沉重负担。此时,美国抛出橄榄枝:只要沙特同意今后石油贸易用美元结算，美方就承诺为沙特政权提供庇护。两者一拍即合，各取所需。

以沙特为突破口，美元重新巩固了其原油贸易结算货币的地位。与国际贸易流的融合，也使美元得以继续扮演国际资本流动载体的角色。

石油美元体系的设计堪称经典：以美元计价，形成了"石油—美元—美债"环流。简单来说，以美元结算的石油贸易中，石油生产国用石油换取了大量的美元贸易盈余，这巨额盈余作为过剩资本，回流美国等发达国家金融市场，买入美元计价的债券、股票等金融产品。就这样，随着一轮轮贸易循环，源源不断的海外资本又回流美国本土市场，带来了金融产业的大繁荣。

在原先"金本位"的背景下，黄金储备集中在美国，美元基础货币发行依赖于35美元每盎司黄金的固定比价关系。而在新的"石油美元"背景下，只要有石油贸易发生，就会创造源源不断的美元需求，美国得以摆脱黄金储备的硬约束，向全球征收隐性的铸币税，将货币政策成本向外转嫁，寅吃卯粮的举债财政也摇身一变生成受海外资本追捧的国债资产，不断吸收海外资本补血。尽管美国政府债务越积越多，如今已经达到了26万亿美元，超出了美国当前GDP水平，但通过石油美元的"金融炼金术"，美国将全球贸易流和全球资本流与自身实现了绑定。

基辛格对美国的这一隐秘掠夺术曾有一段精辟的总结：谁

控制了石油，谁就控制了所有国家；谁掌握了货币的发行权，谁就掌握了世界。

石油对美元世界货币地位的救赎，缘于这一大宗商品自身的三个特点：一是重要性。石油是现代工业名副其实的"血液"。二是有限性。作为不可再生资源，石油特别是优质石油的储量有限。三是垄断性。石油储量在全球分布高度不均衡，使沙特等少数几大产油国在全球石油贸易中几乎居于寡头垄断地位。

布雷顿森林体系解体后，美国人迅速将美元和石油挂钩，充分说明他们确实有前瞻性。

美元与石油的绑定，也使美国深深卷入了中东地缘政治泥潭。冷战后的几次冲突，如1990年海湾战争、2003年伊拉克战争，都与石油利益紧密相关。

确保中国油气消费安全

在几代石油人的努力下，中国本土石油产量长期居于世界前十位。2020年，中国原油产量已达到1.95亿吨。在老油田稳产增产的同时，新的境内油气储量也被不断探明，从渤海海湾到塔里木盆地，开发一个个新的大型油气田的消息不断登上媒体头条。

尽管国内石油勘探开发成就斐然，但要满足国内石油消费量依然捉襟见肘，中国石油生产与消费间的缺口仍在继续拉大。2020年，中国进口原油5.42亿吨，是本土石油产量的2倍以上。显而易见，中国石油消费主要依赖进口。

2002年中国"入世"后，一方面，实体经济呈现爆发式增长。中国承接了全球制造业产能转移，伴随的是巨大的石油需求，中国成为全球最大的石油消费国与进口国。另一方面，伊拉克战争等地缘事件，让中国人对全球石油贸易生态有了切身感受。中国经济的血管暴露在这样波诡云谲的石油市场，滋味并不好受。

中国石油产业只有"走出去"，将触角切实伸展到全球石油产业链条开采、运输、储藏、加工的各个环节，才能真正把原油供应牢牢抓在自己手中。

通过艰苦的政府间和企业商务谈判，中国西北、东北、西南、东部海上四大油气进口运输管道的布局已经成型。特别是缅甸方向的西南管道，历经重重波折，终于在近年正式铺开建设。其战略用意是绕过地缘风险高的马六甲海峡和南海水道，从中东和非洲进口的原油可以直接在缅甸皎漂港卸载，通过陆路石油管道输送至中国境内。

除了原油，天然气的供应安全也不容忽视。前些年，因为雾霾天气频频出现，国内需要相对清洁的天然气来保证民用和工业用气，以减少煤炭的使用。近年来，"气化运河""气化长江"以及政府大力支持的民用煤改气工程建设实施，天然气价格及使用量相对趋于稳定。中国得以克服之前的"气荒"困难，是因为中国快速建设形成了稳定的天然气贸易及供应渠道，同时配套实行相关补贴和鼓励政策。未来几年，国内的投资规模还会逐步扩大，天然气仓储、运输和零售设施会逐步完善，对今后的稳定用气将起到保驾护航作用。

2019 年，国内天然气产量约 1 736 亿立方米，同比增加 182 亿立方米，增速 9.8%，年增量连续三年超过 100 亿立方米。与此同时，天然气进口渠道进一步拓展，进口规模也在稳步提升。2019 年 12 月，中俄东线天然气管道投产通气，中国油气进口四大战略通道格局基本成型。

不靠武力威慑，也不靠制裁恫吓，中国是如何润物无声，在国际石油贸易中悄然建立话语权的？中国成功的秘诀，在于顺应了石油输出国历史性的转型需要。

资源的诅咒

1993 年，理查德·奥蒂（Richard Auty）在《矿物经济的可持续发展：资源诅咒》（*Sustaining Development in Mineral Economies: the Resource Curse Thesis*）一书中首次提出"资源的诅咒"，指出丰富的自然资源对于所有国而言反而是一种发展的负担，可能会产生收入分配不公、腐败盛行、内战频繁等一系列不利于经济增长的现象。

以沙特为代表的传统石油出口大国，正是"资源的诅咒"的典型代表。沙漠、石油、金碧辉煌的宫殿、利雅得的高楼大厦，是外部媒体上沙特的经典形象。可在发现石油之前，这里只是一块贫瘠的土地，气候干燥、昼夜温差大、降水量极少，全国适合耕种的土地面积不足1%。直到1938年发现地下石油，沙特的境况才彻底改变。

乍看起来，石油宛如天赐的福报，让该国的王室贵胄远离了先祖的穷困，过上了体面的生活。开国国王的孙子瓦利德被称为"沙特的巴菲特"，他花费重金打造"黄金747"私人专机，其奢华程度已经把美国总统专机"空军一号"远远甩在身后。现任国王萨勒曼的用度更是堪称穷奢极侈。2017年，他到访印尼，带了近500吨重的行李，外加两部金灿灿的升降电梯，随行人员达到1500人。这些人员和物资前后共用三周，由36架飞机提前运抵当地。欧洲的王室生活与此相比，显得分外寒酸。

然而，天赐的福报也逃不脱资源的诅咒。石油成为沙特的主导产业，其收入占据政府总收入的75%，其产值占国内生产总值的40%，这导致了经济对原油产业的畸形依赖。2015年，世界原油价格大幅跳水，沙特政府收入锐减，出现巨额财政赤字。国际货币基金组织甚至警告称该国的外汇储备将有耗尽之虞。为了应对危机，国王萨勒曼签发秘密政策备忘录，收紧公共支出，压缩社会福利，结果导致政治危机，国家陷入动荡。

媒体披露，国王萨勒曼曾要求各大机关必须贯彻经济紧缩政策，不准购买新汽车，暂停所有升职、加薪，停止发放住房补贴，结果引发政治骚动。一直以来，沙特对国内维持高压统治。之前，社会稳定的重要基础之一，是高油价带来的高收入给居民发放福利。

如果说沙特的遭遇还能归咎于游牧民族骤然现代化后的不适应，那么，俄罗斯的原油依赖症，则更能体现"资源的诅咒"之普适和深刻。冷战后，继承了苏联完善而庞大的工业体系的俄罗斯，并没有朝着工业技术水平升级的正常方向演进，而是出现了明显的去工业化浪潮，原因正在于依赖对石油和天然气的出口。相比卖资源就能源源不断换来美元，艰苦的制造业技术升级和商业竞争显得极其缺乏吸引力。

人性如此。即便是底蕴如此深厚的俄罗斯，也最终走上了资源依赖的路径。

上文提到，2015年原油价格大幅下跌，产油国处境艰难，俄罗斯也不例外。为了脱困，俄罗斯与欧佩克达成共识，联合减产，试图通过减少供给来稳住油价。然而，由于半路杀出的美国页岩油供给，主要产油国的减产并未带来油价回升，反而向不在共谋范围内的美国新兴页岩油生产商拱手让出了市场份额。2020年，传统产油国改变策略，孤注一掷，放开石油产量，一度将国际油价砸到了空前绝后的负值区间，其用意正是将油价短期压到页岩油成本以下，与现金储备还不丰厚的新兴页岩油生产商拼消耗。这场"自损八百"的惨烈交锋，实质上标志着，自20世纪70年代以来形成的全球石油贸易既有模式，已经敲响了难以为继的钟声。

追溯历史，从1890年到2014年，国际油价经历过五次下跌，原因分别是：供应过剩、替代技术进步导致需求减少、金融紧缩政策、金融危机、技术进步单一。2020年的油价大幅变动，却是因为需求降低、石油供应增加和大国博弈三重因素。

不可否认，随着全球新冠肺炎疫情蔓延，疫情防控抑制了经济需求，造成石油消费全面缩减。但人为因素的影响更大。俄罗斯、美国、欧佩克为了争夺国际石油市场份额进行博弈，互不相让。沙特作为美国盟友，无法与美国叫板，只希望俄罗斯与欧佩克一起减产，沙特从中追求经济利益。而俄罗斯紧盯美国。美国作为全球最大的石油生产国，自己不减产，就没有理由要求俄罗斯减产。俄罗斯追求的是政治平等利益。

美国一贯奉行霸权思维，让别人承担成本，自己获取利益。这种思维在石油这件事上的体现就是，他国减产维持油价，美国自己大力发展石油经济。实际上也正是如此，美国页岩油气技术成功研发应用，使得美国成为全球最大的石油生产国，但它从不承担减产和油价维持义务。这样做的后果是，2014年以来美国油气产量持续上升，超沙特900万桶、超俄罗斯1 000万桶。

全球能源市场需求相对稳定，新型市场——包括中国和印度——对石油的需求增长也不是毫无止境。中国的清洁能源装机量和发电量，已经成为世界第一，清洁能源消费增速远超石油消费增速。中国清洁能源消费以每年1%的增速挤占了石油市场的消费需求，石化能源消费呈现下降趋势。中国虽然是一个人口大国，但在未来并不是石油消费增长最多的国家，所以期望依靠中国来消化多余的石油产量，已经不现实。

多年来，欧佩克成员国等传统产油国满足于垄断初级产品开采，欧美石油巨头垄断加工、贸易环节。随着美国页岩油生产"向上"侵入初级产品供给，传统产油国又在行情波动下"向下"侵入石油深加工和贸易分销，这一模式越来越运转不良。而美国的军事和经济大棒，又大大加深了传统产油国对石油—美元金融循环的忧虑。

中国油气勘探新征程

面对可预测的风险，国内采取的是双轨并行的模式。首先，中国积极开通各方向上的能源通道，接收外部油气供应。其次，中国也在加大境内油气勘探力度。在南海、塔里木盆地等地区，地质勘探人员相继发现大型油气田。媒体报道，2021年6月，中国石油天然气集团有限公司，在塔克拉玛干沙漠腹地，发现一个10亿吨级超深大油气田。钻井深度达到8 470米，测试油柱高度达到550米，创造了塔里木盆地大沙漠地区最深出油纪录和最高油柱纪录。

与此同时，海上勘探也在稳步推进。《中国国家地理》杂志记载：2009年，在曾母暗沙附近，一艘长达100多米的驳船，装载着巨大的石油钻井平台，从中国考察船旁边驶过。这一幕深深刺痛了在场的所有人的心，因为这些钻井平台是马来西亚的。有数据显示，截至21世纪初，马来西亚已经在南海打出近百口油气田，年产石油3 000万吨，天然气近50亿立方米。如今，伴随着国内深海勘探技术的不断进步，南海油气资源已经开始供应南方地区。

2020年9月20日，中国海洋石油集团有限公司宣布，国内首个自营深水油田群——流花16-2油田群顺利投产，高峰时年产量可达420万立方米，是目前国内在南海开发的产量最大的新油田群，可满足400多万辆家用汽车一年的汽油消耗需求。业内专家表示：该油田的建成投产进一步完善了中国具有自主知识产权的深水油气开发工程技术体系，为保障国家能源安全和粤港澳大湾区发展注入新动力。

石油是重要的战略能源和化工原料，也是国家的经济命脉。近年来，随着国内经济社会发展对能源的需求持续增长，石油对外依存度超过70%。正如前文所述，为保障能源供应安全，加大国内勘探力度是必然趋势；但中国油气储量毕竟有限，从国外采购不可避免。这样的双轨运行机制必然长期存在。

实际上，中国经济的发展，让全球石油产业见到了一种替代模式的可能性。中国对原油供应稳定性的追求，与石油出口国对原油需求稳定性的追求，恰恰完美契合。除了份额油、长期协议等传统商业工具，依托强大的工业能力，中国还在实践中摸索出了"石油换基建""石油换投资"等灵活的战略贸易模式，向经济落后的一些石油出口国提供成套基建和工业项目输出，切实展示出了摆脱"资源的诅咒"的可行路径。

中国着力推动的石油本币结算，以及低调潜行的人民币计价原油期货等金融创新，对产油国而言，也越来越显现出摆脱石油—美元金融循环的可行性。

综上所述，随着中国经济的崛起，生产、消费中心全球分布的变迁，石油这一现代工业的"血液"正在经历一场商品流和资金流的深刻重构。

在多年的摸索与奋斗之后，中国人已经不会在午夜惊醒，为石油供应被"卡脖子"的危险而担忧。在全球石油市场，中国业已建立起巨大影响力，这种影响力也正在转变为石油产业新模式的"中国方案"。

第 3 章　粮食是国家安全的根基

中国碗要装中国粮。

并非多余的粮食焦虑

2021 年 5 月 22 日，中国工程院院士、首届国家最高科学技术奖得主、"共和国勋章"获得者、"杂交水稻之父"袁隆平在长沙逝世，享年 91 岁。除了高规格追悼仪式，袁隆平的离世在社交媒体上也引发强烈反响，无数普通人的微信朋友圈被哀悼袁老的消息"刷屏"。袁老的两个梦想——"禾下乘凉梦"和"杂交水稻覆盖全球梦"几乎在一夜之间家喻户晓，也让无数人感动落泪。

袁隆平的离世深深触及万千心灵的背后，是粮食在中国社会的特殊地位。

《资治通鉴》记载,唐德宗李适(kuo)在位时,关中地区因为缺粮,即将引发军队骚乱,幸运的是,从江南调拨的粮食及时送达,千钧一发之际化解了危机。李适得知消息后,发出感慨：大米到了,我可以继续当皇帝了。千年来的朝代更迭,数不胜数的惨痛教训,使"粮食不足恐惧症"成为中国人文化与性格的一部分。历代王朝的有识之士很早就意识到,国家稳定离不开充足的粮食供应,没有充足的粮食就会引发严重的社会动荡。

这种传统,在今天依然具有弥足珍贵的价值。

联合国发布的《2020年世界粮食安全和营养状况报告》指出,全球仍有近7亿人正在挨饿。新冠肺炎疫情期间,国际粮食市场主要供应方,如越南、俄罗斯、塞尔维亚等限制出口,进一步加剧了粮食短缺的压力。

2020年3月,越南政府决定禁止大米出口。紧接着,一个月后,俄罗斯阿穆尔州农业部部长宣布,6月份前,俄罗斯暂停向中国出口大豆。他还强调,由于俄罗斯大豆供不应求,所以阿穆尔州产的大豆必须在国内加工或者用于满足国内市场需求。该部长还透露,决定6月前暂停对华出口大豆的,不只是俄罗斯,还包括白俄罗斯、哈萨克斯坦等11个独联体国家。

与此同时,国内某媒体在深圳益田社区采访时,发现这样一幕：一位老人从超市买了两袋大米,工作人员建议他退回去一袋,因为吃不完会生虫。这时,又有一位老人也在往外拎大米。

粮食到了不够吃的地步吗？根据官方给出的三组数据，可以得到答案。

2017年至2018年，世界谷物总供应量34.18亿吨，总需求量26亿吨，期末库存量8.17亿吨；2018年至2019年，世界谷物总供应量34.44亿吨，总需求量26.43亿吨，期末库存量8.01亿吨；2019年至2020年，世界谷物总供应量预计为34.67亿吨，总需求量预计为26.71亿吨，期末库存预计为7.97亿吨。

从20世纪90年代算起，国际粮价确实出现了几次波动。这几次波动并非孤立事件，与气候、石油、生物新能源等多种因素有关。

2008年出现全球粮食危机，是因为美国、澳大利亚遭受旱灾，粮食作物大面积减产，全球库存量降到25年来的最低点，再加上金融危机等多种外界因素，国际粮价飙升。主要粮食生产国限制出口，供应量不足。

与2008年不同，目前世界粮食的储备是足够的，但是如果其他主要粮食生产国纷纷效仿哈萨克斯坦、越南等国，实行出口管制，人为切断全球粮食供应链，很可能引发粮食危机。

粮食安全问题再次成为全球热点，表明了中国粮食战略的正确性，中国人或许是有史以来第一次真正摆脱了粮食短缺"周期律"的威胁。

国际粮食贸易的黑手

新中国成立前,中国粮食的亩产量较低,农民在几千年内常常处在饥饿的边缘。1949年,全国粮食平均亩产量为69千克,人均粮食占有量仅为209千克。

1958年,国家首次提出"以粮为纲"的农业发展目标,强调粮食生产在农业中的突出地位。不过,20世纪50年代末至60年代初,国内经历三年困难时期,粮食总产量大幅下降。直到七八十年代,中国的农业才逐渐迈入稳步发展阶段,粮食短缺问题得到根治。统计数据显示,1989年,国内粮食总产量达到40 745万吨,是1949年的3.6倍;亩产量达到246千克,是1949年的3.6倍。《中国农业年鉴1990》指出:"经过40年的发展,我国主要依靠自己的力量,基本解决了11亿人口的温饱问题。"

2006年,《全国土地利用总体规划纲要(2006—2020年)》发布,对未来15年土地利用的目标和任务提出六项约束性指标和九大预期性指标,其核心是确保18亿亩耕地红线——中国耕地保有量到2010年和2020年分别保持在18.18亿亩和18.05亿亩,确保15.60亿亩基本农田数量不减少、质量有提高。

当时,许多人对耕地红线提出不同意见,认为在全球化潮流下,粮食生产也可以根据生产禀赋的优劣进行跨国配置,中国可以通过进口更多粮食来满足需求。然而，国际粮食交易从来不是完美的自由贸易，幕后是严密的寡头操控。国际粮食贸易的主要四家巨头，即艾地盟（ADM）、邦吉（Bunge Limited）、嘉吉（Cargill）、路易达孚（Louis Dreyfus Company），前三者均是美国公司，美国政府可以通过对这几家公司的影响间接操控世界粮食市场。

这几家巨头正是粮食市场化的坚定支持者，其通过各种慷慨资助的研讨会和研究课题，游说其他国家政府放弃对粮食种植的行政干预，让市场"无形之手"自动调节供需平衡。

一方面是对政府"有形之手"的种种污名化，另一方面，这些粮食贸易巨头则肆无忌惮地施展着"有形之手"，通过种种手段干预农民的生产决策。在利润的指挥棒下，很多地方的农民放弃了种植粮食作物，改种效益更高的经济作物。嘉吉公司的前副总裁威廉·皮尔斯（William Pierce）说过：贫困的第三世界应该放弃主粮（大米、小麦、玉米）的种植，集中精力生产水果、蔗糖、蔬菜就好。

南美洲很多国家相信了这套话术，转向经济效益高的作物。结果，美国的低价粮食轻易地获得了当地主粮市场份额，乃至逐步获得垄断地位。

在对发展中国家的战略性控制方面，美国政府就这样悄无声息地增加了一个可选项——粮食。基辛格有句名言：如果把主粮作为武器，对那些被援助的国家来说，要么屈服，要么绝育，要么饿死。

在美国对中南美洲国家的干涉中，粮食就扮演了重要的角色。1973年，智利发生军事政变，美国支持的奥古斯托·皮诺切特（Augusto Pinochet），推翻了民选总统萨尔瓦多·阿连德（Salvador Allende）。在这场阴谋中，美国中情局鼓动反对派破坏粮食生产，导致食品短缺、价格飞涨，粮食进口也很快耗尽了智利的外汇储备。阿连德曾向美国政府寻求帮助，但遭到无情拒绝。粮食供应的问题直接导致社会动荡。直到美国青睐的军事独裁者皮诺切特上台，粮食援助才重新恢复。在这场"精彩"的粮食市场操纵大戏中，白宫搞垮了不听话的外国领袖，遵照美国官方意向行动的几大粮食贸易寡头也借此大赚一笔，两方各取所需。

美国的粮商寡头，不只是在国外兴风作浪，对"自己人"也不客气。很多人觉得，成为美国农场主是一件很风光的事：一个家庭拥有大块耕地，高度机械化的耕作方式，产量惊人，收入丰厚，生活优渥。但事实上，粮商寡头不但把控着农场主的销售渠道，还垄断种子、农药、化肥的供应。农场主每年年初要从银行大量贷款，辛辛苦苦劳作一年赚的钱，除了还贷款，还要被这些寡头收割，收益并不很高；要是收成不好，还可能面临破产，而破产的下场就是被兼并。尤其是2020年，受疫情影响，大量农场破产，很多小农场被大农场兼并。

中国作为最大的发展中国家，也吃过这些粮商寡头的亏。2001年，中国加入WTO，甫一开放大豆市场，外资就疯狂涌入。为了拿到中国大豆市场的定价权，美国精心做局，制造美国大豆产量下降的假象，中国粮油企业普通高价买入大豆。然而，当年国际市场上的大豆不仅没有减产，反而供应过剩、价格下跌，导致近 80% 的中国粮油企业因为高进低出而破产，方便了这些美国粮商寡头抄底收购。

业内人士也曾分析，外资控制中国的大豆企业实际上并不仅仅是为了获取加工利润，而是在做一个非常庞大的全球战略布局，中国仅仅是这个布局中的一环。以艾地盟、邦吉、嘉吉、路易达孚为首的国际粮商，早已控制了南美洲大豆和美国大豆（巴西、阿根廷和美国是世界上最主要的大豆生产国）。跨国粮商控制了中国的大豆市场后，就形成了原料在国外、加工在中国的布局。

对这些巨头来说，这样的全球产业链有利于分散风险。它们将其控制的美国大豆和南美大豆卖给自己的贸易公司，这些贸易公司再高价卖给中国企业。这些贸易公司的注册地一般在维尔京群岛或者新加坡，这两个地方都是避税天堂。这相当于跨国公司将利润转移到贸易环节。结果是，原料生产环节留给农民的利润少，大豆加工环节留给企业的利润少，最大限度地保证粮商赚取利润。

最危险的是，这些外资寡头都是"一条龙"集团化运作，从种子、化肥到运输通道，进行全链条把控。美国粮商在入侵中国大豆市场后，又盯上了中国主粮市场，曾提出要与中储粮合作，借助后者拿到粮食进出口自主权。毫无疑问，这些巨头想借中储粮，把控粮食流通，主导定价权。

耕地红线托住主粮底线

国际巨头们的图谋没有成功。以 2006 年"耕地红线"的出台为标志，中国粮食生产，特别是主粮生产，走上了坚决依靠自主保障的路径。

2010 年以来，中国人均粮食占有量一直高于世界平均水平，2019 年超过 470 千克，而国际粮食安全的标准线是 400 千克。在大米、小麦、玉米这三大主要粮食作物上，中国的自给率超过 98%，几乎没有了被外部"卡脖子"之忧。

小麦和稻谷是中国居民的主要口粮，每年消费量为 1.7 亿吨左右，产量为 3.3 亿～3.4 亿吨，产量大致是消费量的两倍。目前，小麦和稻谷的库存量分别为 1 亿吨和 2 亿吨左右。细分来看，国内小麦产量多年稳定在 1.3 亿～1.4 亿吨，进口量约为 500 万吨，库存量在 1 亿吨左右；稻谷年产量基本超过 2 亿吨，2019 年大米进口量仅为 250 万吨。

既然小麦、稻谷国内供应量充足，为什么还要进口？因为在贸易谈判时中国有相应的进口配额，小麦配额是 900 多万吨，稻谷配额是 500 多万吨，所以即使国内粮食供应量充足，我们也会进口粮食以完成配额。此外，为了酿酒、做面包等，需要进口一部分特殊小麦。

在中国，玉米在三大主粮中年产量最高，约为 2.6 亿吨，其中饲料需求在 2 亿吨左右。2016 年，国内玉米库存量达到顶峰，甚至没办法消化完。这几年，政府通过各种办法将库存量压到 1 亿吨。

实际上，除了满足国内需求，中国还有余力对外出口粮食。海关总署的数据显示，2019 年，我国累计出口谷物及其制成品的价值高达 160 亿元人民币。即便在疫情影响之下，2020 年 1 月至 2 月间，中国依然保持了粮食对外出口。相比之下，正如本节开头提到的，一些粮食主产国则没有这样的定力，纷纷实行出口管制，人为加剧了全球粮食贸易局面的紧张和动荡。

中国人的主粮安全不用担心，但是这不代表没有软肋。中国大豆的消费量居世界第一位，但 90% 依赖进口。前面已经提到，2000 年年初，国际粮商占领国内市场，低价倾销国外的大豆，导致中国农民没钱赚，失去了种植的动力。

2019 年，中国大豆消费量超过 1 亿吨，国内产量仅为 1 000 多万吨。巨大的供需缺口主要依靠进口美国大豆填补。美国平原多，耕地面积居世界第一位，农业机械化程度高，政府对农产品的补贴又非常高，导致美国大豆具备极强的价格优势，对外销售的价格每蒲式耳超过 9 美元（美制 1 蒲式耳合 35.24 升）。

正是由于中国对美国大豆的巨大进口规模，在中美贸易摩擦中，除了手机芯片，大豆也是双方交锋的重点。有观点认为，这是我们卡对方脖子的武器：不买美国大豆，让它们烂在仓库里，可以切实"打疼"美国人。也有观点认为，国产大豆有限，如果不进口美国大豆，全世界其他国家和地区的大豆出口量加起来，也不能填补这一缺口，反过来卡了自己的脖子。

实际上，这样的争论是没有意义的。"杀敌一千，自损八百"，中美在大豆贸易上的相互依存关系，决定了任何一方都会极为小心地处理这一问题。2018年12月，在双方贸易摩擦短暂缓和期间，中方宣布重新考虑购买美国大豆，时任美国总统特朗普立即在推特上积极回应：与中国对话非常有成效，我们可能再次举行高级别的会谈。

在主粮的自给率面前，大豆的贸易格局无疑显得非常刺眼，那为什么我们不自己种大豆？

从用途来看，作为经济作物的大豆很大一部分用于榨油和作为动物饲料。更通俗地说，大豆是一种副食原料，这就决定了其地位根本无法与主粮相提并论。按照正常产量，9 000万吨的大豆缺口，需要拿6亿亩耕地来填补，这无疑将大大挤占耕地资源，影响大米、小麦、玉米等主粮供应。而我们通常所说的粮食安全，主要指的是主粮供给安全。在确保主粮供给红线的前提下，副食经济作物的生产量则相当程度上取决于市场因素。

因此，面对大豆产业现状，为什么市场因素没有激发中国农民种植的积极性，是比为什么国家没有保障大豆自给自足更好的问题。

农村合作化的中国方案

学界有观点认为，在自由市场路线之外，中国还可以学习日本、韩国，建立"农业协会"，以保障农民的权益，提升他们耕种的积极性。这类协会基本成立于20世纪五六十年代，建立的目的确实是把农民组织起来，通过合作化的力量提高农业效率，保护农民权益，进而在宏观层面保障粮食的自给自足。起初，这些组织无疑是一种进步的力量：农民生产的农产品，农业协会帮助储存、加工、销售；农民需要化肥、农药，农业协会帮助采购；农民扩大生产需要资金，农业协会提供金融服务。

可发展到今天，这一类组织却成了双刃剑，原本服务于农业的金融业务开始向高盈利的银行业务发展，为农民提供资金帮助的本职工作反而成为不盈利的包袱。

东京大学一位研究公共政策的教授批评道：农协银行的资金中，只有百分之一二用于农业融资，剩下近三成流向了房贷，近七成索性流入证券市场，从事证券投机活动。更严重的是，农业协会发展成"巨无霸"后，绑架了所有农民的利益。在日本，农民种什么、种多少，都由农业协会说了算。前日本长野县知事田中康夫就抱怨过："如果不按照指示定次、定量喷洒农药，不管农民种的是西红柿、黄瓜还是生菜，农业协会一概拒绝装货。"

日本农业协会的出发点是好的：维护最多数农民的利益，提高农民种粮积极性，实现粮食自给自足。但农业协会发展到今天，形成尾大不掉的"巨无霸"问题，值得中国人引以为戒。

中国为提高农民生产积极性，更多的是采取国家直接补贴的模式。从 2002 年起，政府补贴种植和良种，2006 年后开始实施农资综合补贴。此外，以集体化为代表的中国农业农村体制"第二次飞跃"即将到来。"十四五"时期，我国将大力推动土地户籍制度改革，推动更高水平的农业合作化，这将是一次不亚于包产到户的变革，将进一步提高农民积极性，优化农业资源配置。

在一系列得当的措施激励下，中国主粮生产实现 16 年连增，2019 年产量达到 6.6 亿吨，人均达 474 千克，蔬菜、肉、蛋、奶等副食的生产和消费，同样已经大踏步地缩短了与发达国家的距离，其中大多数品种也实现了高度自给。

不仅如此，目前中国人正由吃得饱向吃得好的方向转变。《中国统计年鉴 2019》数据显示，中国人均原粮消费量从 2013 年的 148.7 千克，快速下降到 2018 年的 127.2 千克；人均肉类消费量则由 2013 年的 25.6 千克，上升到 2018 年的 29.5 千克；人均干鲜瓜果类消费量则由 2013 年的 40.7 千克，上升到 2018 年的 52.1 千克。人均肉类消费量的提高意味着畜牧业的快速发展。现代的畜牧业主要依赖杂粮饲养猪、牛、羊等家畜，也从侧面印证了中国粮食产量相对充足。

如果中国当年选择了另一条农业发展路径，放任耕地面积缩小、粮食依赖进口，那么在今天百年未有的全球化变局下，中国的粮食安全乃至国家安全，都将处于十分不利的地位。

中国人用占 9% 的耕地，养活了占世界近 20% 的人口，创造了全球罕见的奇迹。袁隆平院士终其一生，都在致力于提高水稻产量，解决中国人的吃饭问题，这样的精神是需要大力弘扬的。只有农民有积极性、国家有坚实的政策，中国人饭碗里才能始终装着中国粮。

面对未来人民消费和外部环境的变化，中国粮食产业的奋斗之路并没有结束。在科学技术和合作社等组织方式的加持下，中国农业将创造更多奇迹，袁隆平"禾下乘凉梦"，也将在不远的将来变成现实。

第4章 "香蕉共和国"的本质

> 联合果品公司,自留最多汁的一块,它将它的领土重新命名为"香蕉共和国"。
>
> ——聂鲁达

农业生产涉及主粮作物与经济作物。

中国用仅占全球7%的耕地资源,充分保障了约占全球五分之一人口的主粮需求,甚至人均主粮产量已超过全球平均水平。这一辉煌的成就,足以证明中国选择的主粮产业政策的正确性。经济作物则是市场机制发挥主要作用的领域。

如何提高经济作物的生产效率?无论是规模经济还是比较优势理论,都指向集中、规模种植这一必由之路。

在经济理论的完美世界里，大量交易主体围绕价格信号的反应，最终会形成生产布局的合理化，让生产者与消费者的福利均达到最优。然而在现实世界里，一部分强势资本超出常规商业行为的不正当竞争手法，却可能将农业的规模生产异化为一套邪恶的解决方案——"香蕉共和国"。

"香蕉共和国"的诞生

1904年，进步主义作家欧·亨利（O. Henry）在其长篇讽刺小说《白菜与国王》（*Cabbages and Kings*）中，创造了"香蕉共和国"（Republic of Anchuria）一词，用其影射被美国私人种植业资本视为后花园、深度渗透控制的一系列中美洲小国。"香蕉共和国"，其后演变为以单一农业作物产品出口为经济命脉的国家的代名词。除了香蕉之外，甘蔗、可可豆、咖啡豆等大宗经济作物产品亦属此列。除了经济模式依赖农产品出口，"香蕉共和国"还含有关于国家治理模式的一重特有意象，因为这样的国家严重依赖特定的农产品出口，其他产业发育不良，经济结构严重畸形。更重要的是，这一特定的农产品贸易往往被美国私人资本所把持，在经年累月的互动中，逐步形成围绕这一产业的依附性发展模式，政府能力孱弱，贪污腐败严重。而混乱的内政，往往进一步强化外部资本的话语权。

"香蕉共和国"最初影射的，正是被美国联合果品公司和标准果品公司（也就是现在的都乐食品公司，Dole Food Company）控制的洪都拉斯、哥斯达黎加等中美洲国家。自美国内战结束，并进一步通过美西战争驱逐西班牙势力后，美国工商业资本越过南方种植园主的阻隔，开始在中美洲加勒比海国家狂飙突进。除了广为人知的巴拿马运河工程，美国铁路网也延伸至中美洲国家，这些基础设施为美国商品和资本的进入创造了便利条件。

1876 年，在费城举办的世界博览会上，各地奇珍异宝汇聚一堂，香蕉这种热带水果也被搬上展柜。这种含糖量较高、剥皮就能吃的水果，受到美国参观者的狂热欢迎，其主要产地正是中南美洲。美国种植业资本也在此时发现了商机。

为了抓住香蕉、蔗糖等经济作物产品的消费"风口"，美国资本纷纷涌入中美洲国家，圈占土地，大规模种植美国市场需要的经济作物，很快将美洲后花园变成了自家的农场。联合果品公司这家成立于 1899 年的企业，更是个中的佼佼者。其主营业务看似是将第三世界国家种植的蔬菜、水果销往美国和欧洲，但其种植业规模之大，对美洲当地社会影响之深，却使得联合果品公司俨然成为东道国"殖民者"般的存在。它的每个庄园，不但经济上自成体系，而且自定法律，设立私人武装，随意逮捕乃至对当地农业工人施加刑罚，被称为"国中之国"。而联合果品公司在中美洲各国长期经营的势力，也使其对美国外交政策有着不可思议的影响，它成为披着商业外衣的美国"第二大使馆"。

以联合果品公司为代表的现代美国资本势力，在美洲小国俨然是中世纪领主的做派。为其工作的当地农民，往往需要忍耐恶劣的劳动条件，赚取菲薄的收入，与佃农无异；而"血汗庄园"压榨出的人力，则转化为联合果品公司的滚滚收入。

为了垄断中美洲香蕉产业，永葆其优势地位，联合果品公司深度渗透当地政治生活，干预立法，操纵选举，它甚至不吝于策划政变，扶植代理人军政府。如果这些都不奏效，它甚至能够呼叫美国政府亲自出手"保驾护航"。1918年，美国军队就曾入侵巴拿马、哥伦比亚，目的仅仅是镇压香蕉工人罢工。作为在联合果品公司历练过的人物，其员工杜勒斯（John Foster Dulles）甚至当上了主管美国外交政策的国务卿。

联合果品公司的标志上曾有一把枪，这代表什么？该公司的血腥压榨，给当地人带来无尽的惨痛经历。巴拿马、危地马拉、尼加拉瓜、厄瓜多尔等美洲国家的农业生产严重畸形，在种植园的挤压下，农民甚至连种粮食的土地都没有。这些香蕉种植工人的工资远低于正常水平，金黄色的香蕉里面俨然是种植工人的血泪。而一整个国家的交通、电力、能源产业，也都形成依附于香蕉生产和运输的扭曲生态。

以危地马拉为例，整个国家差不多三分之一的土地用来种香蕉树，全国过半经济产出来自香蕉产业，整个国家赫然就是一部依靠香蕉运转的机器。1944年，该国推翻了亲美政府，通过选举建立了民主政府。新政府制定了劳动法，废除大庄园，限制海外资本，实行土地改革。讽刺的是，尽管该法令征收了联合果品公司囤积的闲置土地，并要求该公司赔偿土地抛荒的损失，但赔偿标准却只敢定为 1925 年的地价水平，按照实际购买力计算，几乎只是象征性地"罚酒三杯"。这彰显出弱小国家在垄断资本面前的低下地位。而即便是这样已经十分克制的动作，在联合果品公司看来都是莫大的羞辱。1954 年，联合果品公司前员工、时任美国国务卿杜勒斯亲自策划反动政客阿马斯（Carlos Castillo Armas）入侵危地马拉，暴力驱逐了合法总统阿本斯（Jacobo Arbenz Guzmán）。

读者可能很难想象，50 年前，一家食品公司就可以对许多国家予取予求。联合果品公司等美国公司近年来的"低调"，一方面缘于经历了一轮轮民权浪潮后，美国国内政治已经难以容忍赤裸裸的门罗主义干涉思维；另一方面，也是更重要的一方面，则是中国经济崛起。已经成为全球最大单一消费市场的中国，深刻改变了许多经济作物的全球贸易格局，也极大地稀释了美资巨头传统的垄断地位。

某种意义上，可以说是中国经济的崛起，为拉美"香蕉共和国"的农民们带来了一丝福音。

那么，同样作为后发国家，中国遇到过"香蕉共和国"问题吗？

被异化的苏东阵营农业合作

鲜为人知的是，新中国成立之初，也面临农业生产布局被人"指手画脚"的情况。当时，苏联考虑将中国变成提供原材料的国家，比如让中国种植蔗糖作物和橡胶树。以苏联为首的社会主义阵营，因为受气候等自然条件限制，没有国家能种植橡胶树，只能用石油作为原料，生产合成橡胶作为天然橡胶的替代品。然而，合成橡胶成本高、性能差，要制造飞机轮胎等性能要求苛刻的产品必须用天然橡胶。正因为如此，苏联一直密切关注中国广东、海南地区，期望当地发展橡胶树种植产业。斯大林曾说：帝国主义在战略物资上封锁我们。社会主义国家中，只有中国可以种植橡胶树，希望中国开辟橡胶园，发展天然橡胶产业。

这一提议与苏联计划经济思路一脉相承。第二次世界大战结束后，美国提出"马歇尔计划"，援助西欧。苏联担心该计划侵犯自身势力范围，针对性地组建了"经济互助委员会"，简称"经互会"，它是一个政治经济合作组织，由社会主义国家组成。苏联的规划，正是按照各国比较优势的思路，将工农业生产的横向和纵向布局拆分优化，使加盟国各司其职，分别在原材料、零部件、整机等环节实现高效规模经济。

表面上，成员国发挥各自比较优势，互相协助，共同发展，看似是一个不错的想法。但实际上，经互会主要机构的负责人由苏联指派，会议工作语言也是俄语。这意味着苏联在整个分工体系中占据主导地位，承担对经济发展、技术进步有重要意义的核心产品生产；而那些技术含量不高的中低端初级产品的生产，则推给其他成员国。如匈牙利盛产铝土矿，但苏联不准其发展炼铝工业，而是自己低价收购原料，再向匈牙利供应铝锭。

从某些方面来说，经互会变相地将除苏联以外的国家变成了"香蕉共和国"，导致这些"香蕉共和国"的经济发展只能依赖少数产业，经济结构畸形。

幸运的是，中国始终没有正式加入经互会，在该组织内的身份仅为"观察员国"，保持了选择发展道路的相对主动地位。中国人的坚持，本质上是认识到发展一套独立自主工农业经济体系的重要性。想要成为独立自主的国家，首先要保证基础原材料和工业生产不受限制，不会有被其他国家控制的危险。加入经互会，尽管确实有短期的利益，例如，依赖苏联的完备工业体系，可以省去不少"大而全"的麻烦；但从长远来看，对国家发展能力会造成伤害。

朝鲜是一个鲜活的反例。深度参与经互会贸易分工的朝鲜，20世纪80年代之前经济发展顺风顺水，让南方兄弟羡慕不已，先于中国完成了农业机械化，城市化率也超越中国。当时，朝鲜人均国内生产总值达到1 000美元，而中国只有400美元。

按照经互会布局，朝鲜生产粮食、矿物等初级产品，卖给苏联，换得各类机械、石油、化肥。在苏联的慷慨贸易条件下，朝鲜人民的生活非常幸福。然而，这一切的代价，是放弃了国民经济体系的自主性，将自己的命运和"社会主义大家庭"绑在一起。苏联解体后，俄罗斯停止"以货易货"，朝鲜立即陷入能源危机，进而引发严重的经济倒退。

极度重视独立自主的新中国，业已建立起一套配套健全、较为协调的工农业体系，不依赖单一产业发展经济。但在地方农业生产，特别是经济作物生产中，我们也出现过局部的"香蕉共和国"问题，典型案例就是云南咖啡豆。

云南咖啡豆引发的思考

前不久，云南咖啡豆被"贱卖"的新闻成为热点。一些咖啡树种植者在控诉信中反映：如果收购价格继续受到打压，2021年可能是最后一次采收咖啡豆了。30年来，白菜价格翻了10倍，而云南咖啡豆的收购价却始终如一，种植户已经难以为继。

因为气候适宜，云南咖啡豆产量占到全国95%以上。可就在国内咖啡消费市场迅速扩大的背景下，种植咖啡树的农户却处于亏本状态，这种矛盾的现象因何而来？

和美洲蕉农类似，云南咖啡产业最终服务的也是国际咖啡品牌。下游巨头们赚取的巨额利润和农户无关。研究机构曾给出数据：在整个咖啡产业链中，上游咖啡豆每千克成本约17元，中游加工后每千克成本83元，到下游消费环节，终端价格却暴涨到每千克1 567元，三个环节利益分配占比分别是1∶6∶93。整个产业链的绝大部分利润被雀巢等国际品牌商拿走，它们作为咖啡豆采购方，凭借着与农户之间不对等的谈判地位，尽可能压低收购价格。相同品质的云南咖啡豆，相比其他国家产品，每吨大致少卖3 000元，粗略估计，30年来损失了百亿元。

云南咖啡豆之困，源于产业结构单一，分散农户议价能力不足，下游市场又高度受控于国际垄断资本。为了维护种植户的利益，当地政府成立行业协会，试图形成行业合力，将分散的小农户进行集中化管理，改变定价权上的被动局面，避免沦为原材料供应地，被生产咖啡的厂商牵着鼻子走。

电影《一点就到家》针对咖啡豆价格谈判进行了细致的刻画。一群青年创业者带领村民，辛苦种下咖啡树，却要被收购厂商刁难。我们以2020年12月云南咖啡豆的议价事件为例。因为难以集中资源，缺乏标准化的加工能力，种植咖啡树的农民很难判断自己的咖啡豆是不是市场需要的咖啡豆，也不知道咖啡豆在市场上值多少钱，更没能力讲价。如果没有地方政府成立协会、形成行业力量，咖啡厂家为了降低成本而降低哪怕一分钱的收购价，都可能给成百上千的农民带来灭顶之灾。

云南咖啡豆遭遇的困境，是"香蕉共和国"在国内一个微观案例，尽管这样的案例在规模和影响上还远没有达到中美洲国家的程度，但仍然值得我们警惕。当地种植户辛苦劳作，如果只能分享产业附加值的最低端，放任国际资本利用产业链优势垄断最多的利润，长此以往，地方特色农业的发展将是镜花水月，难以持续。如何提高经济作物附加值，政府、行业协会应该发挥作用，帮助农户形成合力，提高其与下游品牌商的议价权。最终，从原材料提供到终端产品输出，让产业链各环节的利润分配合理平衡。

实际上，不光是咖啡豆，这几年来，在社交媒体上，各种农产品滞销的新闻源源不断，农业频道也会根据滞销情况和扶贫政策，推出有针对性的公益广告。如果你足够细心就会发现，广告中的农产品有一个共同点：它们都属于经济作物，而不是粮食。经济作物更依赖市场调整价格，容易形成买方市场。农业生产周期长，无法根据市场价格的波动快速调整产能。农民辛苦劳作迎来大丰收，最后却很可能因为产量太高，价格被压得很低。各种农产品滞销新闻和公益广告的出现，实际上就是对"香蕉共和国"问题的最好警示。

提到粮食，"香蕉共和国"的人能吃饱饭么？答案是否定的。整个国家可以耕种的土地大都种了香蕉等经济作物，导致粮食依赖进口。这些国家多是中南美洲国家，普遍人口生育率高，增加的人口对粮食的需求加上价格波动，最终会加剧粮食危机。

这些增加的人口，能不能借助工业转化成"人口红利"呢？依旧做不到。因为农业成了这些国家的核心产业，大量的人口被捆绑在低附加值的农业生产活动上。跨国巨头将农业产品工业化，最后会把农产品拖入持续的价格战。劳工陷入内卷，难以提升素质，产业难以升级，让国家陷入恶性循环。

中国经济作物生产新路径

"香蕉共和国"对中国原料产业的启示是什么？就是帮助

人们打破"大农业解决一切"的幻想。以联合果品公司为首的垄断资本,虽然能垄断农业产业链,却抵抗不了产业的客观规律。举个例子,联合果品公司囤积大量土地不用于种植,一方面是为了打压竞争对手,另一方面是因为香蕉种植需要每10至20年转换种植地,以预防虫害并维持土地养分。政府甚至还要出钱,从联合果品公司手中购置一部分闲置土地,将其交给没有地的农民耕种。本来能种粮食的土地被闲置浪费,整个国家的农业体系抗压能力差,天灾人祸下极易崩溃。如果滥用杀虫剂,还会导致香蕉工人患上癌症,形成更加深远的环境威胁。

这些问题分析下来,并不代表农业不适合进行规模化生产。农业规模化生产,对热带国家种植的经济作物来说是一种无奈的选择。不管是香蕉树、咖啡树还是水稻,种植这些农作物都依赖大量的人力劳动,很容易通过依靠大地主和种植园等方式集中种植。地主缺乏改革动力,就会捆绑军队和买办等外部势力,形成"香蕉共和国"这样的恶性循环。单纯的土改不能帮助个体农户完成整个产业链的生产,依然会导致土地兼并,回到原来的种植园模式。真正适合他们的,实际上是能够通过国家手段抵抗风险的超级农企,通过全国自上而下的规模管理,来更好地适应国际农产品市场。

规模化生产能够帮助农民集中劳动力,但是农业生产周期长、抗风险性差的问题没有获得根本解决。就连美国这样的"大农田式"经济,在2020年也投入数百亿美元的资金进行补贴。为了缩短周期，有人滥用化肥；为了抵抗虫害，有人到处喷洒杀虫农药。集约式生产只是简单地增加了生产量，却很可能带来更严重的环境问题。2010年，英国政府公布了一份鸟类数量普查资料，资料显示农地鸟类的总数自1966年以来减少了超过一半。鸟类急剧减少的时间，恰好处于1976年到20世纪80年代晚期。这一时期的英国农业正在进行全面改革，传统的混合型农场运作模式转型为集约化的运作模式。

除了环境污染，集约化的农业生产还会带来另一种风险，就是议价权带来的风险。农产品的议价评估不是"高产廉价"就能概括的，需要评估农业生产固有的行业风险。像是速溶咖啡这样的快消品企业，往往会用"控制产业链成本"这样的理由压低价格。不过，需要生存的不只是快消品企业，还有为快消品企业提供材料的农民。农业原材料的收购，不应该因为买方是快消品巨头就被绑架，而是应该让农民推出属于自己的行业标准，用自身的进步帮助买方争取更大的市场。

"香蕉共和国"的故事，揭露了农业生产面临的两个问题：一个是维持生态，另一个是对抗风险。采用"香蕉共和国"的模式，进行单一的农作物生产，不能有效解决这两个问题。这就要求农业生产者结合当地环境，在保证组织能力的基础上，建立差异化、多样化的生态农业，通过轮种等方式降低风险，借助合理的生产规划维持生态，从生产层面帮助农民化解农业本身的风险。

"香蕉共和国"与上一节提到的粮食贸易，某种程度上有着深刻的联动机制，正是因为畸形的经济作物生产挤出了主粮生产，当地农民不得不购买商品粮，这就引出一个问题，即对粮食进口的高度依赖，由此形成了农产品同时依赖进口和出口的奇景，整个国家的经济都会因为全球农产品价格波动，像过山车一般动荡。垄断资本操纵下的国际农产品贸易，拉动当地经济的发展，同时又卡住了这些拉美国家发展的脖颈。

第 5 章 碳中和目标下的煤炭产业转型路

随着环保大政对各行各业的改造，中国煤炭消费量将稳步进入下降轨道。

2021年夏天，作为中国煤炭主产区之一的内蒙古自治区出现了罕见的夏季限电，主要原因是煤炭价格大幅上涨，燃煤电厂难以从市场上采购到足够的煤炭，部分机组不得不转入非计划停机，而风电、光伏发电等大力发展的清洁能源，在晚间居民用电高峰等特殊场景中也难以填补缺口。

煤炭大户内蒙古用不起煤，更深层的原因在于，近年来压缩煤炭产能的供给侧政策与煤炭减量消费的需求侧调整步调不一，由此产生了阶段性的供过于求或者供不应求的现象，导致市场价格波动。

事实上，为了实现降低煤炭消费总量的目标，各地的执行力度不可谓不大，如近年来在华北各地农村，基层政府煞费苦心动员老百姓停用散煤，冬季取暖等需求依靠煤改气或煤改电解决。

中华大地上这一个个具体而微的新现象、新变化折射出的，正是如火如荼的碳中和、碳达峰浪潮对煤炭产业的影响。

中国业已向世界做出庄严承诺，二氧化碳排放力争于2030年前达到峰值，努力争取2060年前实现碳中和。

煤炭，中国经济发展的"燃料"

有心人浏览数据就会发现，中国的煤炭产量近年来出现过连续负增长，2020年产量依然没有超过2013年的峰值。尽管煤炭消费"增量"乏力，但"存量"依然是一个天文数字，绝对规模惊人。据统计，2020年中国国内煤炭产量是38.4亿吨，而全球这一年开采出的煤炭总量是74亿吨，这意味着仅中国一国的煤炭产量就约占到全球的一半。即便如此，为了满足国内消费需求，中国全年还额外进口了约3亿吨原煤。两者加总，2020年中国国内煤炭消费量达到41亿吨，大体相当于每个中国人在这一年消费了3吨煤炭。

这个数据可能会令许多人感到诧异，因为在日常生活中，我们很难感知到煤炭的存在，更难以理解煤炭会不够用。

要理解这种直观印象和经济数据之间的巨大差异，就不能不说到煤炭在工业体系中的基础性作用。自19世纪以来，煤炭始终扮演着工业基础能源的角色。

以今天的中国为例，每年全国煤炭消费总量的八九成，集中于火力发电、钢铁、水泥这三大行业。火力发电厂以燃煤锅炉转换工质状态，驱动燃气轮机发电；钢铁产业要用焦煤焦炭把铁矿石融化成铁水，冶炼钢铁；水泥厂则要靠燃煤来煅烧原料，制造水泥熟料。而电、钢铁、水泥，又是工业乃至整体经济运转不可或缺的物质基础。

目前，我国火力发电装机量约占全球半壁江山，钢铁产量接近全球的六成，水泥产量同样超过全球总产出的一半，这几个一目了然的比例关系，清晰展示了中国煤炭消费绝对规模何以之大和相对比重何以之高。

中国每年的煤炭消费量逾40亿吨，假如像其他化石能源（如石油或者天然气），一半甚至更多需要依赖进口，那进口量将超过原油和铁矿石的总和。更关键的是，即便煤炭出口国愿意无条件配合，全世界可供出口的煤炭产能也填不满这个巨大的供需缺口。幸运的是，中国大陆早先的地质活动特点适合煤炭的形成，我国煤炭储量有先天优势，在世界名列前茅，而煤炭产业也足够争气，能够基本做到煤炭自给自足，满足巨大的国内需求。可以说，煤炭产业对中国经济平稳崛起，避免在能源上被卡脖子，发挥了幕后功臣的作用。

时移势易，在碳达峰、碳中和这场中国经济乃至社会生活形态的深刻变革中，煤炭产业链面临着尤为艰巨的考验。

既然煤炭对中国经济有如此重要的基础性作用，我国在煤炭储量上又有得天独厚的优势，为何中国会毅然决定压缩煤炭消费量？答案并不复杂：煤炭燃烧所产生的污染太严重了。举例而言，同样要烧开一壶水，也即输出相同的热量，煤炭燃烧产生的二氧化碳、二氧化硫等污染物，就比石油和天然气要多不少。

煤炭与气候变化

二氧化碳在日常生活中并不罕见，碳酸饮料随处可见，人们更是每时每刻都会呼出二氧化碳。二氧化碳是无毒无害的气体，是地球亿万年来形成的生态系统循环的有机组成部分。

空气成分原本可以自行稳定在适宜水平，但随着人类进入工业化时代，煤炭和油气等能源消费出现指数级增长，这些化石能源在使用的过程中就会排放很多二氧化碳，超过了地球生态系统的承受程度，由此潜移默化地改变了大气成分。二氧化碳的含量逐渐升高，这种潜移默化的影响某种程度上可以类比于有的人运动不足、营养过剩，额外的热量无法代谢掉，只能作为脂肪储存起来，体型也就逐渐改变，出现了"啤酒肚"。

正如肥胖会给人类健康带来一系列问题，大气系统中二氧化碳的增加同样会带来严重的危害。二氧化碳是一种重要的温室气体,它能产生温室效应。让全球变暖的原理简单来说是这样的:增多的二氧化碳吸收了更多地面放出的长波辐射能量并还回地面,而减少了散失到宇宙空间的能量。

气温升高会带来一系列威胁人类生存的问题。比如,高纬度冰川融化造成海平面抬高,威胁海岛或沿海低平地区人类定居点;再比如,高温导致内陆干旱,造成粮食产量降低,加剧饥饿问题。

20世纪六七十年代,全球变暖只是一个新的学术争论。在技术乐观主义的思潮下,甚至有人提出要主动强化全球变暖,以改善高纬度地区人类生产生活条件。然而,随着大气监测数据的完善,以及异常天气现象的明显增多,学术界对于全球变暖及其人类活动成因逐渐达成了共识。

在极端灾害天气的现实威胁下,全球各国政府相继行动起来,下大力气治理全球变暖,治理的抓手就是设法减少人类活动排放的二氧化碳。煤炭油气等化石能源,作为人类活动主要的二氧化碳排放源头,顺理成章面临着压缩使用量的要求。

在主流化石能源中,煤炭尤其"不受待见"。由于形成过程中的地质环境差异,煤炭中的碳元素和其他杂质成分高于石油和天然气,煤炭燃烧时二氧化碳排放相对强度更高,二氧化硫等其他主要污染物排放也非常严重。以我国为例,每年排放的二氧化硫80%以上来自燃煤。

一方面,煤炭对中国经济有着特殊重要性;另一方面,为了环保大局,必须压缩煤炭消费量。这对矛盾的协调,绝非易事。

有观点认为,石油和天然气的二氧化碳排放量稍低,中国可以用石油和天然气取代煤炭。但是,在这三大化石能源中,只有煤炭中国能够基本做到自给自足,其他两种能源的对外依存度都很高。况且,从单位热值所需付出的费用来看,煤炭也有显著的成本优势。如果简单粗暴地把煤炭消费砍掉,用石油和天然气填补缺口,会立即导致中国的基础能源消费对外依赖度飙升。此外,石油和天然气市场较煤炭的金融化程度更高,价格波动远比煤炭剧烈,定价权更是牢牢掌控在欧美金融机构手中。对石油和天然气的过度依赖会把整个工业体系的原料成本推高,削弱中国制造业竞争力,乃至被动输入通胀,干扰国内宏观经济。

西方发达国家推动《京都议定书》《巴黎协定》等,还有一个规则制定中的隐形"陷阱",那就是要求发展中国家和发达国家按照类似的步调缩减二氧化碳排放,不愿意给予发展中国家缩减碳排放的"缓冲期"。

这种看似一视同仁的标准,隐含着对发展中国家发展权的歧视。广大中低收入经济体在发展过程中,由于农业人口向工业、服务业部门转移,城市规模和活动扩大,必然将带来碳排放的水涨船高。不允许这些国家碳排放增长,实质上意味着要求其永远保持贫困的"原生态"。

已经完成现代化进程的发达国家,站在保护地球的道义高地上，大肆炒作指摘发展中国家的碳排放增长，乃至将之妖魔化，未尝没有这样的地缘博弈用意，那就是把包括中国在内的发展中国家锁死在工业化起步阶段，以环保的大旗压制后来者，避免其轻易走上大规模工业化的道路。

煤炭产业转型之路

正是由于上述经济与地缘战略因素，煤炭消费量的调整就像瓷器店里抓老鼠，极其考验宏观调控的功力，绝不能图一时痛快，把老鼠和瓷器全打烂。想要破解发展与环保的难题，只能从供需两端渐进式地调整煤炭产业。

首先，从供给端看，中国正多措并举，尽可能实现煤炭生产的清洁化。国内煤炭行业经过多年的供给侧改革，总产量在2013年以后基本进入平台期，产业布局实现了明显优化，产能在向山西、内蒙古等地的大型煤田集中。这些煤田产出的煤炭品质更好，燃烧时污染更少。超大规模煤田也有大量应用机械化设备的条件，生产过程能产生规模经济效益。经过多年的治理后，各地私挖滥采的小煤窑现在基本绝迹。

除了产业布局的调整，科学技术也大有可为。煤炭的污染之所以比油气要高，根本原因在于其碳含量高、氢含量低。通过调整碳氢比例，煤可以转化为油，作为液态燃料交付下游，下游应用中的污染也随之减少。这个朴素而直接的思路，就形成了煤化工中的煤制油这一目前国内热门的工程领域。中国在该领域投入很大，成果丰富，不但在国内有了初具规模的煤制油、煤制气工业能力，而且已经可以向国外输出成套技术。2021年年初，中国化学工程股份有限公司就拿下了乌克兰600万吨煤制汽油项目，合同金额高达30多亿欧元。

其次，从消费端看，煤炭的清洁利用是当下的潮流。要减少碳排放，无外乎减少煤炭的下游消费需求，或者是在用煤的过程中设法减少排放。沿着这样的治理逻辑，煤炭消费领域当前的变革图景就很清晰地展现了出来。对于火电、钢铁、水泥这三大耗煤行业，我国近年来采取了严控新增产能的政策，提倡进行等量或者减量置换，也就是说，与煤炭生产的置换类似，把分散的、技术上落后的小产能坚决清理掉，用布局更集中、技术更先进的产能来替换。

以燃煤发电为例，本节开头提到的内蒙古限电，就是受到减少煤炭消费的直接影响。更具代表性的做法是电厂用户的技术升级改造，上马超临界乃至超超临界发电技术。通俗来说，这种技术就是燃煤锅炉形成超高温超高压环境，锅炉里的工质（通常是水）转变为一种超临界状态，也就是气态液态密度相等、难以区别的特殊物理状态，这种工质输出到发电的涡轮机组，做功的效率比传统的水蒸气要高很多，提高了烧煤的能效，减少了煤炭消耗量。

而小电厂置换为大型火电厂，是因为发电能力集中，燃煤排放的污染物也比较好监管，可以配套建设集中处理设施，减少乃至完全避免二氧化硫等污染物进入大气。

笔者曾受邀探访中国大唐集团南京电厂，彼时眼前的现代化燃煤电厂已经与印象中黑灰漫天、气味刺鼻的传统火电厂有了天壤之别。在新建的一体化厂区中，煤炭从船舶上卸载后，通过输送带即时送入巨大的封闭式堆煤场，再通过地下输送管进入相隔不远的超临界锅炉机组。传感器、控制器组成的工业物联网，使电厂管理者在洁净的控制中心就可以对整个连续生产流程进行实时管理。大数据模型甚至会根据锅炉内燃烧情况，给出阀门等控制部件操控策略，帮助提高煤炭利用效率。

总体而言，我国在供给、需求两端对企业主体和技术能力双管齐下，已经带动煤炭产业链从粗放发展进入精细化时代，工业生产消费煤炭附带的环境污染得到了有效控制。根据十四五规划纲要内容，这五年中国国内煤炭消费总量大体维持在目前水平，同时继续依靠提高产业集中度和新技术的应用来提高效益。

至于2025年后的中长期碳中和、碳达峰目标，如果单纯靠化石能源的清洁化利用，可能无论如何挖潜也无法成为治本之策。拿煤制油来说，在目前的技术水平下，约3吨煤才能合成出1吨燃油，中间除了碳氢成分的损失，还会消耗大量的水资源，在可预见的未来，仍然难以匹敌石油和天然气的成本优势。

随着环保大政对各行各业的改造，中国煤炭消费量将稳步进入下降轨道。国家发改委和中科院等对2050年中国能源消费结构的预测模型结果大同小异。哪怕是较为保守的预测，也认为2030年前后中国煤炭消费量会达到峰值，此后开始收缩；

到 2050 年，中国每年的煤炭需求量大概会回落到 15 亿到 20 亿吨，不到目前规模的一半。不只是煤炭，其他的化石能源，包括石油和天然气，消费总量也会有明显下降。石油和天然气等其他初级能源消费，也大致遵循着相同的轨迹。相应地，中国消费石油和天然气等产生的二氧化碳排放也将在此期间达峰并持续回落，直至实现碳中和，即宏观上中国经济活动不产生二氧化碳净排放这个宏大的终极目标。

这随之产生了一个有趣的问题：即便按照中低增速预期，2050 年中国的 GDP 规模将是今天的 3 倍，也就是大约 40 万亿美元。经济活动规模大幅增加，中国的化石能源消费反而比今天减少很多，那么，我们将通过什么样的方式填补能源需求缺口呢？

答案是清洁能源，也就是基本不产生二氧化碳等温室气体的能源。

按照规划，未来中国的能源需求将由水电、风电、太阳能、核电这四大支柱支撑，由其取代今天如日中天的化石能源地位，这也是欧美等发达国家和地区不约而同的选择和规划。无形之中，清洁能源的发展就形成了一场国际竞赛，哪个国家能率先走通这条前无古人的道路，就能收获巨大的国际威望和号召力。

迈向清洁能源 "无人区"

在清洁能源的这四大支柱所在行业，中国都已经进入世界第一阵营。

中国太阳能（光伏）产业的传奇成为中国产业竞争风格的典型案例。多年前，国内太阳能硅片行业十分火爆，但随后过度扩张导致行业周期逆转，业内巨头纷纷轰然倒地。那时，不少学者与媒体连篇累牍总结着中国企业乃至资本市场的种种"原罪"。然而就在这样的寒冬中，中国光伏企业悄然完成了产能整合与负债重整。在一轮完整景气循环中摔打出来的中国企业，其后不但依靠产能优势凌厉地进入全球市场，在价值链上也不断爬升，进入了光伏组件、光伏电场乃至储能等多个关联的高附加值、技术密集产业环节。

整条光伏产业链上，中国已经建立起了无可争议的全球统治力，且每年的光伏电站新增装机量，也就是新增的发电能力，已经连续八年保持全球第一。曾经的电力革命领军者、诞生了通用电气的美国，在光伏产业的新浪潮中却已经"有心无力"。在巨大的焦虑感驱使下，美国人甚至祭出了"人权"等武器，试图将中国光伏厂商的竞争力归结为所谓的强制劳动，并以此推动制裁禁运。这种让人匪夷所思的动作背后，是产业层面的"绝望"。

在风电领域，中国的装机量也已经占到全世界的一半。风电机组制造环节，中国厂商正在复制着光伏产业的类似轨迹，快速追赶着世界前沿。

水电和核电这两个相对"传统"的领域，中国同样在上游设备和下游装机上成为全球最活跃的市场。在核电技术领域，

"入世"之初，中国一度试图全盘复制美国技术，成套引进西屋电气公司 AP1000 方案，一步到位跨越到第三代核电技术。

2006 年 12 月，中美签署《中华人民共和国和美利坚合众国政府关于在中国合作建设先进压水堆核电项目及相关技术转让的谅解备忘录》，并约定中方在取得 AP1000 相关技术后改进开发的更大功率堆型，可以作为中方知识产权对外出口。

"美国高科技"的光辉形象，是 AP1000 能够在竞争中脱颖而出的隐秘助力。然而，美国制造业的硬实力，却已经无法匹配其深入全球公众心智的强大软实力。

AP1000 方案的全球首个落地项目——中国三门核电站，原计划 2013 年正式建成投产，然而美国厂商提供的核心部件——反应堆主泵出现明显质量问题，导致最终并网发电推迟了 5 年之久，项目经费也由于拖期严重超支。西屋电气公司在此期间还经历了手忙脚乱的转卖和破产清算。

这种美国研发项目屡见不鲜的衰败状态极大地震撼了中国人，AP1000 高枕无忧的技术路线"大一统"地位也明显动摇。

中国人逐渐认识到，曾经风光无限的美国已经无法再作为其追赶的标杆，中国已经走到了产业最前沿，是时候向着"无人区"勇敢迈步了。

立足自主创新的第三代核电方案——"华龙一号"，很快应运而生。

"华龙一号"方案显示出在技术、成本、效率上相对

AP1000 的全方位优越性，不仅在国际市场上连续取得突破，甚至福建漳州核电等原定采用 AP1000 机组的项目，也中途转换规划，改建"华龙一号"机组。

AP1000 是发达国家装备制造业衰败的经典案例。当初周密布局、站在环保高地对中国等发展中国家指手画脚的发达国家，反而被经济发展和污染治理这一对矛盾给锁住了。不仅是核电领域，近年来美国部分地区遭遇寒潮，因为燃煤发电能力长期欠账，骤然出现了大面积断电，紧张的电力不得不优先保障向富人区供应，引起极大民愤。

在治理全球变暖和发展经济之间，中国人已经找到了一条切实可行的能源转型升级之路。中国清洁能源解决方案未来不只是为中国人，更将为全人类提供方向指引。

第 6 章　将钢铁这一工业主粮握在自己手心

澳矿断供，受伤的是谁？

"人是铁，饭是钢"，中国人生动地将粮食与钢铁挂钩，强调这两者的重要性。而钢铁的原料——铁矿石，可以被视为现代工业的粮食。中国铁矿石需求量每年已接近 20 亿吨，相当于每个中国人每年消费 1 吨以上的铁矿石。

澳大利亚铁矿卡得住中国脖子？

中国人的饭碗里装着中国粮，但中国工业的"主粮"铁矿石，则很大比例依赖于进口。中国的铁矿石进口量已经连续多年超过10亿吨，而在这每年进口的矿石中，三分之二以上来自同一个国家——澳大利亚。

2020年年初，中澳关系产生波动。在新冠肺炎疫情肆虐全球之时，澳大利亚总理莫里森要求独立调查病毒来源，目的毫无疑问是坐实对中国的有罪推定。作为对这一做法的回应，中方在进口澳大利亚葡萄酒、龙虾等方面实施部分限制措施。

甘当美国西太棋子的澳大利亚，并未就此冷静下来。以彭博社为首的美国媒体大肆拱火，挑动对立，强调中国钢铁工业高度依赖进口澳大利亚铁矿石，且中国疫情后的经济增长又"极度依赖基建"，怂恿澳大利亚方面在铁矿石出口上搞"小动作"。不少人认为澳大利亚可以限制向中国出口铁矿石，用这种"卡脖子""打七寸"的方式获得外交谈判的主动权，甚至将这种做法渲染成澳大利亚的"核选项"。

其实，类似的观点早已有之。一位澳大利亚参议员曾威胁称，澳大利亚可以停止对华铁矿石的供应，以实现其政治诉求。这种种言论，无疑使中澳铁矿石贸易进一步敏感化。

那么，中国钢铁工业对澳大利亚铁矿石的依赖是如何形成的？

一言以蔽之，中国钢铁工业的超大规模，是这种依赖的决定性因素。根据工信部数据，2020年，中国国内粗钢产量首次突破10亿吨，占据全球同期粗钢产量的近六成。全球大部分钢铁生产于中国，而生产钢铁最核心、最基础的原材料是铁矿石，顺理成章，中国必然成为全球铁矿石的主要消费市场。

铁矿石作为一种自然资源，由于其成矿过程对自然环境和地质活动有特殊要求，在全球的分布极不均衡。澳大利亚、巴西等南半球国家由于地壳演化和地槽发育的独特因素，铁矿石资源大多富集在地表，开采容易，同时还具有纯度高、保存完善的优势。尤其是澳大利亚，其地理条件得天独厚。相关资料显示，澳大利亚大陆非常稳定，早期长时间处于浅海环境，形成了丰富的条带状磁铁矿。再加上澳大利亚没有大规模的造山运动，因此该国铁矿石开采条件好，质量也十分优异，成为全球铁矿石贸易中的优质商品，备受钢铁企业青睐。

靠山吃山，靠水吃水。全球铁矿石市场当前已经形成三大寡头供应商——巴西的淡水河谷、澳大利亚的力拓、澳大利亚的必和必拓，即俗称的"三大矿山"，依托的都是本国优越的铁矿石资源。而在三大矿企中，澳大利亚"两拓"又凭借对中国市场的物流便利和自身所处发达国家的技术、信息、融资优势，逐步建立起稳固的统治地位。如2013年铁矿石价格下跌，澳大利亚企业快速反应，借机用更灵活的商业条件占领市场，澳大利亚矿石的市场占有率陡然从37%上升到52%。

辽阔的中国国土上，铁矿石矿藏并不稀缺。中国铁矿原矿储量达210亿吨左右，与国际市场主要供应国巴西、俄罗斯相差无几，每年国内铁矿石产量也高达7亿吨，在全球铁矿开采业中举足轻重。但无奈的是，即便是如此规模的中国铁矿供应，在更高规模的中国钢铁工业需求面前，依然力不从心。同时，国内铁矿采掘行业也存在一些固有短板：一是国内铁矿大多深埋地下，需要打井开挖，工程量大。二是国内铁矿石资源品质较差，含铁量低，其他杂质多，往往需要额外处理，制成铁精粉才能使用。三是国内铁矿分布较为稀疏，少有大型矿脉，单一企业无法形成规模生产，进一步丧失了本土生产的成本优势。

相比之下，国际矿企除了矿藏条件的先天优势，在品牌声誉、开采技术、履约能力等方面，较国内企业有明显优势，从而进一步形成规模经济，降低了成本。远渡重洋运到中国的澳矿，甚至可以把每吨矿石的到岸价格降到40美元以下，低于中国国内铁矿石的价格。

先天优势加上运营能力，让澳大利亚铁矿石在中国市场脱颖而出，一步步形成了目前铁矿石进口三分天下澳矿有其二的局面。

铁矿供应多元化之策

我国进口澳大利亚铁矿石占比如此之高、规模如此巨大，是否意味着会和集成电路产品类似，面临被卡脖子的危险？

答案是否定的。铁矿石作为一种自然资源而非技术产品，即使高品质铁矿石可替代性低，也绝不是无可替代。一旦澳大利亚敢冒天下之大不韪，将铁矿石贸易"武器化"，那么，站在战略资源保障的高度上，中国以稍高的经济成本为代价，仍有可行的应对之策。

实际上，近年来我国一直在贯彻进口多元化战略，积极开拓更多进口渠道。"两拓"之外的另一铁矿石巨头——巴西的淡水河谷就是我们的重要平衡工具。巴西铁矿石品质不亚于澳大利亚铁矿石。在供应上，巴西企业较澳大利亚企业也更少掺杂政治因素考量，甚至有更积极的合作意愿。淡水河谷公司前期因尾矿坝垮塌的重大事故一度停产，使近两年的全球最大铁矿石生产商宝座旁落力拓集团。但随着中国的需求量不断上升，淡水河谷显然很愿意在此时拿回属于自己的第一。

进口多元化，当然不是单纯地在卖家间轮换，如由澳大利亚切换成巴西。在非洲，中国已经直接拿下了多个优质铁矿的开采权，从供应端入手解决问题，其中就包括被誉为"几内亚皇冠"的西芒杜铁矿。

相关数据显示，位于非洲几内亚的西芒杜铁矿已探明的可开采储量达 24 亿吨，被认为是世界上尚未开采的、储量最大的、矿石品质最高的铁矿。2020 年，中企联合体拿下该矿 1、2 号区块开采权。这两个区块的铁矿石品质非常好，含铁元素达到 67%。

非洲有着丰富的矿产资源，只是长期受困于落后的基础设施，无法开采和运输。而有着"基建狂魔"之称的中国，恰巧补上了这一短板：我们不仅可以帮助非洲开发矿产，还可以建设配套的物流基础设施。例如刚刚提到的西芒杜铁矿，配套的铁路与港口建设项目已经同步签约建设。

当然，铁矿开发和基础设施建设是需要时间的。即使优质铁矿在手，距离铁矿石大规模开采出来并运抵中国仍有很长的时间。相比开发新矿，废钢冶炼则是一条更快的进口矿石替代道路。

废钢与矿石是钢铁冶炼的两大铁素原料。与铁矿石相比，废钢用于冶炼有其特殊优势：生产流程短，耗能小，从而也更加环保。根据中国钢铁工业协会的数据，世界上发达国家和地区目前均以废钢作为主要的炼钢原料。国际回收局统计资料也显示，美国、欧盟、日本的炼钢原料中，废钢占比分别高于70%、50%、30%，而我国2019年的数字仅为21.67%。

政策层面，我国对废钢冶炼的扶持力度不断增强。2015年工信部发布的《钢铁产业调整政策（2015年修订）》提出，到2025年，我国钢铁企业炼钢废钢比不低于30%，废钢铁加工配送体系基本建立。可以预见，随着国家对环保的重视，钢厂会越来越多地选择废钢回收冶炼，这将在很大程度上缓解我国对澳大利亚铁矿石的依赖。就在2020年1月，国家发改委等五部门还发布联合公告，宣布符合再生钢铁原料国家标准的再生钢铁原料不属于固体废物，可以自由进口。如果从回收废钢的角度来看，不少工业国有成为废钢铁出口资源国、部分替代澳大利亚铁矿石的可能。

铁矿石定价权之殇

一方面，中国未雨绸缪，多管齐下推进着铁矿石供应的分散化、多元化，对可能的卡脖子风险已经做出了针对性调整；另一方面，澳大利亚若要断绝对华矿石出口，对其自身经济或许将造成更大的伤害。澳媒统计数据显示，澳每年对华铁矿石出口金额达近千亿美元，考虑到配套的勘探开发、采掘装备、物流报关等附属产业产值，保守估计，铁矿产业链的整个经济活动规模在千亿美元以上。澳大利亚 GDP 也不过是 1 万亿美元出头，其中过半产值出自服务业，也就意味着，依附于中国需求的矿产行业就是澳大利亚经济的主动脉。为了美国的大国利益出头，卡中国铁矿供应的脖子，对澳大利亚来说形同自断经脉。

格局如此，使得尽管中国和澳大利亚关系一度波折，美国乃至澳大利亚国内媒体也煽风点火，但澳大利亚政商界处理与中方的铁矿石贸易依然极其小心，毕竟中国人不买铁矿石对澳大利亚经济将是致命的打击。澳大利亚国内有识之士对此心知肚明，工党议员就曾警示：澳某些政客主张的"与中国经济脱钩"，是一场"前所未有的自戕行为"。

由此我们可以很清楚地看到，限制铁矿石出口绝难成为澳大利亚手中的"核选项"，因为那样会未伤人先伤己，最终吞下苦果的可能是澳大利亚自己。

不过，尽管铁矿石贸易完全中断的可能性很小，但我们仍需要警惕澳大利亚在铁矿石贸易上的"小动作"。中国钢铁工业协会副会长骆铁军，就曾对铁矿石价格波动的问题，向澳大利亚必和必拓公司发出质问。

外界推测，铁矿石价格的疯涨可能与某些矿业巨头有关。作为全球的大买家，中国在铁矿石定价上的话语权却一直不足。这也是澳大利亚几大矿山能够坐地起价的原因之一。断绝对中国铁矿石供应，对这些巨头是绝对没有好处的。但在铁矿石价格上兴风作浪，利用地缘"氛围"哄抬价格，却是这些巨头绝不会拒绝的选项。

这就凸显了中国铁矿石进口中的"真问题"，也就是定价权这一核心痛点。铁矿石明显的寡头垄断供应结构，使得在其定价过程中，往往需求方话语权有限，少数几家大型矿企则拥有巨大影响力。

2010年前，中国粗钢产量还没有达到如今的规模，当时的四大国际铁矿商（三大矿加FSM集团）采用长协定价机制，和中国钢铁厂集体谈判确定"协议价"，协议期内维持价格稳定，俗称年度长协。在这种面对面的商务谈判中，相对分散的中国钢铁企业，往往难以形成有效的议价合力。

雪上加霜的是，这些摸爬滚打上百年的私人资本巨头，在谈判中还有种种"盘外招"，金钱贿赂是其惯用手段，甚至其还从事商业间谍活动。2009年7月，上海市国安局证实，力拓集团上海办事处的4名员工因涉嫌窃取中国国家机密在上海被拘捕。据调查，他们用对个别钢厂的小恩小惠分化瓦解集体谈判。这些长协机制下的高价铁矿石成本，最终变成了钢材的额外成本，转嫁到全社会。

2009年，钢铁产量占我国总产量80%的71家重点大中型钢铁企业，利润同比下降 31.43%，平均销售利润率只有 2.46%，一吨钢材的利润甚至不够买一瓶矿泉水。而必和必拓集团依赖原材料铁矿石涨价，2009 年下半年净利润即达 61 亿美元，同比增长 134.4%。

2010 年后，垄断铁矿石供应的巨头采用了更加"中立"的指数浮动定价模式。该模式主要依靠普氏能源资讯的普氏指数，从行业主要矿厂、钢厂和贸易商处采集交易数据，最后给出调整后的铁矿石价格指数，以此作为广泛市场参与者的交易定价参考。

普氏指数与信用评级结构标准普尔属于同一集团，这一评级机构看似客观中立，实际上却很容易和相关行业的强势机构进行利益捆绑。次贷危机中，标准普尔给予不少垃圾债高评级，是其后信用危机爆发的一大原因。铁矿石指数也有着类似的问题，该指数编制人员不少曾经供职于力拓这样的垄断巨头，很容易被后者施加影响。普氏指数的主要编制依据是当天最高买方询价和最低卖方报价，而不管交易是否实际发生。如果矿业巨头合谋操纵价格，指数就会相应涨跌，吃亏的还是国内钢企。

国内近些年来也一直试图开发本土铁矿指数，形成中国人可控的定价基准。2011 年 3 月，新华社推出了新华—中国铁矿石价格指数；中国钢铁工业协会、中国五矿化工进出口商会、中国冶金矿山企业协会，在当年 10 月也联合推出了中国铁矿石价格指数。

尽管国际矿山巨头仍采用普氏指数定价,但是国内指数的出台,毕竟为国内企业提供了潜在的替代方案。除此之外,大连商品交易所、上海清算所、北京国际矿业权交易所等机构,也引入矿权证券化、铁矿石期货等工具,以期让定价从"澳大利亚主场"变成"中国主场"。

总而言之,即便澳矿卡脖子仍是天方夜谭,对于种种经济因素下形成的铁矿石进口贸易格局,中国人也并不会熟视无睹,而是积极寻求风险防控的多元方案。不论是分散来源、回收废钢,还是建立本土交易市场,中国的钢铁产业都在以积极主动的态度,谋求更为主动的供应链地位。

澳矿断供,受伤的是谁?

在铁矿石这件事上,我们可以换个角度看看澳大利亚。首先,对华出口铁矿石真的让澳大利亚高枕无忧吗?这得看铁矿石在澳大利亚对华贸易中的地位。澳媒统计数据显示,2019年至2020年,澳对华出口的铁矿石占其出口总量的87%,总交易额高达4 947亿元人民币。2020年11月,澳大利亚最大的铁矿石输出港黑德兰港,对华出口了3 440万吨铁矿石,而当月总计出口4 160万吨,也就是说其中超8成的铁矿石运往中国。可以说,在铁矿石的消费上,中国不接盘,世界上就没有能接盘的国家。

高盛估计,一旦澳大利亚铁矿石对华出口中断,其GDP

增长将在 12 个月内减少约 2 个百分点，澳大利亚的财政赤字将增加 120 亿澳元，占 GDP 的 0.6%。

澳大利亚在铁矿石上可谓精打细算，但是还忘了决定铁矿石价格的关键因素——澳元。2020 年，美元超发灌水一整年导致澳元汇率急速攀升。2020 年澳元兑美元汇率上涨 10%，12 月 31 日两种货币汇率甚至达到 77 美分。一个国家想要出口产品获取可观的经济效益，需要本国货币在合理的范围内贬值。可是，美元贬值的速度比澳元还快，导致铁矿石变向涨价，削弱了澳大利亚铁矿石的出口优势。不光是铁矿石出口，澳大利亚的制造业、农业和其他出口产业也遭受重创。

在制造业上游的原料产业中，很多讨论集中在大宗产品的定价权上。定价权，就是对产品价格变动的主动权。以铁矿石为例，澳大利亚铁矿石份额大，是强势卖方。中国钢铁产业需求大，是刚需买方。两种相反的需求，就会导致铁矿石定价权的讨价还价。由于大宗商品的需求是长期需求，很多人在这些需求的讨论中，就会因为西方资源提供商先期提供的定价体系，认定中国处于被动应对的状态。

从全球贸易角度出发，资源定价确实是优势方决定的。不过，全球资源交易体系是复杂的网络，尽管澳大利亚矿业巨头依靠头部优势占据了价格主导权，妄图对中方市场施压，但是中国绝对不是被动的买家，而是积极寻求变局的谈判方。不论是增加来源、回收废钢还是确立指数，中国的钢铁行业都在用积极主动的态度，谋求对等合理的商业地位。铁矿石毕竟是资源主导型产业，其组织生产的难度和对应市场的需求，决定了相关产业的垄断属性。但是，垄断并不等于稳赢，巨头抱团，核心是为了对抗风险。如果对抗风险的方式不是尊重市场规律，而是强行定义市场规则，那么被限制的市场体系必然会迎来新变化。

依靠资源垄断和商业掠夺起家的资源巨头不能高枕无忧，大宗商品定价权不光是市场问题，也是经济问题和政治问题。面对中国未来的碳达峰、碳中和需求，以及基建市场的长期变动，钢铁行业即将面对一个稳定的转型周期。这些行业规划，恰恰决定了上游的产品需求。中国因基建而强大，但中国并不只靠基建发展。

除此之外，大宗商品的真正定价，还取决于巨头依赖的货币体系是否靠谱。从疫情蔓延以来美联储的一系列政策来看，短时间内发行的大量货币，让卖方享受了原材料涨价的快感，但从长期来看，下游产业的收紧，会让资源巨头手中的原材料成为烫手山芋。货币会在不同的国家流动，但是矿场不能随时搬走。靠天吃饭的巨头们，最终还是被现有的货币体系束缚。商业市场的买卖关系向来是动态变化的，当一方想按下"核按钮"的时候，新格局正在悄然形成。

第 7 章　面对低端制造业外溢需要国家智慧

如何把控正在发生的低端制造业转移，考验的是国家智慧。

近年来，关于中国制造业向东南亚、南亚国家转移的讨论热度不减。这批国家政治、经济、地理、文化等要素相近，越南是其中一个极具代表性的分析样本。由于美国对华大幅增加进口关税，中国制造业确实出现了加速向越南转移的现象。值此之际，越南政府推出了雄心勃勃的战略规划，试图争取"世界工厂"地位，并在 2035 年成为高收入国家。后来，哈佛大学肯尼迪学院经济学教授戈登·汉森（Gorden Hanson）公开表示，如果一定要选"下一个中国"，那就是成长最快的越南和孟加拉国。

于是,这一话题在世界范围内越炒越热。如今,许多越南人相信,他们的国家将在十年内赶超中国。可让人诧异的是,中国国内也有个别人,为越南制造唱起了赞歌。其论调包括"三星原来在中国有 2 亿部手机产能,但现在都转移到了越南"等等。对于这一议题,有必要明确的一个观点是:越南要成为"世界工厂",应该是不可能实现的目标。另外,中国制造业向越南"转移"的本质,是国内供应链规模及生产网络不断扩大后的"溢出",而且在"腾笼换鸟"、产业升级背景下转移的主要是低端制造业。

世界工厂:大国的冠冕

在现代史上,后发国家的经济赶超过程往往有着许多共性。1962 年,美国经济史学家亚历山大·格申克龙(Alexander Gerchenkron)基于对 20 世纪苏联、德国、意大利、瑞典等经济成功赶超历程的总结,创立了"后发优势理论"。这一理论总结出了不同社会制度、不同时期赶超战略实践的几条共性要求,被誉为"格申克龙准则"。其内容主要包括:强有力的国家主导;早期坚持发展重工业;集中资源扶持大型骨干企业;强制储蓄并维持工农业剪刀差;快速吸收学习发达国家技术成果。对照这一经济基础逻辑,不难看出越南的局限性。

首先,越南的国家资源有着天然上限。历史上,自第一次工业革命以来，全球先后有三个国家成为真正意义上的"世界工厂"，即英国、美国和中国。这三个国家成为"世界工厂"时的共同基础条件包括：地域辽阔、资源丰富、人力充足以及市场庞大等。反观当前的越南，只在人口体量上勉强过关，缺乏足够的自然基础要素支撑"世界工厂"级的规模。其实，越南对应的模板应是日本。狭长的国土、接近破亿的人口，让越南确实像极了第二次世界大战后重建时的日本。但是，即便日本在制造的巅峰时期，也未曾达到过"世界工厂"的层次，只是在部分高技术制成品领域取得过领先优势。所以，越南制造与其说要取代中国，不如先将当年的日本或者韩国作为对标对象。

其次，越南的工业结构已经严重失衡。正如格申克龙准则所总结的，要成为"世界工厂"，必须拥有完整的工业体系，而重化工业必不可少。这是因为，重化工业约等于现代经济的基础设施，制造了大量原料、材料和工业器件等生产资料。然而，越南现有工业结构以轻工业为主，重化工业占比非常少。纵观全球，后发国家重化工业往往依靠国家支撑，难以在自由市场中发展起来。中国、韩国与日本就都是在"大政府"推动下，才建立起相对完整的工业体系。但越南如今的改革和发展路径，貌似早已投入了所谓"自由化"的一套体系之内，并不具备不计成本推动工业化的决心与魄力。只要这一局面无法改变，越南的工业发展就只能嵌合在美欧主导的经济秩序中。

最后，越南缺乏自主而完善的产业链。目前，越南制造业的主要运行模式，呈现两头在外的"半体外循环"状态，即零部件、半成品供应主要来自中国，制成品主要销售市场在美国。这使越南的产业发展异常依赖外贸，在"半体外循环"模式下，越南发挥的主要作用仅是组装、制造成品。因此，越南在全球产业链中获取的价值非常低。据世界银行数据，2019年，越南制造业增加值为431.7亿美元，仅为中国的1/90。相对而言，中国之所以能相对获得产业链上的更高附加值，是因为产业运行模式类似树状的"双循环"结构。基于完善的产业结构、丰富的国家资源及庞大的市场，这种生态模式孕育了全球最大的供应链网络，既可以实现"无孔不入"的专业化分工，又能彼此配套及生产不同产品。

由于先天资源和后天建设发展的局限，越南显然无法成为下一个"世界工厂"。既然如此，为什么三星、索尼、耐克等外国企业还要把在中国的产能转移到越南呢？

产能转移的限度

伴随着经济转型发展，中国制造业的发展环境较往日已大不相同：人口红利逐渐消失，土地成本快速增长，以及产业升级趋势愈发明显等。这导致部分外资企业制造产品的成本优势逐渐被"稀释"。与此同时，近年来中国电子企业迅速崛起也大大冲击了外资品牌。比如，三星在2013年登顶中国手机市场后，就遭到一众国产手机厂商包夹围攻，并迅速沦落至国内二三线地位。此外，三星 Galaxy Note 7 电池"爆炸门"、"中国区高管下跪"以及韩国"萨德"事件等负面舆情，更让三星的处境雪上加霜，最终其在中国仅剩不到 1% 的市场份额。既没有市场，成本又在上升，三星再在中国生产手机已经没有多大意义。

于是，三星就瞄准了在经济发展、政策优惠、人口红利和地理位置上有一定优势的越南。那越南的具体优势是什么？在经济方面，近 20 年来，越南几乎一直是东南亚地区增长最快的经济体，吸引了日本、韩国等国许多企业前去"淘金"。在政策方面，为了吸引外资，越南多次修改了外国投资法，将企业税率降至 20%，同时对部分企业实行"两免四减半"等政策，即头两年全免、后四年缴税减半。在人口方面，2010 年越南人口数为 6 200 万，而如今人口为 9 875 万，十余年暴增 3 600 多万。当前，越南全国人口的中位年龄是 30 岁，35 岁以下青壮年占一半以上，劳动力充足。在地理位置方面，越南与中国云南、广西接壤，距离珠三角地区也很近，这使它在地理位置上得天独厚，能最大程度分享中国制造和产业链的利益。

经过十余年精心耕耘和布局建设，三星已经在韩国本土之外建立起一个规模庞大的"越南基地"。目前，越南三星拥有涉及手机、电脑、显示器等产品的 8 家工厂和 1 个研发中心，产值占三星集团总产值近 30%。从越南角度来看，越南三星的产值占越南 GDP 的 25% 以上，三星产品出口额占越南出口总额的 1/4。在韩国有句流传颇广的话："韩国人一生逃不开的三件事：死亡、税收和三星。"如今，想必这句话也适合放在越南人身上。然而，仅仅"吞下"一个三星就成这样，越南又能在多大程度上承接中国制造业转移？

结论可能并不乐观。可以做一个假想：东莞的地区生产总值相当于越南一半以上，而且工业占经济结构的比重远远高于越南。如果东莞地区的制造业在短时间内都转移到越南，结果很可能是越南制造业迅速膨胀：土地价格暴涨，人力成本大增，同时大量热钱也会涌入，从而导致严重的资产泡沫，人民财富被洗劫一空，最终引发经济、社会乃至政治危机等。这样的"经济高烧"，恐怕任何一个国家都难以承受。因此，越南制造承接的"容量"有着难以突破的自身局限，势必需要找到一个平衡点。越南对外经贸大学经济政策研究院院长阮德成曾对外表态：越南发展的最佳状态是，介于中国台湾地区和马来西亚之间的水准，完全不可能取代中国。虽然这位越南专家的表述比较谦卑，但定位还算准确。

近年来，虽然越南的经济增速态势略好于中国，但在悬殊的体量背景下，要说越南制造会取代中国，仍然是一个缺乏现实感的议题。比如2020年，中国的GDP约为14.72万亿美元，而越南不到2 700亿美元，仅与中国的内蒙古、山西、贵州处于同一水平线，比广西还要少近700亿美元。同期，中国制造业增加值逾4万亿美元，而越南制造业增加值仅为452.73亿美元，约为中国1/90。既然越南无法成为"世界工厂"，也无法承接中国制造的巨大体量，那么国内热炒的"制造业外流"本质又是什么？

第一，"制造业外流"的核心本质，实际上是国内供应链规模以及生产网络不断扩大后的"溢出"。从工业增加值的巨大差异来看，中国真正转移到越南的是部分制造流程中的简单生产和组装环节，即对人力成本较为敏感的劳动密集型产业。这无可厚非，因为资本会遵循"冷酷"的成本计算规则。但是，中国其他高技术制造业或环节，比如高铁、大飞机、核潜艇、半导体等几乎不可能转移出去。此外，虽然对外贸易相对兴旺，但越南的贸易主要嵌合于美国的消费网络，而生产主要嵌合于中国的生产网络，因此越南极易成为中国供应链网络的"外溢"以及通达世界市场的"中介"。基于此，长远来看，越南制造业之于中国制造业并不会形成此消彼长的替代关系，而是一种相互支撑、优化配置以及协同发展的模式。

第二，低端制造业向越南转移，本质上也是中国持续多年产业升级的结果。早在2012年，中国经济虽然仍在持续飞奔，但产业结构转型升级的压力已经日益凸显。此后，随着中国开启"腾笼换鸟""清理过剩产能"等产业政策调整，不少外企纷纷将低端产能转移到海外，同时加码国内高端制造业的布局。比如，三星2018年年底关闭天津手机工厂后，随后立即宣布投资24亿美元在天津新建全球领先的动力电池生产线。与此同时，三星西安存储芯片工厂二期如火如荼。这一项目投资总额达150亿美元，建成后将使西安成为全球最大的闪存芯片生产基地。除此之外，很多迹象显示，对三星等众多国内外企业而言，中国正在从低端的劳动力工厂，转变成承接高端制造业的重要地区。

第三，中国制造向越南等新兴经济体转移，也是中美贸易摩擦以及区域交流合作加强的产物。比如，随着中美贸易摩擦加剧，富士康为避免受美国的关税政策影响，随即开始施展"腾挪大法"，将性质比较敏感的网通产品生产线从中国南宁转移到越南北宁，以方便产品继续出口美国。当然，更多企业是在区域发展前景吸引下主动转移，其中包括美的、海尔、TCL等在越投资建厂等。另外，早在2008年，深圳国资就在越南海防市倾力打造了中越经贸合作区。经过十多年联合推动，目前中越合作区内已有多家中国行业龙头入驻，涵盖电机、安全气囊、电子元器件等领域。据不完全统计，截至2019年，60多家A股上市公司公布了对越南的相关投资。这使中国成为越南主要的外资来源国之一。

汲取中国经验的越南

毋庸置疑，在一系列产业、经济政策推动下，越南已经成为新一代国际投资热土。截至2021年年初，越南共有3.3万个项目，协议总额近4 000亿美元。这些项目的投资商来自世界140个国家和地区，其中最主要的是日韩。2014年，韩国正式超过日本，成为越南最大的外资来源国。而在这一变化背后，三星就是最主要的推手。2008年至2018年，三星在越南的投资额从 6.3 亿美元迅速攀升至 173 亿美元。近年来，三星还关闭了在华全部智能手机工厂，然后将在华智能手机产能转移至越南。深层剖析，越南之所以取得现在的系列成就，离不开近几十年"摸着中国过河"，即孜孜不倦对中国赶超战略的模仿借鉴。

20 世纪 80 年代初，在仿效苏联模式的背景下，越南经济发展的问题日渐暴露，产业失衡、供需错配、通胀飙升。此外，由于受美国主导的联合国制裁，其国际处境也表现为空前孤立，外贸多年"与世隔绝"。在内忧外患不断升级下，越南从中国改革开放上看到了"曙光"。1986 年后，越南政府相继颁发了一系列重大决议和法规，以推进"革新开放"政策。其中涉及扩大国企自主经营权、改革国家及商业银行，以及实行家庭联产承包责任制等举措。随后，越南还颁发号称迈出经济改革"一大步"的投资法。这部投资法意欲动员一切力量吸引外资，甚至还批准外资全权控股，一度让西方世界既震惊又欣喜。《亚洲华尔街日报》评价其为"社会主义国家中最为自由的外来投资法规"。此后，西方"自由"资金纷至沓来。

不难发现，越南在改革发展上，尤其在经济模式与国家治理上，可谓对中国亦步亦趋。比如在两国关系最紧张时，中共十一届三中全会的报告依然是越共中央的学习材料。而在确立"革新开放"后，越南每年都派遣干部到中国考察，然后以中国的调整消费品价格、整顿企业及金融系统等经验作为一系列政策改革依据。1991年,越南社科院出版的《在改革道路上的中国》一书序言写道:"近些年来,我国研究家一个头等重要的研究对象,就是当代中国及其政治、经济、文化、社会结构,还有对外政策的演变。"第二年,经过一场大讨论后,一位中国老人在深圳画了一个圈。紧接着,越南也开展了自己版本的公私大讨论,为"革新开放"立宪,正式承认私营经济。此后,越南经济真正起飞。

进入21世纪以来,基于自身改革及中国经济发展辐射带动等因素,越南经济发展进一步提速。而在承接中国部分制造业转移后,越南的纺织服装、手机电脑等,先后在全球贸易中显山露水。值得注意的是,由于汲取中国经验的脚步依然没有停下,越南的经济、政治和文化等方面几乎处处都有中国的影子。但考虑到中国压倒性的体量,它也有着一种与生俱来的焦虑,因而试图通过改革取悦欧美国家,甚至一度要把国名中的"社会主义"字样去掉。可这种自由化改革,似乎只赢得西方世界口惠而实不至的奖励,实则逐渐偏离格申克龙准则,削弱了越南本就远不及中国的国家治理能力,并损害着其自身赶超阶段的发展前景。另外,中国制造和庞大市场的雄浑之力,也不是能简单学来和超越的。因此,越南要建成第四代"世界工厂",注定只是一场黄粱美梦。

无论如何,中国部分制造业正在向越南等国转移是既定事实。在具体产业门类方面,中国的家电、家具、纺织、制鞋、电机、电子元件以及通信设备等行业企业均有在越南投建产能。另外，以三星为例，其近几年来相继关闭了惠州、天津手机工厂，苏州电脑厂，深圳网络设备厂，昆山电机厂，以及威海打印机厂。当然，其中部分工厂涉及三星的业务架构调整和转移至其他国家，并不是所有产能都转移去了越南。那么，这些相对低端的产业越来越多地向越南等国转移，中国应该如何审慎对待？

目前，中国中西部仍有不少经济欠发达地区，存在大量低收入群体。相比东部沿海地区，这些地方还有许多剩余劳动力、廉价土地等资源。东部地区产业向西部转移，有利于促进当地就业、经济发展以及产业链完善等，从而改善国家发展不均衡的状况。与此同时，随着《区域全面经济伙伴关系协定》（RCEP）的签订及推进，国内产业链转移到东南亚，对促进区域经济发展和国际合作同样有着重要意义。作为有担当的大国，中国在产业转移上"达则兼济天下"，还是"独善其身"推进中西部发展，属于多维议题。但从当前国情出发，与其把就业机会拱手让给东南亚，还是不如把它们留在中西部。

综合来看，中国正在发生的低端制造业转移，是经济、资本、人力以及政治等多重因素综合作用的结果，要如何去把控调整，考验的是国家智慧。至于中低端产业转移是否会倒逼产业升级，或许只有通过实践才有答案。在本质上，产业转移与产业升级是一个赛跑的过程。而在这个过程中，中国应该做的是减缓产业链向外转移步伐，以及加快相关核心技术研发；更重要的是，全力降低生产要素成本，尤其是完善中西部地区的基础设施建设以降低生产成本。另外，在当前日趋严峻的全球贸易环境下，中国还应制定相关应对措施，减少国际政治因素引起的低端制造业外流，以及保护高端制造业不被迫迁出。毕竟不少低端制造业对当地经济发展等仍有不小贡献，高端制造业则一直是国内经济发展的重要诉求。

从历史上看，近一两百年全球发生了三次产业转移浪潮，即从英国到美国，到日韩，再到中国，而且基本是从低端制造业转移开始。如今，中国已成为当之无愧的"世界工厂"，但在部分低端制造业外流的情况下，一味渲染越南等国的威胁、全球第四次产业转移浪潮开启，或者一味强调中国制造的优势，都不可取，而应该将眼界和格局放在全球、全产业链层面，更加冷静客观、立体动态地辩证看待中国制造业的未来走向。至于谁将成为下一个"世界工厂"，正如前文所述的哈佛大学肯尼迪学院经济学教授戈登·汉森坦承：这仍是一个谜题。但一种可能是，"中国将取代中国"，劳动密集型制造业或将分散到中国其他地方；抑或"中国＋1"战略兴起，即一些公司继续将大部分制造业留在中国，而部分业务分散至越南等地。

第 8 章　印度药业对中国的启示

21 世纪是生物医药的世纪。

2018 年,《我不是药神》这部电影风靡全国,创造了 30 亿元的票房纪录,在中国电影发展史上留下了自己的印记。该片讲述了千禧年之初,小老板程勇,从一个落魄潦倒的保健品贩子,转型为抗癌救命药"格列宁"代购员,救人无数,甚至推动了药品定价改革的故事。

片中的印度药令人印象深刻。一盒在国内动辄卖到两万多元的抗癌药,与其有同样疗效的印度仿制药只要几百元。这种印度药并非虚构。"格列宁"的原型格列卫,是一种治疗白血病的救命药,由瑞士制药巨头诺华研发,是全球第一种上市的靶向治疗药物，开创了肿瘤分子靶向治疗的新时代。

格列卫问世后不久即进入中国市场，原本在国内是天价自费药，一盒药定价高达两万多元。白血病患者在治疗过程中，一个月要消耗两盒格列卫，一年仅在该药品上的花费就可能达到五六十万元，这让很多病人根本无法承受。通过一个偶然的机会，片中程勇的原型——一位中国小商人陆勇发现，格列卫在印度的仿制版特别便宜，一盒药的价格只有四五百元。他通过自己购买或雇人代购，将这些印度药带到中国，帮助了大量白血病患者。

印度仿制药的第一桶金

像格列卫与其仿制药如此悬殊的价差，在今天的制药领域确实不多见。按照今天的市场生态，一种处于专利保护期内的新药，研发企业拥有自由定价权，也可以得到专利法保护的阶段性垄断地位，其他药企生产仿制品属于非法行为。

当年的格列卫正处于专利保护期内，因此定价极高，而各国设置这样的专利保护期限，也是为了原研药厂能回收研发成本，保持其研发新药的动力。

格列卫当年的印度仿制药，既非法，又"合法"。说它"合法"，是指在当时的印度国内法体系下，印度厂商可以不顾专利限制，直接仿制。这自然导致仿制药在价格上与诺华的原研药形成巨大落差。

以今天的眼光来看，印度药企的做法非常"特别"。通常而言，对于药品价格，各国普遍使用立法等间接手段来引导调控，比如提高医保分担比例，或者和企业协商谈判降价。而印度药企的做法，却是直接仿制专利保护期内的药物，并且公开销售。

上面提到的原研药和仿制药，顾名思义，前者是指原创性的新药，因而又有创新药的别称，通常由药厂付出大量成本研制，注册专利，通过一系列漫长复杂的临床实验，验证其有效性和安全性后推向市场；仿制药则是指某种药品专利过期后，根据其公开的有效成分，由原研厂家以外的药企仿制生产，这些药企通常无须负担高昂的研发投入和审批成本，仅需证明其与原研药的特征一致即可上市。

仿制药的商业模式可以划分为两种情况。一种是合规合法的仿制，是指药品专利已经过期，所有厂商都可以向原研药企发起挑战，而原研药企通常也会大幅降价以作回应。这类仿制药是药品市场一个专门的产品大类，从消费剂量上看远超原研药，是日常用药的主要品类。另一种则是非法的仿制，指药品还在专利保护期内，其他企业未获许可直接仿制。

印度在仿制药的两类模式上都具有很强的竞争力，甚至得到了"世界药房"的声誉。印度仿制药不仅在发展中国家广受欢迎，在欧美发达国家也占据很大市场。以美国为例，仿制药市场份额的 30% 被印度药企占领。

为什么印度的仿制药能够具备国际竞争力，乃至打入发达国家市场？

首先，合规合法的仿制药，虽然其他国家企业也可以生产，但是印度很早就进入该领域，具有先发优势。印度自20世纪70年代就开始大力发展仿制药产业，多年来该产业已较为成熟，各类配套要素集聚优化，在研发、生产、销售上筑起了应对后来者的竞争壁垒，在国际市场上占据了较大的份额，相关专业能力的建设也较为完善。长时间参与国际竞争，更让印度企业熟悉和适应了极其复杂严苛的FDA等欧美医药监管机构的要求。

关于非法仿制药这个"灰色地带"，就不能不提到20世纪六七十年代直至2005年印度独特的专利制度。半个多世纪前，印度就制定了独具特色的专利法，其规定：只承认生产药物的具体工艺专利，药品有效成分这个最核心的知识产权，即便在海外已经得到专利保护，在印度也不予保护。这给当时的印度药厂带来极大的便利，根据公开的海外药企专利信息，复制同样的药品有效成分、分子结构，只要简单改动一下剂型或辅料，就是印度法律承认的一种新药。尽管这种"蛮不讲理"的操作随着2005年后印度加入WTO明显收敛了不少，在规则上与国际管理逐渐趋同，但此前几十年的积累已经切切实实让印度制药企业捞到了第一桶金。

上文谈到的格列卫，正是2005年前后印度药物专利法规变革阶段的一个"历史遗留问题"。2005年后，瑞士诺华多次向印度仲裁机构和法院提起诉讼，试图确认其格列卫专利的有效性。然而在 2001 年至 2005 年间，已经依靠专利制度"套利"，开辟出格列卫仿制药市场的印度药业巨头们，显然拥有更强的游说能力。诺华的诉讼，在欧美发达国家也引发"无国界医生"等民间组织的抗议，因为这被认为是在剥夺白血病患者们已经得到的一丝生存依靠。

最终，诺华的上诉于 2013 年被印度最高法院驳回，这段旷日持久的公案方才告一段落。

"世界药房"离不开中国

鲜为人知的是，印度仿制药能做到物美价廉，还有一个很重要的原因，那就是在制药产业链更上游的原料药环节，印度大量依赖从中国进口，从而极大地降低了成本。

原料药产业，通俗来说，就是把化工、生物原料通过合成、发酵、提纯等手段，制作出成药的主要原料。原料药是构成药理作用的基础物质，加工好后，交付下游的成品药制作环节。

显而易见，如果说成品药产业的竞争更考验药企的研发、管理、营销能力，那么原料药产业的竞争力，则在于化工、生物等领域的生产能力，而中国恰恰在这两方面有压倒性优势。比如在化工领域，中国化工产业年产值达上万亿美元，占据全球三分之一的份额，几乎涉足所有化工品细分领域；原料药所关联的中高端精细化工，年产值也已占到相当大的比例。至于印度，尽管诞生了信实集团这样的私营资本巨头，但其产业整体发展水平仍然相当羸弱，化工产业年产值仅有八九百亿美元，还不到中国的零头，技术能力与中国也相差甚远。

在生物领域，中国的优势同样明显。以肝素为例，它被誉为和胰岛素齐名的重大医学发现，广泛应用于治疗心血管疾病。而猪小肠是提纯肝素最重要的来源，所以，肝素的产能就和生猪养殖规模直接相关。中国的生猪养殖在全球占到将近半壁江山。而印度在生猪产业版图上则基本没有一席之地，部分原因在于印度人民多信仰印度教，习俗上难以接受生猪养殖。正是凭借诸多类似提纯肝素的基础能力优势，中国原料药不仅受到印度药企青睐，也受到欧美制药厂商的广泛追捧。中国每年原料药的出口额，已经达到300多亿美元。在全球制药产业链上，中国已经成为提供原料药的核心枢纽。

不过，比起风光无限的原料药产业，近水楼台的中国药企在终端的成品药上的国际竞争力却远远落后于印度，即便与土耳其等国相比也有较大的差距。造成这一局面的原因主要有两个方面。

首先，国际市场环境已经有了很大变化。印度制药产业早在20世纪70年代就走向世界，在药品国际援助与贸易的成型期就参与到了跨国分工中。而中国企业开拓市场时，已经是90年代，甚至更晚，彼时国际药品市场的整体格局已经相对固化，后来者的入场门槛也越来越高。

其次，从自身来看，中国制药行业走过一段弯路。21世纪初，中国加入 WTO 后，国内制药行业兴起了市场化改革浪潮，一度出现了过度放松监管的不良倾向，迷信市场不受干预的自由竞争将自发催生优质企业。

但是，因为缺乏监管经验，制药企业的药品注册、生产质量管理都很快乱象丛生，人命关天的药品的生产和流通链条，成为各地"地头蛇""资本大鳄"追名逐利的猎场，结果是药企在营销上"争奇斗艳"，在药物研发和生产上则投入不足。大大小小的药企"割据一方"，导致中国制药产业市场集中度极低，单个企业技术竞争力极差。

内外部两方面因素又相互限制，将中国制药产业拖入困局。

赶超法宝——产业政策

中国制药产业该如何突破这一困局呢？

我们可以像印度某些仿制药产业一样，靠无视知识产权、专利保护来"野蛮生长"吗？中国人不会这么做，也没法这么做。随着国际贸易体系的发展完善，原始积累的时间窗口已经一去不复返了。

印度人当年能够推出"独特"的专利制度而不遭外界反噬，靠的是当时特殊的国际政治经济格局。政治上，印度是当时美苏之间的中立国领袖，也是七十七国集团（Group of 77, G77)"老大"。G77 是一个反对超级大国控制、剥削、掠夺的非正式组织，在联合国有着极大的话语权。印度拥有如此高的政治地位，美欧等国家和地区颇为忌惮，不得不在具体的经贸问题上对其容忍一二。

经济上，20 世纪 70 年代的经济全球化远远没有达到现在的程度，国际制药企业的产品既没有什么营销动力，也很难进入第三世界国家，印度等国仿制药的泛滥反倒成为跨国企业在某种程度上乐于见到的现象。正如微软当年对经济发展水平较低地区的人们使用盗版的 Windows 系列软件往往睁一只眼闭一只眼，因为在正版系统由于定价等原因没有市场需求的情况下，放任用户使用盗版软件有利于占据市场，培育用户使用习惯。但现在，这些有利于原始积累的特殊条件已不复存在，知识产权保护已经是国际共识和基本规范。"人穷不能志短"，贫穷并不是损害他人知识产权的理由。就连曾经使用"独特"专利法的印度，在加入 WTO 后都大幅修改了专利法，逐步与国际接轨，因为若不这样做，就无法和发达国家谈判经贸合作，反过来阻碍自己的发展。

相较于印度，中国在知识产权保护上一向比较审慎。即便某些药品获得了非常时期强制专利许可，中国的法律允许生产和销售这些药品的仿制药，中国也没有直接进行仿制。对于定价过高或产量不足的专利药品，监管部门还是倾向于通过和药企协商之类的柔性办法来处理。

比如 2005 年发生禽流感期间，罗氏集团的专利药达菲被发现有特效，但是产能有限。而当时社会对达菲的需求很迫切,中国政府选择主动与罗氏集团沟通,而非强硬地下达强制许可令。最后,罗氏集团主动给予上海医药集团和深圳东阳光药业有限公司专利生产授权,允许这两家企业紧急生产达菲仿制药,比较妥当地解决了问题。

既然中国无法走、不会去走印度曾经的药业发展路径,就只能在市场经济的通行规则下求索出路,这个时候,正确的产业政策引导就显得至关重要。中国很多产业的"逆袭",和强有力的产业政策、产业引导相关,制药产业也不例外。

过去几年,制药行业主管部门从政策和监管上做了两方面的大事。一方面,铁腕整治上市药品质量,通过清理药品批文,收紧仿制药上市的药效一致性评价审核,使得大批缺乏药物研发和生产管理能力、靠批文寻租和高额回扣坐享其成的劣质企业被淘汰。另一方面,除了管住药品上市的"出口",在终端销售上,我国通过带量采购的手段,有意识地加速行业优胜劣汰,扶持优势企业,提高行业集中度。

带量采购是指近年来医保部门代表区域内结算医院,统一与制药企业就某些药品的价格进行谈判,通常以医保部门让出的完整市场份额换取企业降低药品投标价格。

带量采购对药品价格的条件非常"苛刻"。以本节开头提到的格列卫为例,国内售价曾经达到数万元,而随着格列卫专利到期,国产合法仿制药上市并纳入医保用药目录,开始执行带量采购后,售价已经降到了千元以下,再减除医保报销的部分费用,患者的实际负担比购买印度药还轻。

在严格的集体谈判机制下，只有具备较强研发、生产实力的厂家，才可能拿下带量采购订单并确保利润。"一致性评价、带量采购"这套组合拳，无形中就在每个基本药物品种上，筛选出了一批优质企业。这些企业有过硬的研发能力，又可拿到医保目录用药的巨大市场，销售无后顾之忧，也就有更多的资源投入研发，形成良性循环。

创新药的中国"红利"

除了通过产业政策引导国内市场转型升级，中国制药企业要想真正走向世界，最重要的还是实现创新药研发的正向突破。尽管仿制药在国际药品市场规模上占据绝对份额，但其价值却越来越边缘化。

以美国这个全球最大、最发达的医药市场为例，其1984年通过的《药品价格竞争与专利期补偿法案》，即著名的Hatch-Waxman法案，标志着美国乃至全球创新药、仿制药商业模式的分化。过去几十年，药品市场发生翻天覆地的变化。占处方量、消费量八九成的仿制药，从消费额上来说，占比反而越来越低，每年美国人购药实际支出达到数千亿美元，其中只有10%是花在仿制药上的，剩下的90%则被创新药市场吸收。

作为对美国鼓励创新药、放宽仿制药这一立法思路的反应，一线药企蜂拥进入罕见病药品研发领域，因为治疗疑难杂症的"孤儿药"可以获得更长的专利保护期，再加上创新药允许自由定价，价格往往高得吓人。依赖创新药的病人，一个疗程的药品动辄需要花费数十万美元。对药企来说，只要有一万个富人愿意买药换命，年营收就可以轻松达到十亿美元量级。很显然，创新药商业模式越来越成为制药企业竞争的制高点。

按照创新药当前的技术与产业演进趋势，中国药企已经看到实现"逆袭"的曙光。

"21世纪是生物医药的世纪"，这句流传了20年的预言，已经从玩笑慢慢变成了现实。从技术机理看，近年来出现的创新药，绝大部分是生物药。生物药，顾名思义，就是以生物的组织、细胞、体液为原料，通过对细胞分子甚至基因层面的修剪改造，形成有效药理成分。与之相对的则是传统的化学药，即药物有效成分是一些化学物质，主要通过精细化工流程，依靠化学反应制造。

前者的优势在于，从最基础的生命科学原理出发，能够实现药物的精准治疗，某种程度上可以将其比拟为导弹，能够对病理过程实施点对点精确打击。这是很多传统化学合成的药物达不到的效果。很显然，当前的创新药开发，越来越考验一个国家的生命科学研究实力，传统化学药的研制知识与经验积累的价值已经相对下降。

随着各国医药产业比拼的领域转向生命科学，中国的优势得以浮现。我们的科研水平不仅可以压过印度，就算是和最前沿的美国同行也能掰掰腕子了。举例而言，基因研究当前最热门的一个领域——基因编辑（gene editing，CRISPR 是基因编辑中的一个重要工具），能够实现针对特定基因的精准修改，用在医疗上，有望实现一人一药，专门开发针对单个患者的特效药。

CRISPR 目前形成的学术格局，正是中国科研影响力的一个典型代表。就专利申请这一指标来说，中美两国在该领域已经处于平分秋色的状态，并且中美各自的专利量都是其他所有国家的总和。该领域在某种程度上可以说，只剩中美两个玩家。

基础科研的稳扎稳打，直接带来了中国药企在产业风口上的有利卡位。

近年来，飙升的创新药价格已经成为美式医疗体系治理失败的象征。显而易见，药企创新药定价的增长空间日益狭小。为了维持利润率，国际一线药企日益流行起药品研发外包的业务模式（CRO）。

在药品研发外包服务模式下，跨国药企将人力投入密集、业务交付标准清晰的研发环节，如生物靶标选择、先导化合物筛选、药效学药代学评价等工作，外包给外围专业公司承担，实现用廉价人力替代其本土高昂研发成本的目的。

中国充裕的生命科学人才储备和相对低廉的人力成本，使其成为这一研发外包潮流的受益者；而这些成长起来的承接外包业务的公司，又能以其专业能力，有力反哺国内药企的正向研发工作。

总而言之，印度仿制药在传统化学药打天下的时代，踩准了风口，靠着粗野打法形成了自己的优势地位。但在生命科学领域，中国人扎实的科研成果积累、对知识产权的保护与尊重，则形成了自己的独特竞争优势，有望绕过印度乃至欧美制药巨头在化学药赛道上构筑的竞争壁垒。伴随着生物药崛起的大趋势，中国制药产业将实现从落后到引领，值得期待。

第 9 章　服装纺织：从"丝绸之路"到"纤维之路"

对我国"世界工厂"的美誉的得来，服装纺织业出力不小。

服装纺织业在我国历史悠久。改革开放以来，特别是中国加入 WTO 后，服装纺织业更是迎来全面发展，产品从小小的袜子到高档的成衣无所不包。我们熟悉的很多服装品牌，其相当多的产品来自中国代工厂。高峰时期，几乎全世界每三件服装中就有一件产自中国。可以说，对我国"世界工厂"的美誉的得来，服装纺织业出力不小。但近年来，我国不少服装制造工厂开始向东南亚转移，服装纺织业占有的全球市场份额也开始下降，甚至一些东南亚、南亚新兴国家喊出口号，想要取代中国，成为新的服装纺织业"世界工厂"。

"中国织造"的千年辉煌

中国是一个历史悠久的纺织业大国。今日"世界工厂"的地位，对于中国来说只是向历史常态的回归。中国是世界上最早发明服装纺织技术的国家之一。远古神话中，就有黄帝之妃开创了养蚕、织丝的传说。在我国山西省夏县西阴村出土的半蚕茧文物，证实我国从新石器时代就已经开始养蚕制衣了。

商周时期，提花丝织物技术趋于成熟，甚至出现了负责指导蚕桑生产的专职官员。到了战国时，丝织业已经有了提花文绮、绫罗、织锦、彩锦、锦绣等技术。秦汉时期丝绸业发展更为昌盛，游牧民族之间甚至将丝绸作为货币使用，还将丝绸贩售到欧亚草原等地。在历经唐朝"贞观之治""开元之治"后，中国丝绸业进入巅峰，形成沙漠、海上、草原和南方四条丝绸之路并存的格局。中国丝绸及丝织品远销西亚、希腊等遥远的地方。

中国棉纺织业的历史同样源远流长。汉代，棉纺织品在边疆地区开始盛行。到了宋代，随着边疆地区与内地的交往更加频繁，大量棉纺织品输入内地，棉花和棉布在内地广为流行，植棉和棉纺织技术逐渐传入。元代初期设立木棉提举司，大规模地向人民征收棉布实物，每年多达10万匹，后来又把棉布作为夏税之首,可见棉布已成为主要纺织衣料之一。元以后的历代统治者极力征收棉花、棉布,出版植棉技术书籍,劝民植棉。到了明代,棉花已超过丝、麻、毛,成为主要的纺织原料。宋应星在《天工开物》中说"棉布寸土皆有","织机十室必有"。由此可知当时植棉和棉纺织业已遍布全国。

一直到鸦片战争前夕,中国的棉花、棉布不仅自给自足,还远销欧美、东亚和东南亚各地。当时的棉布多被称为土布。美国商人跑到中国来贩运土布,不仅卖回美国,还贩卖到中南美洲和西欧各地。英国也曾经大量进口中国土布。19世纪初30年间,从广州运出的土布平均每年在100万匹以上,最多的一年甚至达到330多万匹。

这一切在鸦片战争后发生逆转。西方列强用武力打开中国市场,按照《北京条约》《天津条约》等不平等条约规定的极低税率,在中国倾销洋布、洋纱等工业纺织品。例如,《天津条约》《通商章程善后条约》明确规定,凡进口洋货,均得享有子口税之特权,税率为2.5%,纳子口税后,可免征其他内地税。在这样的条件下,西方工业纺织品很快就依靠价格和质量优势,打垮了中国传统手工纺织业,占领了大部分市场。洋纱替代了土纱,洋布替代了土布,郑观应在《盛世危言》中感慨:"衣大布者十之二三,衣洋布者十之八九。"

机器纺织品进入中国市场,在导致中国白银大量外流的同时,还打垮了中国传统手工纺织业,原本依赖传统纺织经济的无地农民大量失业,社会上出现了很多剩余劳动力。这也为中国近代纺织工业的发展提供了劳动力基础。机器纺织品的流行，让很多民族资本家、买办从中看到了经济利益，他们仿造、购买西方纺织机器，兴办纺织厂。中国纺织业开始进入大机器生产时代。

例如，华侨商人陈启源1872年在广东南海县创办了继昌隆缫丝厂，开创了中国近代民族纺织工业的先河；上海买办黄佐卿于1881年创办公和永缫丝厂，成为上海民族资本机器缫丝业的先导；1889年开工生产的上海机器织布局，成为中国第一家棉纺织工厂。

这些近代民族纺织企业，往往依赖官僚资本或依附于外商，不仅所有制、生产关系和管理制度等方面带有封建性，而且在技术和生产管理上也严重依赖外国，长期聘用国外技术顾问，所能购买的纺织机器也多为国外淘汰下来的二手产品，这严重抑制了其发展。与中国近代纺织工业基本同时起步的日本纺织业，由于相对完整地贯彻了独立自主的发展战略，其纺织工业很快赶超了中国，甚至在20世纪二三十年代，其在全球纺织品贸易中超越了英国的市场份额。

根据中华人民共和国成立之初的数据，当时全国服装纺织家底仅是100多家大中型纺织工厂、75万名从业人员。服装纺织业真正迎来发展，还是要到中华人民共和国成立后。中国的棉纺织业设备规模从1950年的513万锭起步，逐步发展为1980年的1 780万锭。这一时期，我国的服装纺织业以供应国内市场为主，用于外贸出口的少之又少。以1965年为例，当年纺织品出口额仅为 4.8 亿美元，其中服装只有 1.9 亿美元。

20 世纪 80 年代中后期，国务院明确提出用好国内国际"两个资源、两个市场"，粮票、布票相继取消，中国服装纺织业开始大举进入国际市场。到 1996 年，中国纺织品出口总额已经达到 371 亿美元。与此同时，高素质又廉价的劳动力吸引全球产业向中国转移。在中国加入 WTO 后，中国向全球供给货物的闸门被彻底打开，中国服装纺织业的竞争力完全释放，企业家、产业工人、商贸人员联结起了世界最大的纺织品生产网络。

2020 年，我国纺织品服装出口额达 2 912 亿美元，仅比 2014 年 2 984 亿美元的历史峰值略低，稳居世界第一。

1 亿条牛仔裤换 1 架波音飞机

在中国取得如此巨大成就，获得"世界工厂"美誉的同时，中国服装纺织业隐藏着致命的缺陷。多年来，我国服装纺织业主要依靠低人工成本、低附加值、中低品质占据市场份额，多数纺织企业以生产附加值低、同质化程度高的中低档产品为主，未能诞生在国际上有竞争力的品牌。整个行业基本处于全球价值链中附加值最低的加工制造环节，利润被严重挤压。

以对美出口为例，我国纺织业每生产一件服装，企业获利

10%～20%，剩余利润则被美国的进口商、分销商及终端商获取。一套出口价格为30美元的西服，国外零售价可以达到200美元，高端品牌服装更是可以卖到四五百美元。中国工厂一分一分地压缩成本赚取加工费，但国外品牌商却拿走大部分利润。外贸领域一度流传"8亿件衬衫换1架空客、1亿条牛仔裤换1架波音"的段子，就是这一事实的最好写照。

为什么会产生这样的情况？因为我国服装纺织业对外贸易，从自欧美承接低附加值服装纺织产品的转移起步，而这种低附加值的生产加工往往意味着转移成本低。历史上，发生过多次类似纺织业生产中心的转移。有意思的是，这种转移往往和一国的工业发展息息相关。从工业史来看，英国、美国、日本的纺织业经历了从辉煌到衰落的过程。

欧美纺织业起步于18世纪的工业革命，当时工业革命技术大量应用于纺织业，以珍妮纺织机为代表的发明开启了工业革命。以英国为例，其纺织业在工业革命后进入全盛时期。20世纪上半叶，英国纺织业发展到棉纺织业6 330万锭、毛纺织业516万锭的庞大规模。1910—1913年世界棉织物贸易总量134.5万吨中，英国占了77.5万吨，即58%的份额。无疑，正是作为工业革命源头的英国纺织业，帮助英国开创了"世界工厂"的先河。

其后，美国的棉纺织业复制了这一历程。当时，英国阿克莱特水力纺纱机的发明，使得纺纱的速度得到了极大的提升，而且纺出的纱结实耐用。这项技术成为英国的经济机密。英国不仅严禁纺织机器出口，而且严格控制有技术的纺织工匠出国。美国政府则拿出高额资金，开出种种优厚条件，鼓励有技术的英国人移民到美国工作或创业。

掌握这项技术的英国纺织学徒塞缪尔·斯莱特（Samuel Slater），偶然在报纸上看到了美国寻找纺织技师的广告，决定到美国去开辟自己人生的新天地。他经过周密计划，连家人都没有告诉，就化装成英国农民登上了驶往美国的轮船。

斯莱特幸运地躲过了英国当局的出境检查。到美国后，他凭着惊人的记忆力以及经验，成功复制出了阿克莱特纺纱机。就这样，靠着这项"偷"来的纺纱技术，美国的棉纺织业也拥有了当时世界上最先进的新型机器，拉开了美国工业革命的序幕。斯莱特被看成改变美国工业历史的英雄，被美国人所铭记。美国第七任总统杰克逊更是称其为"美国制造工业之父"。

近代日本的崛起同样重复了这一路径。从明治时代开始，纺织业一直是日本的基础产业。从英国进口机械设备并于1883年开始运营的大阪纺织会社以10 500枚纱锭的规模，向世人证明了近代化工厂使用蒸汽动力带来的规模化生产可以获得丰厚的利润。1887年，日本引进法国机械工业技术，建立了雇有200多名女工的大型工厂——富冈缫丝厂。随着机械化的普及，蒸汽作为动力得到了迅速推广。

随着机械化和动力革命的进步，日本生丝出口规模逐年扩大。根据福泽谕吉撰写的《实业论》一书的记载，蚕丝及蚕棉类商品的总额分别为1883年约1 900万日元、1892年约4 000

万日元，分别占日本当年出口总值的 50% 以上和 45% 左右。纺织业更是蓬勃发展，20 世纪 20 年代初日本纺织业产值占其工业总产值的一半，1925 年日本纺织品出口额占其商品出口总额的 67.3%。纺织业的成功成为日本工业革命的导火索之一。

第二次世界大战后，作为和平型产业的纺织业，被亟待复苏的日本视为引领复兴的重要一环，最先开始走上复兴之路。凭借着工业和技术优势，日本大力发展纺织机械专业。第二次世界大战后的 30 年间，日本从国外引进 130 多项纺机先进技术，并投入巨额研究开发资金，生产并出口纺织机械，使日本纺织机械水平大幅度提高。

当时兴起不久的化纤产业也得到了日本的重视。1948 年，也就是日本成立专门负责棉类相关的日本纺织协会以及负责羊毛类相关的日本羊毛纺织会的同一年，日本成立了以人造纤维厂商为主要力量的日本化学纤维协会，进而设立日本百货店协会。日本的化纤产业迎来高速发展。在这样的态势下，日本的纺织工业产值一度占到其国内工业生产总值的一半以上，出口额也一度占到其出口总额的 40% 左右。

20 世纪 70 年代，由于日本纺织产业主要输出地美国对纺织品实施进口管制，纺织产业重心开始从日本向"亚洲四小龙"转移，纺织业再次迎来新的转移周期。"亚洲四小龙"的崛起，改变了世界成衣加工业布局。

到了 20 世纪最后十年，经济飞速发展、市场广阔的中国大陆成为新的转移目的地,中国的服装纺织业迎来爆发式增长。这种转移背后的原因并不复杂:中国因劳动力规模、素质或原料成本优势,在逐步标准化的成衣加工等生产环节得以快速集聚产能。随着劳动力、原料等成本因素发生动态变化,当拥有更充足原料和廉价劳动力的地区出现时,服装纺织业重心就自然会转移至这些更有优势的地区,原来地区的服装业则逐渐向价值链上游的品牌、设计等环节迁移。从欧美到"亚洲四小龙",再到中国大陆,服装纺织业的历史变迁足以验证这一机理。

走向高端"纤维之路"

近年来东南亚新兴国家服装纺织业能够迅速崛起,正是因为它们和当年的中国一样,占据了人工和原材料的成本优势。根据媒体公开信息,目前优衣库母公司迅销集团有超过半数的缝纫车间和面料厂设在中国,有四分之一设在东南亚;美国品牌 Nike 和 GAP 在中国的生产目前仅分别保留了 23% 和 21% 的份额;来自瑞典的 H&M 和西班牙品牌 ZARA 的母公司 Inditex 集团只在中国部署了不到三成的生产规模。对这些跨国巨头而言,东南亚国家与 20 世纪末的中国类似,处于人口红利期,加上发展较为落后,劳动力、土地成本较低。除了成本优势,东南亚国家还享有欧、美、日、韩、中国等国家和地区的特惠关税待遇。近年国际局势的变化,也使巨头们有着将部分产能从中国转移走的需求。可以预见，在未来一段时间内，东南亚会成为我国服装纺织业最为强劲的对手。

但就此断言东南亚新兴国家能接任"世界工厂"，却也过于悲观。东南亚各国服装纺织业各方面的配套程度仍和中国有着较大差距。根据越南工商会的信息，越南纺织面料生产高度依赖进口。越南工贸部报告显示，该国每年的纺织品出口额高达 400 亿美元左右，但出口的纺织品所用布料中，超过 54.9%需从中国进口，仅有 25%的布料由越南本土生产。

原材料方面，越南的合成纤维、50%的棉纤维以及 80%的宽幅面料等原材料依赖进口。而中国正是越南主要的原材料进口国，占其原材料进口的 48%。越南本土的棉花、纱线生产根本无法满足该国的服装加工需求。

劳动力素质也是需要考虑的问题。世界银行认为，越南缺乏熟练劳动力和高级技术人员。在世界银行 10 分制的打分中，越南人力质量仅得 3.79 分，在参与排名的 12 个亚洲国家中位列倒数第二。

而跨国企业在东南亚国家也没有发展完整产业链的意愿，因为上游化纤等产业属于石化行业，投资规模极大，远远超出了欧美服装品牌的能力边界。

与此同时，一些东南亚国家引以为傲的成本优势也在快速稀释。第一，土地成本上涨很快。例如，越南胡志明市周边省份租金已经从 2015 年的每亩 30 美元，上涨到上百美元。第二，劳动力成本上涨更快。例如，目前越南平均工资已经比

2014年高出约50%，企业普遍预计越南劳动力成本在数年内将与中国持平。第三，国家基础设施也拖了后腿。东南亚国家的铁路网络往往集中覆盖城市聚集区，港口设备较差，公路建设也很成问题。糟糕的公路、稀缺的铁路和拥堵的港口，大大拉长了交货时间并推高了运输成本。第四，东南亚的关税条件也存在恶化的可能。有企业主表示迁厂是为了避开高关税，而越南等国未来受到的"双反"调查可能比中国还棘手。

更关键的是，中国的作用不仅仅是制造工厂，除供应链和劳动力优势，14亿多人口的消费市场更被众多服装巨头看重；反观东南亚国家，产品几乎全部用于出口至国际市场。以越南为例，一方面由于人口规模限制，国内市场空间有限；另一方面由于国民收入较低，消费能力无法完全得到释放。因此，虽然东南亚某些国家雄心勃勃，试图取代中国成为下一个"世界工厂"，但中国拥有的优势仍是其难以比肩的。

事实上，很多迁往东南亚建立工厂的服装纺织企业，又不约而同地搬回中国。有日媒曾对上千家日企进行调查，发现它们最想投资的地方还是中国，而不是被媒体热炒的东南亚。另外，正如上文所述，这种加工环节的产能转移会刺激移出国产业资本向上游品牌、设计等高附加值环节升级。中国服装纺织业也正逐渐向中高端转型升级，在工艺、技术、自动化等方面加速创新，并吸引海外纺织业巨头研发基地落地中国。以化纤面料知名的莱卡公司，就基于中国的配套优势，将其全球第四个研发实验室放在了中国佛山。

因此，在全球服装供应链格局重塑的浪潮下，劳动密集型低端成衣厂商搬到东南亚是大势所趋，但中国可以顺势向产业链、价值链高端环节迈进，就像走上欧、美、日走过的道路，转向开发、生产高附加值的服装纺织产品，向着欧美纺织行业的市场第一梯队冲击。

第 10 章　中国"稀土霸权"如何炼成

中东有石油，中国有稀土。

近年来，在中美贸易摩擦背景下，稀土大热。美国人担心，稀土可能成为中国的反击王牌。不少国人也认为，稀土是中国一个强大的"秘密武器"，假如中国禁止对美国的稀土出口，将实现贸易战中的"一击致命"。对此，国家发展改革委曾经的一次表态极受关注：稀土是否会成为中国反制美方无端打压的武器？我可以告诉你的是，如果有谁想利用我们出口的稀土制造产品，反用于遏制打压中国的发展，那么我想中国人民会不高兴的。这一表态意味深长。

"点石成金"的稀土

然而，国人在寄希望于稀土的"威慑"作用的同时，不得不承认的一个骨感现实是：虽然当前中国在稀土产业占据领先地位，但中国并未将这一优势转化为稀土全球贸易的实际影响力，更遑论以此作为回击美国贸易打压的重要杠杆。其实，即便中国十几年来多次管制稀土出口，在复杂的利益纠纷及外部环境影响下，也一直没能对美国产生很好的遏制作用。因此，中国要想充分利用稀土这张王牌，关键在于突破高新技术附加值产业，以产业破局实现飞腾。

稀土是什么？早在1794年，芬兰化学家约翰·加得林就分离出了不溶于水且具有特殊理化性质的化合物，并根据习惯将其归类为"土"，稀土之名由此而来。实际上，稀土属于稀有金属范畴。目前，自然界中已发现250种稀土矿，但具有工业价值的只有五六十种，而具有开采价值的只有10种左右。在元素周期表中，稀土元素共有17种，包括15个镧系元素以及钪元素和钇元素。根据元素原子电子层结构以及物理化学性质，这17种稀土元素可以分为两组，即轻稀土和重稀土。其中，相对原子质量单位较小的叫轻稀土，主要用于汽车等民用行业；较大的叫重稀土，主要用于军工领域。

在工业及制造应用上，稀土扮演的角色至关重要，以至于它被称为"工业维生素""工业黄金""新材料之母"等。具体而言，稀土在冶金、机械、化工、电子、生物等众多领域已获广泛应用。其中，在民用领域，稀土是许多尖端科技领域不可或缺的原材料，包括新能源、新材料、航空航天、汽车电子等。比如在核能领域，作为控制核电站裂变链式反应的抑制剂，稀土已成为核反应堆的安全"保护神"。另外，在军工领域，稀土几乎应用在坦克、导弹和飞机等所有现代高技术武器上，而且常常居于核心位置。美国著名的 F22 战斗机，为了强化机身和隐身功能，在机身结构和吸波材料中都应用了稀土元素。

无疑，稀土的应用可以为相关材料、设备带来性能跃升。例如在海湾战争中，美国的 M1 主战坦克大显身手，往往能做到先发制人，就是因为应用了含稀土元素部件的激光测距机。M1 主战坦克白天观测距离可达近 4 000 米，而伊拉克 T-72 坦克的激光测距机观测距离只有 2 000 米左右。另外，M1 坦克还装配了含稀土元素的夜视仪，具有比较优越的感光性能，可以在夜间更早发现目标，从而形成对伊拉克陆军的全天候压制。对此，一位前美军军官表示："从一定意义上说，海湾战争中那些匪夷所思的军事奇迹，以及美国在冷战之后的几次局部战争中，所表现出的对战争进程非对称性控制能力，都是由稀土成就的。"

由于储量稀少、不可再生以及作用巨大，稀土显得异常珍贵。可喜的是，中国稀土矿藏丰富，是全球唯一可以供应全部稀土元素的国家。另外，中国稀土还长期占据着四个世界第一，即储量、产量、出口量和消费量第一。根据美国地质调查局数据，2019 年全球稀土总储量约 1.2 亿吨，中国储量为 4 400 万吨，约占全球 36.67%。此外，2019 年中国稀土矿石产量为 13.2 万吨，约占全球 63%；其后依次是美国、缅甸和澳大利亚，合计占 33%。因此，也就不难理解为何邓小平总设计师曾说："中东有石油，中国有稀土。"中国稀土大国的地位，一语道明。

中国"稀土霸权"如何炼成

在国内分布上，中国稀土资源呈现明显的区域集中性：内蒙古包头白云鄂博、江西赣南、广东粤北、四川凉山为稀土资源集中分布区，其稀土资源量占中国稀土资源总量的 98%。中国稀土资源分布总体上形成了北、南、东、西的分布格局，并具有"北轻南重"的分布特点。北方多为轻稀土资源，如氟碳铈矿主要分布在内蒙古包头的白云鄂博矿区，其稀土储量占全国稀土总储量的 83% 以上，居世界第一，该区域是我国轻稀土主要生产基地。南方则多为中重稀土资源，如离子型稀土矿主要分布在江西赣州、福建龙岩等地区。明晰了中重稀土的作用和地理分布，就能明白为什么国家发改委负责人会表态说："……中国人民会不高兴的。"

值得重点关注的是，当前美国已持续多年近八成稀土供应来自中国。但要知道，作为全球科技最为发达的国家，美国曾是全球稀土产业最大的生产国与出口国。那么，它的稀土霸权是如何丢失的呢？

早在1945年第二次世界大战结束时，美国地质学家想要在加州寻找制造原子弹的铀元素，却意外发现巨大的稀土矿场——芒廷帕斯矿。此后，无数矿工怀着发财梦蜂拥而至。但在很长一段时间里，人们对稀土的认识和应用极为有限。直到20世纪60年代，科学家们偶然发现：彩电的红色荧光粉很暗淡，但掺入稀土元素铕后的荧光粉不仅亮度高而且饱和度高，进而促成了一场彩电行业革命。随后，由于被大量开采，芒廷帕斯矿迅速成为全世界最大的单体稀土矿，并使美国拥有了稀土霸权。

紧接着，在70年代，稀土在石油精炼中被广泛用作催化剂，同时被添加到越来越多的工业生产中。基于此，芒廷帕斯矿的行业地位进一步巩固，一度供应了全球一半以上的稀土，并使美国持续保持产业领导者的地位。与此同时，70年代的两次石油危机促使汽车厂商急于给汽车减重，以节省油耗，而减轻笨重的电机成为首要的目标。不久后，通用公司研制出了更轻、更强的钕磁铁。这是一种将铁、硼和稀土元素钕，按一定比例混合在一起形成的新型磁铁，磁力比常规磁铁强十倍，而且耐高温。几乎是在同一时间，日本人也研制出了这种超强磁铁。自此，美日两国主宰了当时的稀土永磁市场。

但盛极则衰，美国稀土发展的转折点很快来临。1980年，为遏制核走私，国际原子能机构（IAEA）和美国核管理委员会（NRC）联合颁布新规：将所有钍或铀浓度超过 0.05% 的尾矿，统统视为放射性材料并纳入管控。由于稀土作为伴生矿常与铀、钍等放射性元素裹挟在一起，芒廷帕斯矿很不幸"中选"。而为了规避监管，芒廷帕斯矿最大稀土企业 MoIycorp 通过各种工艺来稀释含钍稀土，并将实在没法处理的残留物倒入尾矿湖。隐患就此埋下。后来，清理水垢导致管道破裂，MoIycorp 的数十万加仑放射性废物泄漏到附近的莫哈韦沙漠中。愤怒的民众纷纷起诉，最终导致 MoIycorp 遭巨额罚款。

与此同时，MoIycorp 的其他成本居高不下。比如在稀土开采时，为了提取一吨有效精矿，公司需要开挖一两千吨矿土，而且开挖过的地方寸草不生，因此需要投入高额的污染防治费用。此外，提炼稀土需要大量使用氰化物等剧毒化学品，极易造成污染物泄漏、工作人员中毒等事故，因而还需支付更高的用工成本等。当然，并非只有 MoIycorp 在高昂的合规成本下艰难度日。在美国乃至全球其他地方，大量稀土矿因为钍或铀超标，被迫减产、出售甚至关闭。到了 1998 年，MoIycorp 也步入绝境，不仅关停了加工设施，还在四年后完全关闭了矿山。至此，美国几乎失去了全部稀土生产能力。

那么，稀土生产能力去哪了？20 世纪 80 年代，就在国际原子能机构和美国核管理委员会颁布新规时，中国幸运地"逃过一劫"。这是因为中国北方的稀土大多是铁矿石开采的副产品，而南方以离子型稀土为主，含钍量较低。而且中国当时只是国际原子能机构的观察员而非成员国，不受该机构法规的严格限制。此外，美国在忙于限制本国的稀土产能之际，还给予了中国贸易最惠国待遇，促使两国之间产业、知识和科技交流大门被打开。基于此，全世界的稀土产能开始迅速向中国转移。

中国能承接世界稀土产能转移，主要归功于稀土分离提取工艺取得重大突破。冷战初期，西方国家将稀土技术作为最高机密，对中国实施严格封锁。在那个技术落后的年代，由于17种稀土元素化学性质非常相似，分离和提纯异常困难，中国人只能守着金山挨饿。为了发展国防事业，中国又不得不低价出口最原始的稀土矿，在发达国家精加工后再用几十倍的价格买回高纯度产品。此外，中国曾指望从当时的稀土巨头——法国罗纳-普朗克公司手中购买技术，却被对方告知，要技术可以，但产品必须由它独家对外经销。类似这样的不公平条件和恶劣的国际环境，逼着中国人自己开发稀土分离技术。

1972年，时年52岁的北大化学系教授徐光宪接到一项国家紧急任务——分离稀土元素镨、钕。这是稀土中最难分离的两种元素，其分离曾被公认为世界难题。当时，国际主流的分离方法是离子交换法和分级结晶法。但这两种方法成本很高，提炼的稀土元素纯度低，不适合大规模生产。于是，徐光宪决定另辟蹊径，采用萃取法。为了攻克难关，他不断奔波于北京和包头的矿山间，饿了啃几口面包，困了就在实验室打个盹。经过两年艰苦攻关，研发团队在实验室成功实现了镨和钕分离。从量化指标看，业界基准的分离系数是1.4，但徐光宪团队的分离系数达到了 4，同时在纯度上达到了创世界纪录的 99.99%。

不过，打通产业闭环的掣肘依然存在。比如，国内原料产地过于分散，同类精矿的成分及其比例千差万别，国内的稀土分离通常只能通过俗称"摇漏斗"的原始人工模式操作。于是，徐光宪又带领团队潜心研究，开创了串级萃取理论，即颠覆传统分离操作中逐级放大试验到工业化应用的繁复流程，采用直接从计算机模拟到工厂生产。这一成果将原本至少一年多的过程缩短到了几个星期，同时实现了生产的全自动化。更重要的是，此方法适用于所有元素。综合看来，徐光宪的贡献相当于编写了中国稀土研究领域的底层代码，并成功推动中国后来实现从稀土资源大国向稀土生产、出口大国的转变。

在推广新技术方面，1978 年，徐光宪开办了串级萃取讲习班，以通过向生产端人士无偿普及新理念，加速稀土分离技术广泛落地。此外，在当时国家快速实现现代化建设的朴素愿景下，他还毫无保留地将稀土"专利"无私地提供给厂家。随后，在串级萃取等技术的带动下，从中央到地方，从国企到私企，展开了激烈的竞赛，这使中国稀土产能迅速提升。1986 年，中国稀土产量首超美国。到 20 世纪 90 年代末，中国高纯度稀土的产量已占到全球九成以上，并将稀土逐渐卖成"白菜价"。面对不断下跌的价格，过去曾垄断稀土市场的国外企业不得不减产、转产，甚至搬到中国来。西方人将这一段历史称为"中国冲击"（China Impact）。

稀土为何只卖出"土"价格

但是,中国的过度开采问题很快开始凸显。由于市场化改革不断推进,大量私营企业纷纷入局,开矿建厂,不少村民甚至私自上山乱采滥挖,走私活动更是猖獗一时。在短期利益诱惑下,全国上百个稀土分离厂不断扩大产能,相互杀价,形成恶性竞争,导致稀土国际价格一落千丈。徐光宪痛心地发现,自己无偿推广的技术,竟在无意间成了中国稀土贱卖的"帮凶"。于是,他数次向中央建言,最终促使国家收紧了稀土配额制度。但这刺激美国开始评估并检讨对中国稀土的依赖。结果令美国绝望:自2002年以来,美国八成以上稀土化合物和金属来自中国,国防工业领域的稀土更是100%依赖中国。

数据显示,1990年至2005年间,中国稀土的出口量增长近10倍,出口总量占全球的80%。其中,在巅峰的2005年,全球超过97.54%的稀土供应来自中国。在这个过程中,稀土矿石价位从11 700美元/吨跌至7 430美元/吨,国际单一稀土价格下降了30%~40%。关于这一段稀土大出口的历史,一直有各种离奇的说法。比如,那时日本、韩国等国家从中国大量进口稀土,储备量足够满足20~40年的需求等。国外大量进口中国稀土的真实原因是:中国的稀土产品技术纯熟、成本低廉,而他国产品毫无竞争力。但是,采用稀土出口配额制度,就能制衡美国或应对美国的相关打压吗?从过去多年的实践历程看，效果并不尽如人意。

为应对国内无节制的开采以及制衡国际相关势力，自2006年起，中国开始加强对稀土的管理，规范开采流程，并采取出口配额制。即便如此，中国依然是世界最大的稀土供应国。但这没有得到美国、日本和欧盟应有的"理解和尊重"。它们联合将中国告到WTO，理由是中方限制稀土原材料出口，拉高国际市场价格，损害了西方企业的利益。后来，WTO裁定中国败诉，导致稀土出口配额制取消。2010年9月，东海撞船事件发生后，外媒便纷纷传言：日本遭到了中方的稀土"禁运"，已近60天没收到中国稀土。借助这一传言推波助澜，国际稀土价格应声飙涨，短短几个月涨幅超过15倍。

随后，在巨大的利益刺激下，华尔街迅速冒出400多家稀土创业公司。但戏剧性的一幕很快发生了。2012年，美日欧等又联手，向WTO起诉中国限制稀土出口。在起诉期间，美国公布的本国稀土储量，诡异地从1 300万吨骤降到180万吨。这分明是在向全世界博取"同情"：美国没有稀土，中国稀土储量巨大却故意限制出口贸易。随后，WTO裁定中国败诉，中国稀土出口再度实质性放宽，很快又回升到每年出口5万吨以上的规模，而国际价格也再次大幅下跌。杀敌一千，自损八百。在美国娴熟的国际商战操作中，除了中国，吃亏的还有美国的一众稀土产业创业公司——最终在价格崩盘下生存下来并实现稀土规模开采的仅剩两家。

稀土产业升级之路

经历行业低谷后,中国通过多轮行业治理整顿、主动出击,乃至采取资源国家战备收储等措施,使得稀土价格再次稳步上涨,并在国际市场竞争中愈发占据主动。比如2017年,国内稀土企业盛和资源与美国芝加哥对冲基金JHL等机构联合收购了芒廷帕斯矿,开始发力开拓海外稀土资源。此外,2018年中国进口4.14万吨稀土氧化物等,同比激增167%,进口量约为2015年前的十倍,其中缅甸、澳大利亚是重要进口来源。简而言之,中国大量进口稀土,主要有三方面考量:一是防止稀土过快开采导致储量大幅下降;二是防止大规模开采造成环境污染;三是加强稀土生产管控,维系国内产业发展。

然而,在贸易摩擦背景下,很难断定中资收购芒廷帕斯矿是不是一笔划算生意。盛和只占有10%的股份,并且没有投票权。但基于它的技术和销售渠道,以及美国的资本加持,芒廷帕斯矿在2018年实现复产,当年即实现产量2万吨,2019年产量达到2.6万吨,迅速攀升至世界第二。同时,为防止稀土进口被卡脖子,美国还竭力在澳大利亚及非洲寻找资源。2018年,全球稀土总产量为19万吨,其中澳大利亚产量达2万吨,跃居全球第二大稀土供应国。对此,澳国防部长直白地表示:增加稀土开发生产就是为了确保美国盟友的国家安全,以防其被中国钳制。此外，澳大利亚最大稀土矿商莱纳斯也已计划在美国建立稀土分离厂。

显而易见，在稀土产业的国际博弈中，虽然中国占据一定的产业主动权，但通过限制稀土出口其实并不能实现卡住美国脖子的"神奇"效果，反而可能影响外界对中国外贸政策的观感和信心。相比这一缺乏现实可行性的"策论"，更重要的真切问题是中国稀土产业转型升级，实现高质量发展的路径何在？

毋庸置疑，向价值链更高层级攀登，发展高附加值、高技术产品是中国稀土产业转型的必由之路，而如今推动这一进程已经刻不容缓。具体而言，经过多年的超强度开采，中国部分稀土矿面临枯竭。有预测称，按照目前开采的速度，再过二三十年，中国稀土资源就有枯竭的危险。另外，长期以来，国家利益、地方利益和个人利益在稀土行业发展上始终无法统一形成合力，导致国内稀土企业既无法获得应有利润，又被西方国家随心所欲压价。而在稀土的高端应用领域，国内企业又难以实现关键技术突破，打破外资所把持的专利和商务壁垒，导致稀土终端应用大公司里几乎没有中国企业的身影。

因此，只有实现整个产业的升级，才能从根本上扭转中国稀土发展的多重困境。从某种意义上说，当今世界，单纯的稀土资源丰富已不再是国际博弈和竞争的核心。比如，日本虽然几乎没有稀土矿，但在高精尖的稀土应用技术上却一马当先，同时已积累大量相关专利，其中更有不少关键的"卡脖子"技术。这得益于日本产业界持续数十年的大力投入和布局，日本大量高质量专利及技术形成了严密的"交叉封锁火力网"。可以说，这种独特的"专利壁垒"，让日本在稀土高端产业拥有强大话语权。目前，尽管中国的稀土专利申请量也在迅速增长，2018 年总数已超过美国，直逼日本，但总体专利质量还有待提高。

另外，信息、生物、新材料、新能源、空间和海洋，已被当代科学家视为六大具有产业革命潜力的新兴技术方向。而科研机构之所以重视、研究和开发稀土，就是因为它能在这些高新科技领域大显神通。此外，当前几乎每隔三到五年，产业界就能够发现稀土的新用途，同时每六项发明中就有一项离不开稀土。这都说明稀土深刻影响着高新科技的发展，而且在各领域的应用前景无比广阔。因此，中国势必需要抓住稀土相关的高附加值、高技术产业发展机会。而一旦实现稀土产业升级，补上高端应用短板，那中国的科技、军事等国际竞争力会更上一层楼，同时稀土资源也将彻底终结廉价外流的历史。

除了中国稀土产业深化改革的"个人奋斗"，新能源产业的蓬勃发展也使稀土产业踏上了"历史的行程"。

近年来，比尔·盖茨、杰夫·贝索斯等美国巨富皆有投资的探矿公司 KoBold Metals，已经开始践行其商业大计划，与美国人工智能研究重镇斯坦福大学深度合作，联合研究基于 AI 技术的大规模矿物筛选，特别是稀土和锂、镍、钴等战略小金属。在美国官产学界共同焦虑的背后，是新能源产业越来越明朗的未来前景,以及同样明朗化的对稀土的无尽需求。

电动汽车市场的爆发式发展,已经在越来越显著地改变着稀土供需格局,成为拉动全球稀土需求增长的最大发动机。根据最新数据,新能源汽车的稀土需求已经占到钕铁硼总需求的7%~8%、高性能产品需求的15%、需求增量的30%左右。

目前,平均每台电动汽车需要使用3千克高性能钕铁硼材料制品。按照电动汽车全球市场复合增长率推算,高性能钕铁硼材料仅仅在电动汽车领域,年需求量就可能在2025年前达到3万到5万吨规模,相当于其目前的全行业供应能力。在稀土原料供给较为稳足的情况下,风电等其他永磁电机应用市场的需求,无疑将产生巨大缺口。未来基于新能源和物联网的这场产业革命谁能掌握主动权,很可能取决于支撑相关产业的战略性金属材料由谁来主导。

如果将时间尺度进一步拉大,2025年后,动力性能更为优越的氢动力燃料电池在汽车、航空乃至航天领域的大规模应用,将进一步刺激在储氢性能上有独特优势的稀土材料需求量,到那时相关产业链较当前的锂电池产业链会有数量级的提高。

正因如此,中国更需要抓住稀土相关的高附加值、高技术产业发展机会,避免在可能的颠覆性技术突破乃至产业革命中被抛在快车道之外。

从宏观视野来看,发达国家经济崛起的重要特征,就是将生产所必需的重要原材料投入当时的高端经济活动之中。也就是说，好钢一定要用在刀刃上。在近现代史上，重要的自然资源在工业化变革飞跃阶段，几乎都起到过巨大推动作用。比如，煤炭推动了第一次工业革命，石油推动了第二次工业革命。目前，无论在国防军工、尖端科技领域，还是工农业生产等方面，稀土都发挥着不可或缺的作用。而未来，在没有出现替代材料的很长时间内，将稀土应用在高端生产活动中，仍会是各科技、军事强国的较量舞台。而在这场围绕稀土产业的国际博弈中，中国与其一直为他人做嫁衣，不如鼓足干劲、自我强大！

第 11 章　石化产业的污染悖论

在中国被"卡脖子"的新材料中,百分之二三十是金属品,百分之七八十是化工品。

在此前的煤炭产业一节中,我们已经解析了全球变暖问题的严峻性,以及中国在这一问题上实现碳达峰、碳中和的庄严承诺。碳达峰、碳中和的时间节点,意味着中国环境保护与污染治理的力度还将进一步加大,围绕化石能源等不可再生资源构造的工业体系乃至整个经济运行体系面临重构,而煤炭、石化等高污染高耗能产业,在这一重构的过程中又将不可避免承担尤其重大的职责。

近年来,国内禁塑令执行力度进一步提高。普通老百姓到超市购物不难发现，结账的时候已经不能免费使用塑料袋，取而代之的是可反复使用的织物环保袋；塑料吸管变成了纸吸管。随着禁塑令在全国铺开，以前常见的一次性塑料餐具、包材因为不环保，今后将基本退出日常生活。

石化产业的崛起

禁塑令作为中国环保战略的有机组成部分，其针对的正是塑料产品背后的石油化工等重污染产业。

什么是石油化工产业？不少读者的第一反应可能是央企巨头中石化、中石油；再进一步，可能脑海里会浮现化工厂的直观形象，即密密麻麻安装着各种金属罐体和管道的工厂；更进一步，就少有人能够解释其基本运转框架。正因如此，我们首先来梳理一下石化产业链，用通俗形象的语言来建立整体认知。

石油被誉为黑色黄金，但黑色黄金开采出地表后，通常并不能直接使用，必须要先送进石油精炼厂，进入炼化环节，通过催化裂化、加热分馏等物理和化学手段，让成分复杂多样的原油变成汽油、柴油、石脑油等标准化的工业产品。根据产业经验，1吨原油在最常见的燃料油精炼厂，通过炼化通常可以产出六七百千克的汽柴油、一百多千克的石脑油。

汽柴油是我们日常生活中必不可少的交通工具燃料，而石脑油尽管无法用来当燃料，却同样不容小看。可以说，石脑油是现代化学工业的核心原料。

正是由于石脑油在产业链上的特殊重要性，即便化学工业依据源头材料有煤化工、碱化工等细分，但长期以来仍然被习惯用石化、化工统括在一起的"石化"一词加以概括。

值得一提的是，石油成为化学工业，特别是重化工领域具有统治性地位的基础原料，还是20世纪60年代以后的新现象。只是化学工业产品通常作为中间品流通，很少能被终端消费者所感知，因而这一产业发展的故事一直鲜为人知。

在第二次世界大战之前，化学工业根据所处理原料划分的几大领域，如煤化工、石油化工、碱化工乃至酒精化工，在产业规模上并没有很大的差异。然而，随着第二次世界大战时期石油这一战略物资的武器化，各国在人工合成石油等方面投入了巨量资源，严酷的战争再一次成为科学技术的"助产士"，迅速加深了化学科学和工程界对石油特性的认识，相关领域积累了大量知识基础。

由于技术发展的"路径依赖"特点，有更丰富研究成果、更庞大人才储备的石油化工，在第二次世界大战后迅速脱颖而出，成为化学工业中最活跃的细分领域。

在技术发展轨道清晰化后，随着技术成果在产业共同体中的扩散，石化产业的商业形态也出现了分化。在传统上科研、生产乃至设备制造均高度一体化的化学工业模式之外，出现了不从事实际产品生产，只专注研发，以出售技术咨询、工艺方案乃至设备安装等服务为主业的公司，其中最赫赫有名的，就是位于美国的科学设计公司（Scientific Design Company，SD

公司）。

专业化学工程设计公司的出现，大大加快了石油化工在全世界的扩散传播，科学设计公司其后为日本、韩国、中国台湾等国家和地区设计的大型石化生产装置，带动东亚地区在全球石化产业版图上崛起，打破了百年来欧美对化学工业，特别是重化工领域的牢固统治。更多的竞争主体加入市场，也进一步加快了石油化工原料下游应用的开拓，深刻改造了化学工业。

从石脑油开始，石化产业链从炼化进入了化学工业环节。通过对石脑油的化学手段处理，可以得到一系列基础化工产品，比如其中的核心产品乙烯。乙烯再处理形成的合成树脂材料聚乙烯，就是常见的塑料原料。甚至止痛、退烧不可或缺的布洛芬，也是由乙烯化学合成。

除了前面提到的塑料和制药原料之外，服装家纺的化学纤维、农业上用的农药和化肥、涂料和染料、合成橡胶，乃至护肤化妆品，都是化学工业的终端产物。由此可见，石油与每个人的日常生活息息相关。

石油化工产业从 20 世纪 60 年代崭露头角，到今天成为化学工业下游产业乃至人类日常生活的基础材料，这一巨变堪称人类现代工业史上的一个经典传奇。

治理石化"两高"的对策

从本节开篇提到的禁塑令我们也能感受到，在石油化工产品为我们的生活提供各种便利的同时，相关产业的环境污染也日益成为一个严肃的问题。为什么石化产业被归类为高污染、高耗能产业？原因在于，石化产业的产品主要是靠化学反应来生产的，原料、催化剂、生产过程中的废气废水，乃至交付下游的产品，都有可能带有一定的毒性。举一个生活中常见的例子：住宅装修之后，往往要安排一段时间专门对房间进行通风，就是为了挥发掉装修材料中可能影响人体健康的有害物质。

化学反应往往对温度、压力等环境有特殊要求。中学化学课上，做实验往往需要使用酒精灯提供热源；而实现大规模生产的现代化化工厂，耗能则是天文数字。举例而言，一个每年2 000万吨产能的炼油厂，搭配主流的150万吨年产能乙烯装置，这样一个普通规模的一体化生产设施每年用电量可达到约30亿千瓦时。这类大化工装置由于用电需求极高，往往需要专门配套热电厂、燃煤发电机组，显而易见会使二氧化碳排放量更高。

既然石化产业属于高污染、高耗能产业，除了在终端需求上做文章，例如引导塑料的减量消费，能否在生产端也进行大刀阔斧的调整？基于这一推论，不少学者认为，可以把石化产能转移到其他发展中国家去。很遗憾，对于中国石化产业而言，这是条走不通的路。

首先，产业转移需要有比较优势才会发生。产业转移东道国至少应该在资源、技术、市场三要素中具备一项优势。而大部分发展中国家，与石化产业相关的这三大要素都不及中国。如果纯粹为了减轻本国环境压力，把化工产能转移到其他国家去，反而将带来更高的生产成本、更低的生产效率，是加剧而非缓解了污染问题。因而这是一种既不符合商业逻辑，也有损中国国际形象的做法。欧美发达国家向发展中国家出口固体废物，遭到发展中国家指责，就是一个典型的案例。

其次，我们谈到石化和钢铁等高污染、高能耗产业，不能只看到被媒体连篇累牍强调乃至可能被过度渲染的污染问题，也要看到这些产业在国家国民经济循环中的核心地位。因噎废食并不可取。尽管石化产品往往由于作为中间品难以被终端消费者直接感知，但从产值上来看，石化产业的分量可能远超普通人的直观印象，在整个中国制造业中可以达到约十分之一的比重，也是中国经济增长中拉动投资的重要抓手。一个千万吨级的炼油厂，当前建设投资动辄超过 100 亿美元，建成后的产值一年可达到上千亿元人民币，甚至超过了最先进的芯片制造工厂的投入产出比。可以说，石化产业如同人体中的肌肉，其活动固然消耗了摄取的大部分热量，但同样支撑着每个人的日常生活。

既然石油化工产业并不能轻言转移，污染的治理也就需要践行一种更为审慎的思路，从技术进步和结构优化里寻找出路。具体来说，在生产上最简单可行的手段，就是用先进产能置换落后产能，用大产能置换小产能，通过生产上的规模经济效应提高效率。经过近几年的供给侧改革，中国石化产业通过产能置换升级已经明显提高了产业集中度,大大减少了污染、能耗等。

同时,石化产品的工艺流程上存在大量创新空间。同样的最终产品,可以通过切换不同的制备工艺路线,实现流程更短、成本更低、污染更小的目标。以化工产业的代表性产品乙烯为例,除了传统的石脑油制备路线,在中东和美国,还兴起了用乙烷,即原油和天然气开采中的副产品来制备乙烯,比石脑油工艺路线污染明显降低。中国企业在这一技术方向上也保持着密切跟踪。有国外学者已经研究出了用二氧化碳和铜催化剂通过电化学反应生成乙烯的方法。这一方法理论上不但不会产生碳排放,甚至还能反过来吸收二氧化碳,让乙烯生产变成减少温室气体的手段。

对于生产过程中产生的污染治理,技术进步也大有可为。比如塑料白色污染,除了不断加码的禁塑令,在技术上,目前也正在兴起塑料的回收利用产业。简单的回收处理通常是通过物理手段粉碎,而更先进的化学回收则能够把塑料合成为汽柴油等新产品。

欧美石化产业"生意经"

在欧美发达国家和地区,石油化工产业同样具有高污染、高能耗的特点,它们的产业优化升级诸多举措,在技术进步上与中国不谋而合。而欧美和中国最明显的不同,在于产业转移的可行性。由于发达经济体已经进入低速增长阶段，也就意味着，化工产业终端产品的国内需求已经基本饱和。因此，欧美老牌化工企业就像候鸟一样，有着迁移产能的强烈冲动，在全球寻找经济增长更活跃的国家和地区。而中国作为世界经济增长当之无愧的火车头，顺理成章成为这些国际化工巨头追捧的投资圣地。

在这个过程中，一部分化工产品产能就从其母国转移到了中国。然而，这一过程，正如我们前面分析的，并不是受转移污染的动机驱动，而是受中国作为终端市场的比较优势吸引驱动。与此同时，尽管部分产能转移到了国外，欧美石油化工产业整体上仍然相当"精明"：就像留下蛋糕上最值钱的奶油一样，它们把化工价值链中技术最高端、利润最丰厚的环节普遍保留在了自己手中。很多面向终端市场的特殊化工材料，比如这两年频频登上报纸、电视的光刻胶，只有少数几家欧美企业能够供应，价格当然也就能开得非常高，由其坐享垄断的超额利润。

除了这种显性的终端产品格局，还有一种隐性的欧美企业垄断，那就是，哪怕对于中低端基础化工，其手里也掌握着大型成套生产装置最好的工程设计能力。欧美公司提供的化工厂设计方案和配套生产设备，投产后效果往往比中国国内的化工研究院和设备供应商的更好，运行更稳定，故障率更低。比如说应用广泛的涤纶化纤材料的原料 PTA 的生产线，就长期由一家美国公司英威达提供成套设计方案，包括中石化在内的不少国内化工企业都是它的客户。总之，发达国家的石化企业，要么是垄断技术含量高、竞争者少的高价值产品，要么是在竞争激烈的市场上从淘金者变成卖铲子的人，从而在本国市场饱和的情况下，还能继续维持在石化产业价值链中的高端地位。

面对欧美石油化工产业的这种精巧布局，中国石化产业前景如何？我们能够突出重围，攀上产业制高点吗？从中国石化产业走过的足迹来看，答案是肯定的。

首先，从规模上看，中国石化产业已经基本实现了"做大"的目标。中国石化产业产值已经占到全球份额的 40%。在业内权威媒体评选的全球五十大化工企业排行榜上，中石化集团成为世界第二，仅次于德国巴斯夫集团，两者差距很小，这已经是非常了不起的成绩了。

其次，从技术能力上看，中国石化产业距离"做强"的目标确实还有一段路要走，这表现在一些细分领域的高端化工产品还存在"卡脖子"问题。世界级化工巨头、中国最大的民营化工集团万华化学当家人就提到过，"在中国'卡脖子'的新材料中，百分之二三十是金属品，百分之七八十是化工品。中国最急缺的，就是高端化工新材料"。我们要正视差距——前面有差距，但同样有跨越的清晰路径。作为资本、技术密集型产业，石化领域的竞争不仅是技术研发与工程化方面知识诀窍的比拼，也是经营战略层面资源、谋略的比拼，而逆周期投资正是中国产业界在这方面的一大优势。

逆周期投资，指产业后发竞争者在市场的景气—萧条周期性循环中,利用政策扶持与融资便利,在周期低谷加大投资,汲取周期底部廉价的技术、设备、人才要素,经过一轮又一轮的"抄底"后,形成生产能力的规模优势,用成本优势击垮对手。大宗石化产品对物流成本的敏感性,使这一战略尤其适合于区域市场上本土竞争者采用。

在技术攻关和投资策略的双轮驱动下,中国石油化工产业正处在"市场扩大—资本和人才集聚—竞争力提高—市场扩大"这样的良性循环之中。真正要感到焦虑的不是中国,而是欧美产业人。

此前,美国化工业巨头陶氏化学与杜邦重组后,《财富》杂志曾经发文,认为这种纯粹为了做高股价的操作会导致进一步精简研发投入,"最终的结果必定是裁员和研发预算缩水。请原谅我的语气听起来像特朗普,但不难想象,中国中化集团的人肯定在互相庆贺"。从这段文字不难看出美国石化产业界对中国竞争对手的重视。

随着产业基础的积累和人才的磨炼,中国石油化工产业技术已经取得长足进步。例如,俄罗斯波罗的海化工综合体项目,这个全球最大的乙烯一体化工程已经破土动工,采用世界上最先进的工艺技术和标准。中国企业不但承包了建设任务,在附加值最高的工程设计环节也已经开始发挥作用。对于那些关系到国计民生,有被"卡脖子"风险的化工高端产品,我们也完全可以期待中国石化科技工作者的发挥。从以往经验看,中国人集中力量攻关的产品,还少有失败的先例。

中国石油化工企业早已深度融入国际产业圈。除了本节前面已经提到的国际巨头纷纷在中国投资建厂，中国企业也已经敢于主动"出海"。当然，这里所指的"出海"不是从零开始转移、新建海外产能，而是根据企业补齐业务短板的需要，收购相关领域国外优势企业。

曾经因为《粮食战争》等作品在中国闻名遐迩的农业化工巨头先正达，已经被中国化工集团以 400 多亿美元的对价收入囊中。而中国化工集团，其后通过重组，与中化集团合并，业已形成了世界上最大的化工企业之一。通过自力更生和全球资源整合的组合拳，中国石油化工产业的赶超之路前景可期。

第 12 章　破解国产高端医疗器械行业困局

ECMO 一响，黄金千万两。

2020 年新冠肺炎疫情刚发生时，国内面临口罩、呼吸机供不应求的局面。在短时间的调整后，口罩的国内产能立刻从"一罩难求"增长到"日产十亿"。相比之下，呼吸机的产量爬坡速度则显得相对迟缓，难以满足需求。

口罩和呼吸机的对比，实际上恰好反映了我国医疗产业的不同面相。口罩从分类上属于中低端医疗器械，这类器械需求多、产量大，但是产品附加值低，利润相对有限，发展模式偏向轻工业。而呼吸机属于中高端医疗设备，这些设备处于产业链的中上层，有着一定的技术壁垒。

口罩极限增产背后的中国制造

疫情发生没多久，国内口罩日产量就突破 10 亿只，接近 2019 年全球产量的四分之一。可呼吸机生产却迟迟无法满足需求。在 2020 年 4 月的新闻报道中，部分呼吸机厂商的订单已经排到 9 月份。但企业表示，就算增加人手三班倒增产，也满足不了需求。

相比之下，口罩为何能快速增产？生产口罩虽然技术难度不大，但按照以往国内产能，显然无法满足疫情常态化防控的需求。2015 年到 2019 年，国内口罩产业高速发展，疫情之前已经达到年产量 50 亿只，而且超过一半属于较为高端的医用口罩，不过平均下来，每天仍然只有不到 800 万只的产量。疫情期间，如果每个中国人每天消耗 1 只口罩，按照国内 14 亿多的人口规模，显而易见，口罩产能需要进一步飞跃，才能填补巨大的供需缺口。

危急时刻，中国产业界交出了一份完美的答卷。

中国强大的举国体制再次发挥了效能。在政府引导鼓励下，相关制造业企业纷纷转型生产口罩。2020 年 1 月到 3 月，国内紧急批准注册一批口罩生产企业。在深圳龙岗的比亚迪工业园区，一家原本生产高端手机的工厂，只用 7 天的时间，就改造为与电子设备毫不相干的"特殊"车间，生产口罩。同样的应急转产模式，富士康、上汽通用五菱也迅速采纳，一支生产口罩的产业大军快速成形。中国从在全世界搜罗口罩等医疗器械储备的"需求国"，变成了全球抗疫物资的"供应国"。法国甚至安排56架次客机，专门从中国运回订购的10亿只口罩。

口罩生产看似简单，却考验着产业链的完整性。熔喷布、口罩机是上游关键原材料和设备。前者在口罩中起过滤作用，除了能阻挡较大的粉尘颗粒，还可以吸附住可能含细菌、病毒的飞沫。不过，生产该种材料的技术要求较高、生产线投资巨大。此前，国内的熔喷布产量并不高。疫情发生后，甚至出现"有生产线，买不到熔喷布"的情况。原本每吨不到3万元的采购价格，被炒到数十万元。面对原材料短缺问题，中国石油天然气集团石油化工研究院，仅用8天的时间，就研发出自主聚丙烯熔喷专用料。生产熔喷布的燕山石化公司，12天就完成熔喷布工厂的搭建。

与熔喷布情况类似，新冠肺炎疫情发生之前，口罩机也是一个非常小的领域，市场需求不多。原本有此产品生产能力的企业，产能也不高。为了弥补疫情发生后形成的缺口，国内机械制造类企业集体转向口罩机生产。比如广汽集团，2020年2月紧急派遣工程师，到口罩机企业学习设计生产流程、制造技术，数天后，广汽的第一台口罩生产设备开始安装调试。从上游原料，到设备开发，再到成品生产，国内完整的产业链，在政府强大的动员能力下迅速开启，借助中国庞大的制造业体量，快速扩充产能，满足了疫情下对口罩的需求。

除了集中力量办大事的超强行政动员力，以及国有骨干企业在危难时刻闻令而动的效能，疫情中的市场机制对口罩产能的提高也发挥了积极作用。

口罩"去产能"的烦恼

口罩需求的增加，让相关产品和原材料市场景气度上升，调动了企业生产积极性，催生了供应链转型的主动性，有利于扩大供给，满足口罩需求。事后回顾总结，应该警惕的不是市场，而是投机资本。不论是价格暴涨还是产能过剩，投机资本的兴风作浪都会过度放大市场的内在波动。

面对疫情，能够快速扩充产能，充分显示了中国制造业的强大实力。可是，疫情基本控制住后，应急的爆发产能就变成了过剩产能。"口罩繁荣"帮我们平稳渡过了疫情难关，可是繁荣带来的生产过剩问题不能忽视。口罩作为应急物资，在疫情这种特殊场景下，容易产生产量稀缺和产量过剩两种极端情况。这实际上反映了我国应急物资生产的两面性：一方面，国内的制造业反应快速，动员能力强；另一方面，市场的波动幅度大，企业自发的生产往往滞后。

以口罩为例，口罩生产公司主要有三种：一种是医疗纺织行业的本行业扩产；一种是其他厂商的转行生产，像是比亚迪和五菱的转行生产，除了生产创收之外，也有维持自身正常生产的需求；还有一种就是疫情期间跟风建立的口罩厂。疫情期间，这些口罩厂的经营者经常通过社交媒体购买设备，跟风投机。一窝蜂涌入这一行业的新企业，往往生产能力分散，技术水平落后，但在宏观上却占据了全行业产能的较大比重。

在供需逆转的情况下，第一类企业需要减产，第二类企业面临产品积压，第三类企业则持续面临淘汰压力。这三类企业的不同行为取向，既反映了应急物资生产的两面性，也使口罩去产能过程变得十分复杂。

口罩产业庞大的产能如何平稳化解？答案有三条：提标准，增输出，扩存储。2020年4月，国家推出了口罩等抗疫物资出口"白名单"制度，不到4个月，准入企业超过2 000家。通过提升准入门槛，国家淘汰了部分落后产能，帮助优质企业打通了国际市场。此外，额外的口罩产能需要建立一种动态的储备机制，不能机械生硬地"一刀切"。降低产量的同时，应适度保证固定资产即产能的稳定。

口罩"去产能"问题的背后，实际是中国制造"去产能"的缩影：去掉低端产能，并不是抛弃中下游制造业，而是让产能合理有序地发展。国内中低端制造业应该向发展质量要效益，发挥规模优势，而不是继续维持小而分散、单打独斗、比拼价格的内卷模式。产业集中度提高，才能让企业有更多资源用于研发创新，提升产品质量，用优秀的产品推动产业升级。

呼吸机增产之难

与口罩相比,呼吸机产业在疫情中的表现,则难言尽如人意。

疫情期间,在重症患者治疗中必不可少的呼吸机,如前文所述,同样归属于医疗设备。疫情期间,国内呼吸机供应却没有像口罩一样,短时间内满足需求。强大的动员能力、完整的供应链,在生产呼吸机时,为什么没有起到立竿见影的作用?

一篇官方文章隐约透露了其中的线索。2020年4月,中国外交部曾刊文呼吁:"中瑞应共同确保产业链、供应链稳定,呼吸机是当前各国抗疫最为紧缺的医疗设备,中方急世界之所急,正在开足马力加快生产,瑞士等国是呼吸机重要零部件供应方,希望大幅增加供给。"

与口罩相比,呼吸机生产面临的产业链配套环境有着巨大差异。高端医疗设备的生产,需要的不光是产能,还要有高技术含量的关键核心零部件。2020年疫情发生时,国内企业已经向国内外提供了约5万台国内呼吸机,在最短时间内发挥了国内呼吸机产业的潜力。可是,呼吸机的核心部件涡轮风机、传感器等都依赖从欧美进口的配件,国产配件的关键性能指标和进口产品存在差距。

以涡轮风机为例,它是呼吸机的气体来源,向患者提供正压气体,辅助患者呼吸,帮助患者完成气体交换。涡轮风机要求转速高、响应快，能根据患者病情迅速改变压力；倘若输出的压力不够，响应速度不够快，就会使患者无法得到有效治疗。国产涡轮风机跟国外相比，技术起步晚，产品不成熟，涡轮风机无法捕捉患者病情变化迅速调整压力，有的甚至连基本的可靠性和安全性要求都达不到。

医疗设备的生产需要足够的产能，更需要关键核心技术的积累。医疗设备的使用，是人和机器的沟通。这些设备对病人病情的反馈，需要成熟的配件和精确的算法来实现。而配件和算法，都需要企业投入资金研发，以及在使用中根据反馈数据的常年打磨。疫情之下，有不少业外企业表示，有意向帮助呼吸机制造企业提高产能，可是从医用设备的上市审批周期来看，这些行业新进入者即便坚持下来，等到产品上市也需要时间。

在呼吸机领域，美国起家的伟康，依靠母公司飞利浦投入了大量研发资金。德国企业德尔格，从 1889 年就开始开展呼吸机业务，在全球拥有 14 000 多名员工。这些积累，不是一朝一夕就可以完成的。疫情之下的医疗器械公司，也不可能仅仅几个月就闭门造车，空想出一套完美的算法。

一言以蔽之，真正挡住国产呼吸机的不是产能，而是技术沉淀。医疗设备配件的短缺，恰好体现了医疗产业的另一面。医疗设备的生产，往往是高科技和新技术的大规模集成。这些医疗设备在平时需求并不多，却是关键时刻的救命稻草。如果不能掌握对应的上游产业，保证配件供应，负责设备生产的中下游产业就会面临"无米下锅"的困境。

呼吸机中的王者——有创呼吸机 ECMO，又称为"人工肺"，基本被国外巨头迈柯唯、美敦力和理诺珐垄断，中国全国医院的 ECMO 数量，也只有区区 400 多台。如果不考虑极端需求，它确实只是小众设备。可是，这台小众设备一次开机就要 5 万元起步，移动设备、更换耗材都要付出不小的成本。由于国内地区发展差异大，医保覆盖程度不同，医疗设备耗材价格也有显著差异。就算全国耗材最低的浙江，ECMO 开机一次耗材成本也要接近 4 万元。ECMO 成本如此之高，也是因为上游材料 PMP 紧缺，这款材料由 3M 公司垄断供应。PMP 紧缺，ECMO 的成本也很难降下来。

呼吸机上，这样的核心零部件被国外厂商垄断的例子俯拾皆是。比如，呼吸机的运行需要音圈电机，国内能够生产的厂家屈指可数。就算能够进入呼吸机生产企业供应链，这些国产产品的份额最多也就占 5%，公司产品主要供给半导体装备、芯片贴装等企业。新冠肺炎疫情发生以来，来自国内外呼吸机生产企业的订单跳增至业务量的 60%～70%。订单是上去了，可是现货却没法拿出来，因为呼吸机对零件要求十分严格，零件需要持久的寿命和稳定的质量。仅零部件测试就需要几个月，一味要求迅速增加产能也不符合实际。

高端医疗器械突围策略

从地域分布来看，医疗器械行业企业主要集中在长三角、珠三角和环渤海地区：珠三角地区以技术创新为主，生产的设备包括伽马刀和超声、核磁等方面的高技术集成设备；环渤海地区主要以呼吸机和超声、心血管等方面的操作设备为主；长三角地区主要经营一次性医疗器械和耗材。这些行业公司的分布，跟上游产业的布局紧密相关。中国医疗设备产业的国内供应链已经初步成形，但是这个链条还不够紧密。

从市场和生产规模看，2018年中国医疗器械生产企业的主营收入已经达到6 380亿元。截至2019年年底，全国有医疗器械生产企业1.8万家，经营主体接近60万家。中国算得上医疗器械大国，可是，医院里大量的进口设备却时刻展现着这个产业的困境——大而不强。大而不强的行业生态，从我国的医疗器械行业分布就能看出来。我国的医疗设备按照技术复杂度主要分为一、二、三类。高端复杂的医疗设备主要以三类为主，手术刀、听诊器和义齿则归属一类和二类。一类和二类医械的申请批文和生产相对简单，相关企业数不胜数。

然而在高端设备领域，国内企业却相对孱弱：在生产环节，能生产三类器械的企业只有不到2 000家；然而在销售环节，却有着接近25万家企业有三类器械销售许可。生产和销售严重不平衡。国外进口设备充斥着国内销售流通渠道：我国曾有约80%的CT设备、90%的磁共振设备、90%以上的直线加速器市场被国外垄断。2019年《医疗器械蓝皮书》更是指出，中高端医疗器械的进口约占全部器械进口市场的40%。医院的任务是治病救人，设备出问题第一时间就要处理。医疗设备的售后因而又成为一个很大的市场，毫不奇怪的是，该市场同样被国外企业垄断。高昂的进口设备成本，使很多医院陷入了"越穷越买，越买越穷"的恶性循环。

国产设备用不上，并不只是因为国内器械企业技术能力限制，生产、销售三类医疗器械对应的批文许可难度要比一类、二类高得多。很多三类器械的制造并不是难题，问题是要经过国药监局的审核，如果涉及新技术，审核的时间往往更长。尽管医疗设备上市前的严格审查是必要的，但是长时间的审查和批准流程，很容易让国内器械企业"知难而退"，器械企业为了先生存下来，往往扎堆在一类器械和二类器械上下功夫。

顶层监管反作用于企业发展，最终形成了"规模小，发展慢，技术低"的行业现状。面对朝不保夕的国内企业，即便医院有心支持国产设备，也很难对国产设备的售后维护和持续服务放心。国外设备厂商的售后团队分布在全国各个节点城市，医院与之联系后几乎是立即响应、随叫随到，国内企业的服务很难与之相比。同样的设备，国外的服务居然比国内的更好，最后不可避免地导致一部分医疗人员形成了对国产产品的歧视，即便企业生产出了质量不错的三类器械，也很难打开医院市场。医院、患者、药监、企业——国产高端医械的困局，每一个参与主体都有自己的难处和委屈。

破解国产医疗器械行业发展困局，需要从技术、制度、企业、市场多方面下手。面对设备配件的垄断，要从源头上推动技术创新，为医疗器械设备的发展铺路。《中国制造2025》规划中,已将生物医药及高性能医疗器械纳入制造业发展的十大重点领域,鼓励国产企业加强创新,攻坚克难。企业研发创新设备,需要制度的支持。目前,国内已经推出创新器械优先审评审批、创新器械优先纳入集采目录等制度,鼓励国产创新器械替代进口产品。

想要为国产器械破局,仅靠制度松绑还不够。医疗器械企业也需要摆脱单打独斗、各自为战的模式,加强行业整合,用集中起来的技术和资金形成真正的竞争力。作为医疗器械设备的下游消费者,医院也需要被给予设备补贴、提高医保报销幅度、搞院企合作等。要逐步引导鼓励其主动接受国产医疗设备,让国产医疗设备市场获得活力。

作为一个大国,我国的医疗行业地位显得尤为特殊。我国虽然有着高效的动员能力和庞大的市场,却一直缺乏尖端技术形成"器械金三角"。新冠肺炎疫情下,疫苗、试剂盒、呼吸机和口罩的生产背后,蕴含着医疗器械行业不同资源禀赋组合下的深刻差异。

第 13 章 新能源汽车的机遇

特斯拉,狼来了?

提到特斯拉电动车,舆论场上的评价往往充满争议:尽管经常因为质量问题成为媒体热点,但特斯拉也依靠激进的路线扮演着技术变革推动者的角色。人们对特斯拉的评价毁誉参半。

电动汽车前史

汽车行业中,电动车并不是一个新鲜事物,甚至在汽车诞生之初,电驱动和内燃机驱动这两条技术路线还有过竞争。随着第二次工业革命的深入发展,内燃机技术逐渐进步,汽柴油等燃料的供应网络也逐步完善,使燃油汽车从各类技术方案中脱颖而出。与加油就能用的燃油车相比,当时的电动汽车充电时间过长,加之电池储能能力差,使用体验较燃油车有了明显落差。亨利·福特的流水线生产方式,进一步将燃油车的成本降低了三分之二,从成本层面对电动车形成了降维打击,电动车这一技术路线也就此陷入了长期沉寂。

20世纪60年代,晶体管器件和燃料电池的出现,帮助电动汽车打开了新的局面。由于美苏双方进行太空竞赛,美国国家航空航天局(NASA)开始大力对这两项技术进行攻关,以解决太空环境下探月车的驱动问题。在月球车的需求牵引下,电动汽车支撑性技术有了新突破。但是,当时的储能装置——燃料电池需要加注氢气,存储和运输都是问题,很难展开大规模商用。电动汽车的产业化,还需要新的技术突破和应用需求刺激。

70年代以来,在石油危机和环保议题的牵引下,日本、美国、欧洲等发达国家和地区纷纷颁布法案,鼓励低能耗、低污染汽车的发展,电动汽车再次吸引了科技界和产业界的目光。

以美国为例,加利福尼亚州在1990年出台了严格的排放限制法规,要求从1998年起,"零污染"汽车销售占比要在五年内从2%提升到10%。日本和欧洲也同步推出了电动汽车发展计划。法案的发布促使各大厂商推出自己的电动汽车:日本有三菱的 LIBERO，美国有通用的 EV1，法国有标致的电动106。这些电动汽车中，美国 EV1 的发展显得尤为跌宕起伏。

EV1 原本是针对加州"零污染"政策的产物。在这一产品上，汇集了当时汽车和三电（电机、电池、电控）技术的最尖端成果：通用汽车拉来材料领域独角兽企业 AeroVironment，在车身上大量应用当时不常见的复合材料技术，整车重量甚至不到 1 吨。通用旗下的欧宝也为 EV1 生产了富有未来感的车身，EV1 的原型 Impact 概念车阻力系数仅为 0.19，有效降低了行驶过程中的能耗。

充满未来感的 EV1，一时间成为环保和科技的象征。尽管通用方面对 EV1 的销售策略相当保守，采用租赁模式，有意识地限制用户规模，但是市场反馈依然非常积极。就在通用打算扩大产能，正式掘金这一全新细分市场的时候，石油公司和传统燃油车企资助的游说团体开始发力，推动加州当局放宽了所谓的"零排放"政策。电动汽车骤然失去了政策优势。面对市场前景的不确定性，通用方面最终以研发成本高昂为理由，放弃了 EV1 的研发。讽刺的是，其后通用又在 2007 年高调推出了纯电动车 Bolt，但"起大早赶晚集"的通用，已经失去了定义电动汽车市场的领导力，甚至濒临破产。

此时，电动汽车市场的弄潮儿已经换成了特斯拉。2003年，马丁·艾伯哈德（Martin Eberhard）和马克·塔彭宁（Marc Tarpenning）创立了特斯拉公司，主要瞄准高端电动跑车市场，以莲花跑车底盘为基础，将动力系统电动化，面向富裕阶层销售。特斯拉入场时正值 EV1 停产、成品车报废的行业低谷。但 EV1 这一产品，却为后来者证实了电动汽车在某些特定应用场景，如高利润超跑上的技术和商业可行性。埃隆·马斯克（Elon Musk），特斯拉的早期投资人，逐步深度参与了公司运营，最终接管公司，出任特斯拉 CEO。

特斯拉横空出世

传统车企造电动车，往往由于传统燃油车的路径依赖，难以实现资源的最优配置。而从零开始专注于电动车赛道的特斯拉，尽管体量无法与传统车企相提并论，却能够集中资源打磨迭代电动车技术，建立对市场的深入洞察，并且避免了大企业科层制下的"繁文缛节"和效率内耗。

"造电动车"这四个字说明，不管电动车设计有多好，都先要越过"造"这个关口。特斯拉入场的年代，电动车行业处于低谷，反而帮助马斯克用较低代价获得了成熟的技术。特斯拉早期的 Roadster，从底盘到三电系统都大量利用了货架技术和商用成品。

2008 年通用破产这一标志性事件，代表着美国依赖燃油路线的传统汽车企业走向了衰落。埃隆·马斯克趁势追击，又和通用、丰田两家公司周旋，用不到 5 000 万美元的价格获得了价值 10 亿美元的现成汽车工厂。

虽然特斯拉在早期研发阶段的投入高达 1.4 亿美元，但其在汽车行业仍然堪称精打细算的楷模。特斯拉通过上述精巧的外部采购和并购,省下了更多的研发和生产成本。有了前期的技术和口碑积累,特斯拉最终推出了其第一款量产车型——Model S。特斯拉筹划生产 Model S 期间,公司因为资金问题一度濒临破产,马斯克甚至在其回忆录中将之称为自己人生中最艰难的阶段。特斯拉也不得不临时转型为技术供应商,与戴姆勒、丰田等老牌车企合作,帮助其研发电动车。借助这些合作关系,特斯拉最终度过了生存危机,并拿下了美国能源部近 5 亿美元的低息贷款。在资金、产能和技术的加持下,2013 年,Model S 诞生了。

值得一提的是,特斯拉能熬过最艰难的创业阶段,离不开美国式"举国体制"的呵护。从 20 世纪 80 年代美日贸易战开始显性化的美国特色"举国体制",正是通过游说攻关,高举监管或司法大旗,为美国企业的生存发展保驾护航,用国内法这支"看得见的手",精准打击海外竞争对手。特斯拉的早期发展,正是得益于这一高效协同的"举国体制"。

10 年之前,新能源汽车革命的领军者是日本丰田公司。丰田油电混动技术量产车型普锐斯,当时已经用低油耗和高质量征服了美国用户,以一己之力开辟出美国新能源车市场,几乎成为这一新兴细分市场的代名词。根据丰田为新能源汽车勾勒的发展轨迹,近中期油电混动技术挖潜之后,新能源汽车将直接过渡到氢燃料电池汽车。

不过,如日中天的丰田,没有注意到来自美国的冰冷视线。

这次出马的，是美国国家公路交通安全管理局（NHTSA）。2009年11月，NHTSA发布报告，指称丰田部分车型的前排脚垫可能发生滑动，从而卡住油门踏板，引发事故。"丰田脚垫门"开始在美国主流媒体密集曝光。

自认为已经"身经百战"的丰田，危机公关堪称高效，很快决定在北美市场召回380万辆汽车，这一召回规模也创下了丰田公司的历史记录。

然而，丰田"脚垫门"只是一道前菜。2010年1月，各大媒体相继获得NHTSA"内部"统计报告，声称由于丰田的油门设计存在缺陷，空调暖风产生的水汽结冰卡住踏板，可能导致了至少37人因车辆失控死亡。"丰田脚垫门"升级成更为震撼公众情绪的"丰田踏板门"。

意识到事态复杂性的丰田，宣布将车辆召回规模扩大至900万辆，多个被点名的热销车型在北美市场暂时停产停售。丰田暂停售车的第二天，通用和福特两大美国车企宣布，为丰田客户置换其新车提供1 000美元现金补贴和条件优厚的贷款。

对于"节奏大师"NHTSA而言，"丰田踏板门"仍然只是这场舆论盛宴的副菜。一个星期后，主菜终于被端上了桌。2010年2月3日，NHTSA宣布，已收到102名驾驶员的缺陷报告线索，2010款丰田普锐斯的制动系统存在失控可能。联邦运输部长拉胡德（Ray LaHood）同日表态，建议所有丰田普锐斯车主"停止用车"，直到查清问题为止。

至此，丰田方才醒悟这一连串监管组合拳的真正用意。

2010年6月，作为公关的重要动作，丰田公司宣布与特斯拉达成战略合作协议，这是一个在当时看来能取得双赢的决策：丰田公司选择了最弱的美国合作伙伴向NHTSA交差；特斯拉则得以获得丰田的资金和生产能力支持，吸收了丰田"精益生产"的大量知识诀窍。

2011年2月，NHTSA与国家航空航天局联合调查报告发布。经过10个月的深入分析，美国专家们得出结论：丰田普锐斯等车型的电控制动系统没有设计问题。

艰难"解套"的丰田，在北美新能源汽车市场的品牌形象统治力和技术路线领导力，却就此烟消云散。

原本属于美国新能源汽车产业"气氛组"的特斯拉，则在丰田的赋能下脱颖而出。

虽然特斯拉的传奇离不开外部机遇和扶持，但不可否认的是，特斯拉今天如日中天的地位，也离不开其自身的奋斗。

相关数据显示，目前，特斯拉Model 3这一车型畅销全球，帮助特斯拉实现量产化突破的Model S累计销量也超过了25万辆，特斯拉已经在电动车领域站稳了脚跟。

尽管特斯拉的销量暴涨，但是口碑却参差不齐。特斯拉在中国市场，由于品控和客户服务的问题频频见诸报端，在公众面前丢掉了不少印象分。但与此同时，特斯拉的忠实拥趸也不在少数，这种技术领袖的公众形象来自特斯拉激进而独特的技术路线。

以电动车中的电池为例，特斯拉为了提高储能密度，采用的是锂电池。为了提高安全性，特斯拉使用成熟的 18650 电池构成电池组。特斯拉通过长期的试验得到了最理想的电池布局，又针对电量管理、快速充电和温度冷却等需求研发了强大的电池管理系统。尽管电动车自燃的问题依旧存在，但是特斯拉在电池管理领域积累的优势仍不可忽视。

与其说特斯拉是技术的发明者，不如说它是新技术的整合者。特斯拉当初无法解决电驱动中复杂的电流电压切换问题，最后选择采用其他企业开发的 IGBT 晶体管技术，解决了大功率变电控制难题。

每次特斯拉创造的"技术奇迹"，都会在精巧的公关策略下，被包装为马斯克个人领导力和洞察力的产物。但实际上，特斯拉的汽车研发，某种程度上更接近互联网创业公司的做法，即初始想法通过工程流程实现，乃至在用户使用中依据反馈快速迭代优化，而非传统车企试图在研发阶段尽可能完善打磨产品的习惯做法。这种模式往往有利于企业采纳新颖乃至激进的技术解决方案，但也有可能把用户变成测试人员。这一点，恰恰是传统汽车行业竭力避免的问题。

特斯拉一旦借助这种模式解决技术难题，就会迅速形成正向循环，推动技术的大规模应用，从而带来更受欢迎的新技术产品。

特斯拉辉煌的暗面

很多人鼓吹马斯克的"技术奇迹"，却经常忽略一个问题，就是马斯克的入场时机。特斯拉前期能够迅速完成技术整合，依赖的是在电动车和汽车行业危机时的快速出手，恰好跨过了汽车行业最难的两道关口——研发和生产。国内的新能源汽车"造车新势力"，缺乏的正是汽车领域的生产能力。没有稳定产能的支撑，再好的产品设计也只能是无源之水。

同"造车新势力"相比，特斯拉的商业规划明显更加成熟。公司建立后三年，马斯克就描绘了四步宏伟蓝图：先用电动跑车宣传造势，然后打造精英车型，接着推出平民用车，最后用太阳能电力一步到位。传统车企造电动车，都是在新技术领域试手。从零开始的特斯拉，上来就做了两件事：一边计划中高端车型，保证市场规模和标准；一边把电动车和光伏发电绑定，直接解决困扰电动车的能源问题。这两个问题是之前电动车行业的病根，马斯克上来就搞定了。他还顺手推出了自动驾驶和汽车共享的概念，把汽车变成了服务资源，不过那是后话了。

激进的技术路线能够带来商业模式的突破，却不能保证产品的万无一失。虽然特斯拉已经成为纯电动汽车领域的行业领导者，但是特斯拉不到20年的发展史，注定了它缺乏成熟生产体系的积累，也缺乏传统车企上百年车辆工程经验的积累沉淀，因此难以像传统车企一样，保证持续稳定的产品质量和极限场景中的车辆表现。

在互联网时代媒体的冲击下，很多人认为，特斯拉的技术模式是电动车唯一的解决方案。面对特斯拉的技术优势，中国企业应该如何发展呢？是像特斯拉一样，开发自己的"疯狂实验室"吗？这个问题并没有明确的答案。国内"造车新势力"到现在往往没有超过 10 年的成长历程，缺乏的正是汽车领域的技术和生产。没有稳定生产的背书，光靠实验室里的奇思妙想，也是不能制造出产品的。

特斯拉对外高调吹嘘的神话，不光有电动汽车，还有自动驾驶。马斯克曾在 2019 年放出豪言：两年之内，特斯拉汽车将不需要方向盘和油门，实现全自动驾驶。眼看两年之期将到，其自动驾驶系统 FSD 也该达到该目标了。但是，2021 年，加州车管局给了马斯克当头一棒，声称特斯拉的全自动驾驶 Beta 版依旧是辅助驾驶系统。

实际上，在 21 世纪的头 10 年，五角大楼就曾经联合美国国防高级研究计划局（DARPA）搞了一系列自动驾驶比赛，这类比赛也被叫作"大挑战"，结果没有一辆无人车开到终点。那时候的自动驾驶虽然被媒体看好，但是实际操作很一般。

特斯拉汽车上的自动驾驶系统，原本是驾驶辅助系统，但马斯克在 2013 年直接将其改成"Autopilot"。外行一看，就会很容易误会成自动驾驶。马斯克为了迎合商业市场，特地玩了个文字游戏："Autopilot"在航空领域叫"自动导航"，只能辅助完成一些基本操作，让飞行员有工夫联系塔台、观察交通。后来，特斯拉出了事故，灰溜溜地把"Autopilot"的中文改成了"辅助驾驶"。特斯拉的自动驾驶，就这样埋下了病根。

在自动驾驶领域，马斯克除了 Autopilot，还有另一份宏图大业，那就是 Full Self-Driving，也就是 FSD 系统。FSD 距离 Autopilot 应用也就是刚刚过去三年，可马斯克依旧打包票，声称自己要做 L5 级别，也就是最高难度的"全自动驾驶"。三年之后（2019 年），他又跟媒体保证，再过两年，自己的全自动驾驶汽车就能上路。

2020 年 10 月，特斯拉还真就开始了 FSD 的测试。特斯拉向参与者发布远程更新包，称为"FSD Beta"。有几百人最终参与了这一项目，由 FSD 驾驶他们的车辆，记录性能之后，把数据放到网上。一切看起来顺风顺水，不需要额外操作。但是，这个 Beta 系统并不符合加州车管局针对自动驾驶的相关规定。于是，加州车管局专门针对这一问题，质询特斯拉法务部。

在邮件里，特斯拉法律总顾问助理埃里克·威廉姆斯（Eric Williams）说："城市街道让这款车仍然严重依赖 SAE 2 级的能力，无法实现车管局所定义的自动驾驶。"邮件还进一步指出：面对恶劣天气、复杂车流、施工区域、应急车辆、道路碎片、静态物体、未知道路等，特斯拉无法对部分情况有效响应。这个宣称"全自动"的驾驶系统，还是个基础版本的辅助驾驶系统。

加州车管局立刻发邮件，要求特斯拉澄清 FSD 测试版的真正功能。

加州车管局对特斯拉如此火大，就是因为马斯克"挂羊头卖狗肉"。美国在自动驾驶领域的管理比较复杂。不过，偏向行政的 NHTSA 和偏向技术的美国汽车工程师学会（SAE）都推出了自己的自动驾驶评价标准，这就是自动驾驶新闻里离不开的 L1~L5 的标准。不管特斯拉的技术多么先进，判定是否达到自动驾驶程度的标准都很简单：驾驶掌握权在谁的手里？特斯拉法务部也只能在这个标准范围之内回答车管局。

很明显，特斯拉很长一段时间内都处于 L2 的"部分自动驾驶"阶段。但是，马斯克在社交媒体上的表态，往往强调驾驶员不用关心路面，甚至还表示自动驾驶时可以玩电子游戏。消费者到底听马斯克的，还是听法务部的？不管消费者怎么想，法务部只能听车管局的。在特斯拉法务部和加州车管局的邮件中，特斯拉反复强调自己是"辅助驾驶""并非自动"，而且还是"选装功能"。

实际上，特斯拉已经不是第一次因为"自动驾驶"吃亏了。2020 年，特斯拉就被德国法院起诉，对方称特斯拉的自动驾驶宣传误导消费者。之前，特斯拉更是因为事故，把中文的"自动驾驶"改为了"辅助驾驶"。不过，特斯拉在宣传和文案方面，大张旗鼓地宣传自己的汽车有"全自动驾驶潜力"，更是隐藏掉"高级驾驶辅助系统"这种复杂称呼，直接改名叫"FSD Beta"，想要继续利用宣传攻势维持自己的技术神话。

Navigant Research 2020 年的自动驾驶实力排名中，黄色代表能力一般，绿色代表实力较强。特斯拉的颜色偏黄，意味着其实力比较一般。我们再来看看特斯拉的竞争对手在自动驾驶领域的表现：以专注机器人驾驶的行业巨头 Waymo 为例，它收集了 9 年的 72 起致命车祸，专门针对发生车祸后机器人的处理方式进行研究，甚至还会重建车祸现场。根据 Waymo 的说法，"Waymo 的自动驾驶车辆，可以大幅降低重伤的可能性"。

虽然这个说法有一股自吹自擂的味道，但是从其现有的模拟来看，Waymo 确实可以尽可能降低事故风险。我们再看看特斯拉：2018 年加州发生自动驾驶事故，2019 年佛罗里达发生致命事故。当然，交通事故毕竟是极端情况，美国加州车管局还会专门发布《自动驾驶汽车脱离报告》。然而，特斯拉并未注册相关的自动驾驶测试。

根据 2019 年的一份相关统计，在同类型的驾驶辅助系统中，关于"Autopilot"这个词，有接近 50% 的人认为可以双手离开方向盘，超过 30% 的人认为可以开车接电话，甚至还有 6% 的人认为可以在开车的时候打个盹。作为 L2 级别的驾驶辅助系统，特斯拉去掉了"辅助"，拥抱了"自动"，客户和股东也就自动涌来。

中国电动车产业的"鲶鱼"

现实生活中的驾驶并不会因为马斯克的"自动"二字改变规则。以特斯拉的 Joshua Brown 事故为例，自动驾驶系统将白色的货车认定成白色的天空，加速之后直接导致车主死亡。同样的事故，在台湾也发生了。国内 AI 领域企业也指出，只需要一定的虚假路牌，甚至不需要真实物体，特斯拉的自动驾驶就有可能产生偏差。特斯拉在国内新能源领域是值得尊敬的技术对手，但是这家公司在"技术神话"上的运营策略，依旧值得商榷。

提到特斯拉，就不得不聊聊 2018 年版的我国外商投资负面清单，清单条例中影响汽车行业的一条就是"取消专用车、新能源汽车整车制造外资股比限制"。以往，外商在国内制造电动汽车，必须有中国公司合资入股。现在，外国公司可以在国内独资设厂制造电动汽车。不少人惊呼汽车业"狼来了"。如今最新版的负面清单在汽车制造业上的规定没有变化，"狼还是可以继续进来"。

2020 年 1 月 7 日，特斯拉在上海临港的超级工厂正式开启大规模交付，马斯克在仪式开场致辞中的第一句话是"感谢中国政府"，他甚至高兴地跳起舞来。从开工到投产，特斯拉仅仅用了 9 个月。审批手续一路绿灯，特斯拉还获得低息贷款和低价土地。一系列的优惠措施，难道真的是引狼入室？

分析这一问题，我们应当把思路转向国内的供应链。此前，国内新能源车企享受着高额国家补贴，卖着低续航电动汽车，缺少自主提升核心技术的激励和主动性。2016 年 9 月，苏州吉姆西客车制造有限公司等五家新能源汽车生产企业的恶劣行为被曝光。披露的资料显示，苏州吉姆西客车制造有限公司通过编造虚假材料采购、车辆生产销售等原始凭证和记录，上传虚假合格证，违规办理机动车行驶证的方式，虚构新能源汽车生产销售业务，虚假申报 2015 年销售新能源汽车 1 131 辆，涉及中央财政补助资金 2.615 6 亿元。

如果说苏州吉姆西客车制造有限公司还是一家边缘企业，那么奇瑞、众泰等 15 家汽车企业的行贿案件，则反映出主流自主品牌车企同样存在问题。2019 年 11 月，一份由上海市嘉定区人民法院做出的刑事判决文书，披露了这 15 家车企向上海新能源汽车数据中心行贿，而行贿时间恰好是新能源汽车骗取补贴最疯狂的时期。引特斯拉进入中国市场，恰恰可以通过行业竞争，淘汰一部分骗取政策补贴、名不副实的新能源车企，为国内新能源汽车优胜劣汰争取更多发展空间。

除了看到负面案例，我们也应该正视国内新能源汽车企业的成就。2021 年新能源乘用车零售销量为 333.4 万辆，同比增长 169.1%，占据全球市场的一半，渗透率也从前一年的不到 6% 上升到了近 15%。相当于每 20 辆车中，就有 3 辆新能源汽车。

中国汽车市场的高速放量，与欧美新能源市场形成了鲜明的对比。销量同样呈现大规模上升的欧洲，主要九国新能源汽车销量在 200 万辆左右。这离不开法德两国的大力支持，德国的新能源汽车补贴额度甚至超过了 5 000 欧元。在大规模补贴下，以雷诺 Zoe 为代表的微型车大行其道，最后实现了接近 20% 的市场渗透率。

至于北美新能源车市场，目前的新能源汽车年销量大概是65万辆，同比增长101%。除了特斯拉，现代起亚和吉利旗下的 Polestar 也在北美推出了纯电车型，逐步提高了新能源汽车在年轻用户中的普及率。但是整体而言，北美市场上新能源车的渗透率不到5%。加上北美市场原有的千万级传统车市场比较稳固，新能源汽车入场难上加难。

充足的产能加上有潜力的市场，让2021年的"造车新势力"交出了一份漂亮的答卷。处于第一梯队的蔚来、理想和小鹏全年交付量均超过了9万辆，哪吒汽车年销量近7万辆，威马汽车也拥有销量超4万辆的成绩。

在新势力企业当中，小鹏的销量变化最具有戏剧性。小鹏2021年销量达98 155辆，是2020年的3.6倍。这离不开小鹏本身丰富的车型规划：从家用轿车P5，到轿跑P7，再到SUV G3i。小鹏的产品覆盖了国内汽车的主流市场，能满足多种用户的需求。这证明了新势力企业也能像传统车企一样，用成熟的产品体系赢得市场的青睐。

和小鹏销量一同进步的，是小鹏的车载系统OTA升级。就在2021年，小鹏进行了5次OTA年度版本更新，新增超60项功能，优化了超260项功能，对停车场泊车记忆、智能辅助驾驶系统（NGP）、全场景语音、智能泊车辅助、智能安全系统、智能音乐座舱、智能导航、车控模块等功能都进行了提升。

除此之外，小鹏的NGP也随着硬件的广泛推广，经受了充分的考验。截至 2022 年 1 月，小鹏汽车的 NGP 里程已逾 2 000 万千米，相当于绕地球 500 圈，用户渗透率达到 96%，总里程渗透率达到 60%。具体功能方面，小鹏可以实现自动超车、自动切换高速、自动上下匝道、变道自动紧急避让等功能。

与全线出击的小鹏相比，蔚来汽车延续着属于自己的中高端战略。以蔚来推出的首款豪华中大型 SUV ES8 为例，这款车的价格在 40 万~60 万元，配备了铝制车身、空气悬架、意大利 Brembo 刹车和大面积皮质内饰（这在传统汽车行业，几乎是 80 万的价位才能享受的待遇）。

动力层面，蔚来百公里加速为 4.9 秒，甚至可以与特斯拉价位百万的 Model X 一决高下。售后层面，未来提供了终身免费换电、终身免费维保、一键加电、NIO house 共享空间使用权等高端售后服务，某种程度上掌握了新能源豪华车的定义权。

蔚来汽车的最终目标，是吸引市场中的高净值客户。蔚来推出的车型中，三款中大型 SUV——ES8、ES6 及 EC6 的起售价均在 35 万元以上，轿车 ET7 起售价达到了 44 万元。尽管由于芯片短缺，蔚来曾在 2021 年 5 月和 8 月遭遇了生产波动，但到 2022 年，蔚来依旧在扩充产能，与江淮汽车合作的合肥工厂年产能达到 24 万辆。

理想汽车在 2021 年 12 月交付新车 14 087 辆，同比增长 130.0%。全年累计交付 90 491 辆，同比增长 177.4%。仅靠理想 ONE 一款车型，理想就杀进了新势力销量三甲，也恰恰证明了理想汽车未来在其他车型的开发上有着很大的空间。

在技术研发领域，2021 款理想 ONE 在 2021 年 6 月份交付了基础高级驾驶辅助系统（ADAS）和基础汽车主动安全（AEB）功能，在 12 月份交付了导航辅助驾驶（NOA）和完整 AEB 功能，紧跟特斯拉和小鹏，成为全球第三个具备完整的 NOA 和 AEB 全栈自研能力的品牌。

与传统车企相比，理想 ONE 在第三方 AEB 测试中，超过宝马 5 系、沃尔沃 XC60 等车，获得了年度冠军。理想 ONE 也是唯一一款有能力准确识别横向车辆和两轮车的车型。这意味着，理想开发的 AEB 系统能够适应更加复杂的路况。

理想在技术上选择当下，威马则选择开拓未来。在辅助驾驶系统领域，威马汽车推出了中国首款拥有无人驾驶技术的量产车型，拥有自主学习停车（HAVP）、高精度地图停车（PAVP）、自动停车辅助（APA）、遥控停车辅助（RPA）多项停车技术。同时，威马 W6 还配备了 LivingPilot 3.0 智能行车辅助系统等多项前瞻性技术。

特别值得肯定的是，2021 年年底，威马汽车获得了知名投资者的认可和 D1、D2 轮融资，两轮融资总额高达 4.57 亿美元。这不仅可以快速提升威马汽车在不断增长的智能纯电动汽车市场上的影响力，还可以进一步确立威马汽车在智能技术和产业布局上的优势。

哪吒汽车也是一只出色的领头羊。仅在 2021 年 12 月，哪吒汽车交付量就达到了 10 127 辆，同比增长 236%。根据哪吒汽车的数据，公司已经拥有免费充电站 1 637 座、直流电充电桩 19 663 根，覆盖 95% 以上用户使用区域。在哪吒汽车将主力客户定位为三四线城市人群的基础上，哪吒也在借助哪吒 S 这款 B 级车打动一二线城市客户，完成自己的"进京赶考"。

　　与前面几家企业能够直观体现的技术迭代相比，哪吒开发的是更加底层的汽车平台。根据哪吒汽车的说法，公司开发的智能安全汽车平台"山海平台"，可以达到 80% 的车型零部件通用率，研发时间缩减 8 个月，成本降低 30%～40%。针对冬季续航缩短的问题，哪吒引入了集成式热泵系统，原来冬季的行驶里程仅为正常温度时的 50%～60%，现在提高到了 70%～80%，缓和了用户的里程焦虑。

　　国内电动车企业与特斯拉相比，已经错过了早期进入的最佳时机。对于这些年轻的车企来说，它们需要的是扎实的技术积累，而不是动辄鼓吹"速胜论"，与特斯拉决一高下。汽车尽管普及率越来越高，但依旧是普通人的大件消费品。中国车企应该做的，是为这些普通家庭推出质优价廉的平价产品，在做大用户基数的基础上，进一步摸索先进技术的落地应用。中国的电动汽车行业需要的不仅仅是技术飞天，还有这些技术的稳定着陆。相信通过持续的技术积累，中国车企可以克服一系列挑战，实现电动车产业的突破与引领。

第 14 章　中国工程机械走进"无人区"

> 等凯雷徐工收购案获批之后,我们首先要整合全国的工程机械市场,第一站就是湖南长沙!
>
> ——王民

2021年年初,河北石家庄的新冠肺炎疫情牵动人心,在已经发生社区传播的情况下,为了快速阻断疫情蔓延,必须要把患者、密接人群和健康人群分开。为此,短短四天时间,石家庄郊外一片500亩的荒地,就摇身一变成为配套设施完善、有上千套独立房间的集中隔离点,建筑面积近7万平方米。

四天造出7万平方米的房子,这是堪称奇迹的建筑速度。我们不妨将此和新冠肺炎疫情发生之初,全民网络在线"监工",见证震撼世界的武汉雷神山、火神山医院建设奇迹做个对比。2020年年初,建设火神山、雷神山两个医院的时候,合计动员了4万名建设者在现场施工,用10天时间,建成了建筑面积约3.4万平方米的火神山医院和约7.9万平方米的雷神山医院。

尽管两家医院都是采用箱式房拼装的简易建筑模式,但在一片荒地上,在如此短时间内从"三通一平"开始,把几万平方米的板房按照传染病医院的功能需求搭建好,内装加设施搭建完毕,交付使用,仍然是不折不扣的人类建筑史奇迹。而石家庄四天近7万平方米的建设速度,则超越了雷神山、火神山医院,再次刷新了中国人自己保持的纪录。

基建狂魔

中国凭基础设施建设能力,早已获得了"基建狂魔"的响亮名号。在展开本节内容前,我们有必要对基础设施下一个清晰明确的定义。尽管"基建"一词在媒体上曝光度很高,但谈到它的内涵,可能一百个人就有一百种说法。基础设施,就是那些要依靠其提供的公共服务才能使经济与社会生活正常运转的工程设施。比如,我们日常生活中的必需品智能手机离不开通信基站提供信号;为手机充电需要有电力公司的供电线路入户;出门上班往往要乘坐地铁;网购的东西则要通过公路、铁路、航空网络的转运,如果是海淘购物,还要靠海运在中国港口卸货。这里提到的基站、电网、铁路、公路、港口,就是基础设施的典型代表。这些基础设施更深层的共同点,是其均承载着互联互通这一功能。无论是货物流在公路、铁路、水路、空路网络的流通,水、电、气在城市公共网络中的流通,还是信息流在互联网、通信网中的流通,均是互联互通功能的具体体现。

互联互通的技术可能和商业成本,是驱动人类文明史和政治史的一个隐秘而重要的线索。中古时代文明的地理界限,往往取决于物质流与信息流能够以什么样的成本传送到什么距离。基础设施能力的变化,往往对经济乃至地缘政治产生重大影响。如英国18世纪后的运河开拓热潮,为煤炭的国内物流搭建了完善的低成本水运网络,低廉便利的煤炭大大加速了该国工业化进程。而从18世纪中后期英国对印度的征服,到19世纪中期英国对大清王朝的大规模远征,英国跃出其传统地理边界,向东投送力量,带来三千年未有之大变局的过程,几乎与同时期远洋海运的物流成本下降同步。

第一次鸦片战争之前的半个世纪里,英国到东方的单位船运成本下降了几乎三分之二,使英国棉布和鸦片能够以决定性的规模涌入中国市场,改写了贸易平衡,激起清廷对通货外流的巨大焦虑。而海运成本的下降,也使英国的大规模武力投送越过了成本效益的临界点。

在此之前,英国人对大清官民充满通商做生意的"单纯和善意",希望一个个携带珍奇礼品的使团能够感动清朝皇帝,赐予英国人更大的通商便利。而在武力投送具备现实可能后，英国人对大清的观感就发生了翻天覆地的变化。从19世纪30年代英国侨民社区中风靡一时的威力展示论调（用三四艘风帆护卫舰截断两广到长江口海运），到1840年规模庞大的"惩罚性远征"，英国人的政策似乎也与物流输送成本有着同步变化。

既然基础设施的意义如此重大，中国人基础设施建设搞得怎么样？从"基建狂魔"这个名号不难看出，几乎在每一个主要类别上，中国的建设规模都做到了世界第一。以高速铁路为例：2008年，中国第一条设计速度350千米/小时级别高铁——京津城际铁路才正式通车，其后短短十年出头的时间，中国高速铁路总运营里程已经达到了3.79万千米，占到全球高铁里程的三分之二；也是在这个时期，中国高速公路里程从6万千米飞跃到了15万千米，一举超过了号称"车轮上的国家"的美国；而承载了每年100多亿吨货物进出口工作的中国港口设施，也以2 500多个万吨级以上泊位的家底稳居世界第一。可以说，中国"基建狂魔"的名号，实至名归。

不少人有过装修的经验：装修材料中，黄沙和水泥占据相当大的比重。基础设施大工程建设，同样离不开原材料和施工工具。目前，中国在全球每年的基建投资里，大约占到三分之一的份额，如果按实际购买力进行调整，比例更为惊人。可想而知，如此大的基建规模，对钢筋、水泥等原材料和施工工具——也就是工程机械的需求巨大。钢铁等大宗原材料产业，本书前面有所介绍。比如中国目前的水泥消费量，仅两三年的用量，就超过了美国20世纪整整100年的用量。类似这样的震撼例子数不胜数。

而中国的工程机械行业，同样有相当强的竞争力。

了不起的中国工程机械

举例而言，工程机械中常见的一个品种——挖掘机，2020年中国的产销量就占到全世界的70%；而在总销量中，有六七成份额属于国产品牌挖掘机厂商。靠着在挖掘机、起重机等走量的品类上的出色表现，在2020年的全球工程机械制造商50强榜单上，中国已经有11家企业上榜，徐工和三一这两大集团更是已经进入了世界前五名。

在新冠肺炎疫情影响下，欧美工程机械市场的需求萎缩可能还会延续，中国工程机械产业有可能很快实现一个历史性成就，那就是总营收超过美国和日本，拿下世界第一。这将是中美工程机械产业比较中一个意义深远的变化。

除了挖掘机等主销品种，在技术复杂度高或者性能要求严苛的高端工程机械上，中国企业同样已经有了很多杰作。例如，有着"工程机械之王"名号的盾构机，是隧道施工中必不可少的巨型设备，以前长期被某些发达国家垄断，中国要进口一台都很不容易。进口盾构机价格高不说，涉及敏感技术，还要经过层层审核，使用起来也限制颇多。在无法独立自主生产的情况下，中国人别无选择，只能咬牙接受苛刻的条件。

经过多年来的技术攻关和产业竞争，中国在盾构机领域已经基本实现了自主生产，基本没有了被卡脖子的危险。中国企业集体突破这项高端装备生产技术，乃至进入工程研发的"自由王国"之后，盾构机的价格成了"白菜价"，少数欧美厂商坐享超额利润的好时光一去不复返，不但在中国市场的竞争中节节败退，甚至法国、意大利、丹麦、澳大利亚等国已经成为中国盾构机买家。

除了入地的盾构机，下海的高端工程装备也是中国工程机械产业一绝。曾经作为国之重器亮相的"天鲸号"挖泥船、"海鸥号"起重船这些世界级装备，因为性能过于强悍、用途过于敏感，已经被列入我国出口管制目录。而在"天鲸号"等国之重器亮相后短短几年内，这些怪兽级装备的性能已经被中国人再度刷新：目前世界上最先进的挖泥船已经更新为中国的"天鲲号"，世界最大起重船则换成了同为中国制造的"振华30"……这一个个单项冠军的背后，是中国海工装备领域强大的基础产业能力。

中国工程机械产业今天的辉煌，并不是顺风顺水取得的，而是走过了颇为曲折的求索之路。2001年中国刚加入世贸组织的时候，中国产业界开始全面与世界接轨，这一时期，公众的心态普遍非常焦虑。中国产业界和国外巨头相比，技术上和体量上的差距大到让人绝望，怎么才能赶上世界水平呢？在这种"接轨热"之下，当时国内最流行的药方就是产权改革，认为产权改革是包治百病的灵药，把产权归属问题解决了，也就是所谓的公司治理比照那些国际巨头照猫画虎，其他技术、市场等显性绩效，也就能像熟透的果子一样掉到手上。

以今天的眼光看，这无疑是从排斥市场的一个极端跳到认为市场万能的另一个极端，是一种相当幼稚的"产权万能论"。但在当时，怎样折腾公司股权却是企业家最上心的事，甚至连今天大名鼎鼎的华为，那一时期都有引入摩托罗拉收购其通信业务的打算，认为"戴上一顶美国的牛仔帽，公司还是几万个中国人在干，这样有利于在国际市场上扩展"。任正非甚至打算在收购完成后，用获得的资金进入拖拉机制造业，把中国的农用机械行业搞上去。

徐工改制风波

今天中国工程机械产业的老大——徐工集团，当年也险些走上这条道路，这就是在中国当代经济史上赫赫有名的徐工—凯雷收购案。当时，徐工方面宣布将85%的股权作价30亿元售予凯雷，后者入股后，还将深入参与徐工战略重组和日常运营。徐工方面真心实意相信，通过这一资产重组能够引入先进技术和管理，帮助企业做大做强。

这一交易公开后，旋即引发舆论轩然大波，甚至徐工当时的竞争对手三一重工的老总公开质疑。各种力量的介入与互动，使这一收购案演变为悬疑重重的罗生门，并最终实质性搁浅。

我们今天不得不庆幸徐工并购案最终并未成真，没有让徐工为一个不成熟的经济学观点买单。假如当年的并购完成，在凯雷这样的专业私募基金控股下，很大可能徐工的研发投入会不增反降，最后再把徐工卖给卡特彼勒等巨头了事；甚至随着美国随后爆发的金融危机，徐工资产可能会被进一步贱卖。

徐工并购案被最终叫停的同时，中国制造业真正的转型升级机遇出现了。2006年，国家中长期科学和技术发展规划开始执行。这项长达15年的战略规划，正是针对单个企业提高技术水平的现实困难，由国家牵头确定重大科研专项，瞄准中长期，也就是2020年前后中国经济运转所必需的关键技术需求，通过组织企业和科研院所协同攻关，给予充分的资金保障，方式方法上不拘一格，一切为赶超国际先进水平这一目标服务。

这项中长期科技规划的出台，对中国制造业的崛起意义深远，工程机械产业的追赶之路也就此找到了方向。上下求索积累的能量迸发，就好像地底的岩浆找到了裂缝，瞬间喷薄而出。从2006年开始，中国工程机械技术赶超的步伐明显加速，只用了短短十余年时间，在许多领域已经走到了世界最前沿。中国这套极富特色的产业政策，也随着效果的展现赢得了口碑，以至于如今连美国国内也出现了大量搞产业振兴、基建投资的呼声，其中不少智库和立法提案的建议与做法，都明显在效仿中国。

今天的中国工程机械产业，毫无疑问在做大做强上已经取得了巨大成就，不过，这并不意味着产业界就可以高枕无忧。百尺竿头要想更进一步，还有两大课题等待中国产业人来完成。第一个课题是，中国工程机械尽管在技术和产业化上都已经基本过关，但是就像国产品牌电脑芯片还普遍依赖英特尔、AMD，国产工程机械整机平台也还有不少关键部件、关键材料需要进口。

原机械工业部副部长沈烈初老先生就曾提到，他2019年参观某国内企业生产的当时世界上最大的16米直径盾构机时发现，在巨大的盾构机内部，如西门子变频伺服马达、奥地利双水内冷发电系统、德国力士乐高压液压系统、瑞典SK高精度轴承等进口部件还随处可见，这些高附加值的进口件约占盾构机总成本的60%，整机组装制造的利润率有时候反而不如这些关键部件高。

很显然，这些关键部件的供应保障需要进行梳理：有哪些合作关系比较可靠，可以持续外购；有哪些有可能被某些国家的长臂管辖卡脖子，或者是对整机厂商利润提升构成阻碍，必须实现国产替代。有了这样的判断后，怎么实现关键部件的国产化攻关，则是一个大课题。

从近年华为被断供芯片这一事件上就能看出，核心部件的进口替代不是一项简单的任务，往往超出主机企业的能力边界，必须要有一些创新的体制机制来实现上游产业链的动员整合。也就是说，需要摸索出一种新型的举国体制来突破这个问题。

第二个课题，则是中国工程机械产品在可靠性上还有提升空间。这也是中国工程机械"走出去"，在海外市场参与竞争的最大短板。比如成套的大型矿山用设备——矿卸车、挖掘机、破碎机，运转起来需要24小时不间歇，在7到10年的寿命期里还要保证不能有大故障。中国的设备在理论上性能方面和国际巨头相差无几，但可靠性方面还有一定的差距，通俗来说就是用起来小毛病更多，这对用户而言，会形成明显的体验落差：买卡特彼勒设备，可能一台就足够，而买中国产的设备，却可能得额外买一台备份，这就极大地抵消了中国产品的成本优势。

复杂工业品可靠性的问题，在日常生活里也有很好的例证。正如一二线城市手头宽裕些的中产阶层，普遍偏爱日系、德系车，国产车份额相对受限，很大程度上是因为前两者有着可靠耐用、保值率高的口碑。

而要实现这可靠性上的进步，则是涉及那个产品每一块钢材、每一个螺丝钉、每一片密封圈、每一项装配工序的系统工程，往往需要时间的付出和经验的累积，才能一点一点提升；而要扭转在终端用户群体中的形象和口碑，重塑用户体验，则需要更长的周期。

工程机械创新"无人区"

尽管有这样那样的挑战等在前面，中国工程机械产业过去十几年间从后进生到优等生的励志奋斗,仍令人对其未来的升级和突破信心十足。中国工程机械产业真正实现称雄全球的目标,一定就在不远的将来。

世界工程机械产业风起云涌的变革浪潮,是给予我们如此信心的重要因素。

今天工程机械产业界看似不可一世的欧美日巨头,绝大多数在50年前是岌岌无名的"小字辈"。当时,工程机械的主流技术是线缆作动。把持着线缆技术专利和生产诀窍等隐性知识的老巨头完全不会想到,液压作动这一新技术会颠覆它们的统治地位。

从抓斗容积等主流指标来看一无是处的液压技术,却在郊区小型住宅建筑上找到了应用需求。体积庞大的线缆式工程机械,相对小型建筑商性能过剩,现场操作不便;液压工程机械的体积与性能,恰好满足了其需求,并随着战后美国中产阶层大规模郊区化浪潮,成长为一个欣欣向荣的产品门类。最终,通过市场生态的良性循环,卡特彼勒等押注液压技术的中小厂商,逐渐获得了挑战老巨头的资格。

半个多世纪后,工程机械产业正处在一场新的技术变革的前夜。

传统工程机械黑烟滚滚、噪声轰鸣的形象,源于其内燃机动力的先天局限。在全球产业界环保转型的大趋势下,内燃机机械越来越显得格格不入,因而在执行器实现从线缆到液压的技术革命后,动力源从内燃机到电动机的转型,也是一个高度确定性的方向。

在这方面，中国企业已经走到了最前沿。依托电动汽车产业中国的配套优势，三一重工已经实现了人类工程机械发展史上的又一个突破，开发出纯电动挖掘机 SY16，其动力输出效率、可靠性、能耗等指标较传统内燃机有跨越式提高。尽管由于电机、电池性能不足，SY16 还只是一台迷你型挖掘机，只能用于日常养护等狭窄场景，但正如上文提到的诞生之初的液压技术，只要找到了自己坚实的终端需求市场，纯电技术的循序迭代最终将使其性能脱胎换骨，拓展出今天无法想象的应用场景。更重要的意义在于，全电化还将使美日欧厂商在传统柴油机、液压等关键技术上的专利壁垒和能力积淀一夜之间失去意义，被中国厂商"弯道超车"。

智能化、无人化是另一个影响深远的技术发展方向。如果说电动化还只是设备"单打独斗"能力的提升，智能化则是实现工程机械设备集群作为一个系统的高效协同，从而发挥"1+1"远大于"2"的效果。例如，徐工集团的施工机械，就已经依托中国发达的 5G 通信网络，实现了低时延远程操作乃至全自主运行。在军事领域都属于最前沿技术的无人机自主集群技术，被中国人实现并用在了造桥铺路上，24 小时昼夜无休地改造着中国的山川河流。智能化、无人化所必需的能力，如 5G 低时延通信、数字孪生、云计算、智能算法，都已经远远超出了传统工程机械巨头的能力边界，中国企业与之处于同一起跑线，甚至已经处在领跑位置。

中国将怎样重塑世界工程机械产业面貌？让我们拭目以待。

第 15 章 精密仪器行业何以积弱

工业生产的"倍增器",是科学研究的"先行官"。

——王大珩

2021年,随着新冠肺炎病毒变异毒株的流行,新冠肺炎疫情在中国有所抬头。在中高风险地区,全民进行核酸检测是极为重要的防控手段。几天之内完成上千万人份的检测,中国一线人员的动员和采集效率毋庸置疑,多样本混装的普筛技巧也令人拍案叫绝。但鲜为人知的是,在实验室里检测这些采集来的样本,往往要依靠进口的核酸检测仪(PCR仪)。

神通广大的 PCR 仪

目前,进行新冠肺炎病毒核酸检测,最主流的手段叫

PCR 法。PCR，是聚合酶链式反应的英文缩写，抛开这个晦涩的术语，其基本原理用小学数学也可以解释清楚。就像在计算器上输入一个数字，数值太小、小数点后的零太多，在显示屏上就无法显示。要解决这一问题，通常乘上一个十万、百万等数，小数点位置也大幅后移，无法显示的数值就能显示出来了。PCR 法的原理就是这样，让生物分子里极微量的成分在实验室里被大量复制（术语叫放大扩增），从而达到检测阈值，可以很方便地判断病毒等感兴趣的成分在原始样品内到底存不存在、含量大概是多少。

利用 PCR 法，即便是成分十分复杂的检测样本，也能够灵敏地实现对特定成分的搜寻，耗时也比较短。正是因为灵敏度高，对一线采样宽容度比较高，输出检测结果又比较快速可靠，应用 PCR 法的检测仪器理所当然就成了目前世界各国筛查新冠病毒最重要的工具。

PCR 检测法的原理是扩增基因里的特定片段，其应用场景非常广泛，既可以用来定量检测基因里一些令人感兴趣的变异存不存在，也可以用来直接"生产"特定的基因片段。因此，PCR 方法在生命科学多个领域有广泛应用。举例来说，要想确定研究者敲除或者敲入特定基因成功与否，就可以用 PCR 检测仪来判断。

某种程度上可以说，PCR 方法及相关硬件设备，在当代生命科学研究中，已经成为必不可少的主流工具。

PCR 检测也已经逐步渗入了我们的日常生活。例如，体检中可能包括的一些高端项目，如基因筛查，就是通过 PCR 法检验唾液等成分中有没有可能导致癌变的基因突变；甚至在法医学领域，对于一些难以区分的人体组织，通过 PCR 法扩增脱氧核糖核酸（DNA）中的特定标志物，也可以让警方确定死者的数量等关键信息。

如此重要的 PCR 检测设备，目前国内使用的产品大多数仍然依赖进口。曾有学者在公开招标平台上统计过 PCR 检测仪的采购信息，采购单位主要是高校、医院、疾控中心，这些国有企事业单位是国内 PCR 检测仪的主要需求方。其中的数据颇可说明市场的整体格局。采购平台最终中标的 PCR 产品中，进口品牌占到中标总量的八成；而中标价在 30 万元至上百万元的中高端 PCR 产品，国产品牌更是基本难寻影踪。PCR 检测仪中的主打品类荧光 PCR 仪，美国的赛默飞世尔公司一家就占据 40% 的份额。

PCR 检测仪市场的格局是偶然形成的吗？很遗憾，答案是否定的。检测生物分子微量成分的 PCR 仪，属于精密仪器产业中的医用检测仪器；而用于检测、观察、计量各种物理量、物质成分、物性参数等的精密仪器，在其他领域的科研、生产活动中，乃至我们日常生活里也不少见——家里安装的水表、电表也可以归入精密仪器的范畴。无论是在医疗检测仪器领域，还是在更广义的精密仪器产业中，不得不承认，进口产品拥有优势地位是普遍现象，并且越是技术复杂度高的高端产品越是如此。

难以摆脱的进口精密仪器

为什么会形成这样的产业格局？道理并不复杂。精密仪器的要害在于"精密"二字。对物理现象的检测，精确是最核心的要求。以最低端的精密仪器——普通人家用的电表、水表来说，如果用电、用水和表上的计量结果不一样，那将导致多少纠纷？正是现实需求的严苛，使得精密仪器产品在性能上"无法妥协"，缺少可用与不可用之间的过渡空间；在产业格局上，也没有落后厂商的生存空间，天然趋向于一家独大的局面。精密仪器是一个具有明显马太效应的领域。

国内对进口精密仪器的依赖，往往也是充满这样"无法妥协"的无奈。比如2017年5月，耗资62亿元的吉利研发中心落成时，几乎全部采用了进口装备：声学转毂来自德国马哈；声学平板吸音材料来自德国朗德；电磁兼容实验室材料来自日本理研；底盘开发设备来自英国K&C；最核心的、耗资5亿元建设的动力总成试验中心的19套发动机性能台架，全部来自奥地利AVL公司；其他73套试验台架，核心零部件也全部是进口的。

当被问及为何国产精密仪器缺位，吉利副总裁冯擎峰坦言，公司以前采购过国产震动试验台架，但精度和可靠性与进口设备差距太大，数据精度不足甚至有偏差，对于工程研发是不可接受的风险。"如果最初数据采集错了，整个研发流程会一错再错。"

除了吉利集团，从事自主科研近30年的沈阳奥吉娜药业有限公司化工研发中心，在这方面也深有体会。这个研发中心的实验分析仪器设备均为从日本、美国、意大利等国的进口产品。作为国内自主创新的代表性企业，奥吉娜方面也有非常强的动机购买国产品牌仪器，但在全国范围内却找不到符合要求的国产供应商。

整体上，国内各行业的龙头企业在选择研发装备时，通常会优先考虑国外品牌。这是因为，精密仪器是研发装备的重要构成和配套。

多年来，无论是政府主管部门还是智库等专业机构，针对精密仪器行业的研究报告总是反复提到，高端仪器的进口占比超过90%，一些领域更是100%依赖进口。比如在石化行业，真正的自动化仪表几乎全是洋装备：艾默生、西门子、ABB、费希尔、横河……20年前是这样的格局，现在仍旧如此。

早在2009年，在国家自然科学基金委的专项课题支持下，北京大学、国家纳米科学中心和国家科学图书馆对国内科学仪器研发现状进行了系统调研。这份100多页的调研报告得出结论：与发达国家相比，我国的科学仪器研究和制造的差距，不是缩小而是逐步拉大了，对国外仪器的依赖度逐年增高。

可以预见，国内科研乃至产业界，在未来一段时期内，依然将高度依赖进口高性能仪器设备。国际权威刊物《仪器市场展望》在2009年发布了检测分析仪器行业Top40排行榜,其中:美国厂商占据半数以上,上榜22家;销售收入在15亿美元以上的5家厂商,全部来自美国,包括上文提到的赛默飞世尔。其余的上榜厂家中,日本和德国各有6家,英国和瑞士各有3家,中国企业的数量则是尴尬的0。若换成其他一些咨询公司和研究机构的结果,虽然统计口径和数据标准有所区别,但排名大同小异。毫不夸张地说,美日欧对全球精密仪器市场有着统治性影响。

在基础薄弱的同时,中国精密仪器产业发展势头也不容乐观。2017年至2019年,行业内规模以上企业数量从4358家增加至4451家,但行业整体营收却从9658亿元下降到7242亿元;产业集中度也很低,仍以中小型企业为主导,年营业收入超过50亿元的企业凤毛麟角。涉足精密仪器的上市公司共计38家,合计营收仅为377亿元,市场占有率仅为5.22%,高度碎片化的市场格局也使企业向上突破难上加难。

反观国际巨头,则通过频繁的并购重组,在一步步形成和固化既有的寡头垄断格局。头部厂商丹纳赫近30年并购超过400次,赛默飞世尔则每年将开支的60%～75%用于并购重组。通过这样经年累月的行业整合,目前国际精密仪器巨头普遍横跨多种检测应用领域。比如赛默飞世尔,PCR仪不过是其众多产品线之一。在医疗、生命科学等多个产业所需的检测仪器上,赛默飞世尔都有较强布局。

中国精仪行业何以积弱

在国际巨头通过并购重组，集中度日益提高的同时，国内精密仪器企业则长期被锁死在规模小—技术差—人才流失—市场萎缩的恶性循环之中。

国内企业实力不强，直接导致行业整体薪资待遇低，人才流失严重。以清华大学精仪系为例，该系 2018 年签订三方协议就业人数共计 55 人，绝大部分进入科学研究和技术服务业、软件和信息技术服务业、大中型制造企业以及军工单位等，只有不到 10% 的毕业生去往对口企业。有业内人士曾感叹："这个专业的同学多数转行，极少留在这一行。"

中国精密仪器产业之所以长期"积贫积弱"，并不是行业参与者认识不到它的重要性，恰恰相反，863 计划的倡议者、中国科学泰斗王大珩院士就曾明确指出，精密仪器看似"配角"，实为"核心"。"仪器是认识世界的工具。这是相对机器是改造世界的工具而言的，而改造世界是以认识世界为基础的。"要生产出最尖端的产品，离不开最先进的仪器。比如加工纳米级零部件，就需要有高于纳米级尺度的测量仪器。王大珩老先生还强调，精密仪器"是工业生产的'倍增器'，是科学研究的'先行官'，是军事上的'战斗力'，是现代生活的'物质法官'"。

王老的总结，精确概括了精密仪器对国民经济、科学研究和国家安全的重要作用。而近十年来，随着中国制造业产业升级速度加快，各行业高端仪器的需求也正如王老的预言出现了飞速增长，精密仪器产业越来越成为中国产业升级的核心瓶颈之一。

国内有识之士的重视，长期以来并未带来行业生态的良性变化，原因在于，产业始终缺乏改变"造不如买"局面的发展契机，因为这种改变需要有愿意承担试错和迭代成本的终端用户集中涌现。而以往承担这一任务的科研厂所，由于项目需求紧迫，只能抓大放小。为了保整机开发，国产精密仪器配套的开发只得被迫先"缓一缓"。

年复一年的"缓一缓"，就让国产精密仪器陷入了一个恶性循环：没有用户愿意承担试错成本，当国产精密仪器的"小白鼠"。这导致产品很难从图纸上落地，走向市场，更无法指望通过分析用户长期大量的反馈，不断迭代优化，改进性能。而国产仪器性能不如进口仪器，又让用户更不愿意尝试接纳国产仪器。

进一步分析，精密仪器产业还有一个特殊之处，那就是与基础科学的天然联系。事实上，精密仪器产业的兴起和蓬勃发展，与第二次世界大战后美国的"科学热"有直接联系。在那个信奉技术乐观主义的时代，人们相信已经找到了科学昌明的普遍方法论，只要循着基础科学—现象应用的线性轨道，就有无穷无尽的创新成果等待人类去拾取。以凡尼瓦尔·布什（Vannevar Bush）的报告《科学：无尽的前沿》（*Science：the*

Endless Frontier）为标志，当时美国学术界与工业界，以堪称迷信的热情，在现代科学几乎所有细分领域挖掘应用潜力，大公司建设工业实验室招募科学家，或者科学家携其开发的新技术成果"下海"，在当时都蔚然成风。对基础科学现象的实验与测量，极大地推动了精密仪器产业的发展。比如家喻户晓的核磁共振仪，已经成为今日主流的非侵入式医学成像工具，并且发展为一个相对独立的细分产业。其起源同样可以追溯到这一"科学热"时期。德国放射化学家和物理学家奥托·哈恩（Otto Hahn）发明的测量装置，最初用于检测原子自旋回波现象，经过算法、现象学等方面 20 多年的配套知识积累演进，于 20 世纪 70 年代出现了核磁共振仪这一产品化应用。1973 年，石溪大学学者保罗·劳特布尔（Paul Lauterbur）发布了第一张核磁共振对活体扫描图像。

本节多次提到的赛默飞世尔公司，也是类似的大学基础研究成果转化产物。20 世纪 50 年代，麻省理工大学博士生乔治·哈索普洛斯为其热力学相关论文发明的试验装置，被哈佛商学院毕业生皮特·诺米库斯看中，皮特邀请乔治共同创立了热电子公司进行相关成果产品化。热电子（Thermo Electron）公司即为赛默飞世尔的前身。

从以上分析不难看出，精密仪器产业的巨头们，普遍依托于其母国深厚的基础科学研究资源，并加以成功的技术成果转化。而在中国，由于长期以来基础科研的欠账，以及高校科研院所在技术成果商业化上的保守，这一普遍发展路径难以生根。

"逼上华山一条路"的价值

美日欧精密仪器在中国市场的统治性地位,并不利于我国的基础科研能力提升,导致我国在技术安全方面也存在着被卡脖子的隐患。就在不久前,开拓精密仪器制造有限责任公司受到美国制裁,被列入实体清单,说明想要遏制中国发展的一些势力也已经注意到了在精密仪器这一领域兴风作浪的空间。

面对这样的市场格局和国际形势,中国精密仪器产业能否实现突破,又该怎样实现突围?

首先应该看到的是,中国精密仪器产业发展近年来已经出现了积极的变化,在主要的制造业门类技术水平大幅提升后,国家层面也有了足够的精力关注相对"小众"的精密仪器产业,许多鼓励引导国产替代、关键技术攻关的政策相继出台,国家重大科技专项等扶持资金也开始向相关产学研机构倾斜。在有力的国家产业政策引导下,资本也正在涌入这个行业。通过科创板等现代化的直接融资机制,已经有不少国内精密仪器上市企业获得了有力的资源支撑,在细分产品上正在大踏步赶超世界水平。

另外一个有利条件,则是中国先进制造业的崛起,为精密仪器产业的向上突破创造了更理想的跃升基础。归根结底,精密仪器之所以精密,除了基础原理之外,还取决于其元器件的设计、工艺、材料所能够达到的水平。举一个直观的例子：最简单的重量测量仪器天平，除了对杠杆原理的应用，其测量精度也取决于砝码、力臂等的铸造加工精确性。并非基础科研中心的瑞士，能够在全球精密仪器产业占据一席之地，就是凭借该国精密制造的卓越能力。中国高端制造、精密制造的能力发展，也正在有力反哺精密仪器产业。

当然，宏观环境的好转，并不能代替产业界自己的努力。中国精密仪器产业，需要一批有敏锐企业家精神和精益求精产品追求的带头人。本节开头提到的PCR检测仪领域，就在近几年涌现出多支国内科研团队，相继实现了不同路线的技术突破。比如西安交通大学的蒋庄德与彭年才教授，他们攻坚克难，甘坐冷板凳十余年，在国家支持下，终于突破了荧光PCR仪国产化的一系列核心技术，在疫情期间国内设备需求量大增之时，顺利进入不少此前被国外厂商垄断的用户市场。假如外部卡脖子风险显性化，中国精密仪器产业或许将因祸得福，突破更多此前被国外厂商"严防死守"的竞争壁垒，未来前景可期。

类似的事例，已经在很多国防军工等敏感技术领域一再上演，例如本书后续章节中将剖析的北斗卫星导航系统，其关键部件原子钟，就曾经受到过卡脖子的羞辱。原子钟，是用于时间计测的精密仪器，利用原子振动的基础物理现象，可以达到前所未有的计时精度，相当于每运行2 000万年，误差仅1秒。北斗二代系统立项之初，我国原子钟技术还几近空白，星载设备成品不得不选择从瑞士进口。在严密的巴统体系封锁下，我国只能得到性能上落后几代的低档产品。随着中欧在卫星导航领域的合作被美国人"盯上"，甚至连这样的低档成品进口也难以为继。

被逼上华山一条路的中国人，爆发出巨大的内生发展能力。中科院武汉物理与数学研究所、中国航天科技集团空间技术研究院、航天科工集团二院203所等单位，联合对星载铷原子钟一系列关键技术开展攻关。2005年，国产星载铷原子钟工程化初样鉴定机交付。北斗二号用上了国产原子钟，其性能与进口相当。在实现了星载原子钟从零到一的突破后，国内院所多点开花，在不同技术路线上实现了原子钟技术的进一步深化发展。反观欧洲，其高端原子钟反而在伽利略系统上故障频出，甚至出现过全系统停机这样的罕见事故。

总体而言，中国精密仪器产业发展的宏观政策环境已经冬去春来，产业配套环境也已经在不长的时间内发生了巨大变化，精仪产业人奋斗的奔头和干劲也随之越来越足。我们有理由预计，中国精密仪器产业，未来将有许多新的惊喜与突破呈现在世人面前。

第 16 章　小小的轴承，大大的隐忧

几乎所有的科技工业强国，无一例外都是轴承设计、研发及制造强国。

近年来，我国轴承钢的产量持续位居世界第一，出口量逐年上升，同时生产工艺及产品质量也位居全球前列。既然国产轴承钢如此优秀，那国产轴承是否也达到世界前沿的水平了呢？现实并非如此。虽然中国轴承工业总体量在全球市场占有重要地位，但高端轴承产品却一直严重依赖进口，成为被卡脖子的技术领域之一。而在轴承钢、轴承两项产业环节发展倒挂的背后，隐藏着中国轴承工业的重要弊病及相关机理。

分清轴承与轴承钢

需要注意的是，国内媒体在提到卡脖子技术时，经常将轴承钢列为被卡脖子的技术之一。这一说法失之偏颇，不利于国内政府决策和相关部门组织技术攻关。目前，由于国产轴承质量与国外领先水平差距较大，我国在航空、高铁、机器人、计算机、空调器、精密机械、大型轧机和盾构机等产业所用高端轴承确实主要依赖进口。基于此，找准轴承工业的发展痛点才能对症下药，并成功探索出路。

轴承是各类机电产品的基础部件，主要功能是支撑机械旋转体，降低其运动过程中的摩擦系数并保证其回转精度。当前，随着科技工业的进步及发展，轴承已广泛应用于国民经济的各个领域，比如人们常见的洗衣机滚筒、手机振动马达、电脑散热风扇，以及高端的航空航天、轨道交通、工程机械等。简而言之，凡是机械设备旋转的部分几乎都需要轴承。因此，轴承的品种品类也极为多样，其中按不同性质划分，包括滚动轴承、滑动轴承、关节轴承、深沟球轴承以及推力球轴承等。

轴承虽然看似不起眼，但被称为"机械的关节"，是现代机械设备中不可缺少的一种基础零部件，对机械装备的性能、质量和可靠性都起到决定性影响。与此同时，轴承的工作条件也十分复杂，一旦有轻微的凹坑、划伤等缺陷，都可能会影响装备产品的机械性能。尤其是应用在各类发动机中的高端轴承，通常承受着各种各样形式的应力、高密摩擦与超高温等苛刻工况，堪称一直在"炼狱"中工作。因此，高端轴承要达到精度、性能和寿命等性能要求，就必须采用高质量和高可靠性的轴承钢材料。

具体而言，轴承的结构特点和工作条件要求轴承钢材料必须具备高的硬度、耐磨性、接触疲劳强度、弹性极限，以及良好的冲击韧度、断裂韧度、尺寸稳定性、防锈性能和冷热加工性能等。为保证这些性能，轴承钢的冶金质量必须满足精确的化学成分控制、特别高的纯净度、极低的氧含量和残余元素含量，以及避免出现内部疏松、偏析、显微孔隙等要求。基于此，轴承钢便成为所有合金钢中生产难度最大、质量要求最严格、检验项目最多的钢种，不仅被誉为"钢中之王"，更代表着一国冶金行业的水平。

在主要指标上，轴承钢的超高性能和超长疲劳寿命是保证轴承在规定使用条件下，具有足够的安全性、可靠性和使用寿命的必备条件。而评价轴承钢质量的关键指标是材料的纯净度和均匀性，即钢中氧含量、非金属夹杂物含量及尺寸、碳化物不均匀性等。其中，纯净度要求轴承钢材料中的夹杂物、氧含量尽量低，均匀性则要求材料中的夹杂物和碳化物颗粒细小、弥散。在我国，根据化学成分、性能及工艺等划分，轴承钢被分为四大类，包括全淬透轴承钢、渗碳轴承钢、不锈轴承钢和高温轴承钢。

纵观全球，轴承钢的发展已有 100 多年历史。早在 1865

年,在第二次工业革命推动下,首个铬钢专利诞生。1901 年,西方国家已开始使用高碳铬钢和 1％碳钢等。4 年后,1％碳－115％铬的经典轴承钢材诞生。而在第一次世界大战结束时,随着汽车、航空等现代工业发展,西方国家建立了轴承钢检验标准,从而推动轴承钢质量提高。同时,机械工业的发展使轴承应用面拓宽,轴承设计者选用不同淬透性能的轴承钢,促使高碳铬轴承钢系列化。到了 20 世纪 40 年代,轴承开始真正专业化、产业化发展。尤其是机械制造业迅速发展,对轴承的性能要求不断提高,如需要满足高温、高速、高负荷和耐蚀等苛刻条件。

可堪大任的中国轴承钢

为了满足轴承产业发展需求,西方国家相继研制了一批具有特殊性能的新钢种,包括高碳铬轴承钢、渗碳轴承钢、不锈轴承钢、高温轴承钢等。其中,由于性能良好、生产简便及价格较低,高碳铬轴承钢在全球得到广泛使用,每年的生产量占世界轴承钢总产量的 80％以上。自 20 世纪 80 年代起,军工尖端技术和新技术、新工艺及新装备的开发和应用,进一步促进了轴承工业的发展。同时,经济的全球化更推动了轴承钢标准的国际化。于是,美国、日本、瑞典等国先后组建高速度、高质量的轴承钢标准化生产线,从而促使轴承钢产量猛增以及钢的质量实现划时代突破,并在全球奠定了长期领先的行业优势。

相比之下，中国轴承产业发展比西方晚了近半个世纪。1950年前后，中国仅能生产高碳铬轴承钢，重要的轴承全部从苏联进口。自60年代起，我国开始推进轴承钢钢种、冶炼及热处理等方面的自行研究和开发，从而建立了轴承产业的发展基础。其中包括开发出高温轴承钢、不锈轴承钢、渗碳轴承钢，以及原子能等尖端科技装备和仪表用的特种轴承钢材料等。在七八十年代，为适应计算机、机械制造和宇航仪表等产业发展，中国又围绕轴承钢的生产工艺、技术装备和检测仪器等进行全面改造。不久后，基于GCr15类高碳铬钢材生产的轴承氧含量和接触疲劳寿命就达到了同期进口产品水平。

但从整体上看，国产轴承钢生产仍存在炉容量小、全部模铸、轧制及热处理工艺落后等问题，钢材表面质量、尺寸精度也没有同步提高，与国际水平尚有较大差距。可喜的是，这种状况迅速得到了改善。自90年代起，在政策扶持、技术引进和企业市场化改革推动下，我国轴承钢生产开始对标国际先进水平，具体包括钢厂炉外精炼技术趋于成熟、电炉容量趋于大型化、广泛应用连铸及钢材纯洁度显著提高等，并逐步实现了专业化、现代化的高质量生产。进入21世纪，国内企业开始向世界顶级的轴承公司提供钢材。而如今，中国的轴承钢产量已连续十年居世界第一位，并大量出口国外。

相对于轴承钢产业，国产轴承的进展似乎逊色不少。改革开放以来，我国通过引进、消化和吸收，实现了大部分高端装备制造的国产化，但高端轴承的国产化问题一直没有完全解决。根据中国轴承工业协会的统计，中国生产的轴承件套数约占全球的一半。但与日本、瑞典和美国的高端产品相比，国产关键轴承的差距主要体现在使用寿命、可靠性与承载能力等方面。因此，目前国内的高铁、高端冶金轧机、风电装备，以及航空航天等重要领域的关键轴承，均依赖自外国进口或在华外资企业的产品。毫无疑问，这已成为制约中国装备制造业发展以及产业结构优化升级的关键瓶颈之一。

一个国家轴承的需求量与国民生产总值保持一定的关系，而轴承钢的生产能力和水平又是轴承工业发展的关键制约因素。2018年，由于高端轴承钢依赖进口，国内媒体便将高端轴承钢列为我国被卡脖子的技术之一。同期，中科院山东综合技术转化中心常务副主任在调研了东三省、浙江、山东等地区后得出一个结论：中国高端轴承依赖进口的最大问题出在材质上，"没有好钢，永远造不出高端轴承"。随后，这一论调成了主流认知。如今，几年时间过去，轴承钢卡脖子的说法仍然广泛传播。但国产高端轴承的关键技术瓶颈是否就是轴承钢不过关，可以参考轴承及轴承钢的相关进出口数据。

首先看轴承的进出口情况。数据显示，2019年中国轴承规模以上（销售额大于2 000万元）企业营业收入为1 770亿元，去除外资企业营业收入约440亿元，自主企业的轴承业务收入约为1 330亿元，约占世界轴承销售总额的24%。而同期我国轴承出口额（含外资出口）为53.21亿美元，仅占世界外部市场8.7%。2019年，德国舍弗勒销售额达到114.27亿欧元，而瑞典斯凯孚销售额为860.13亿克朗。这意味着中国虽然生产了全球最多的轴承，但是年营业收入仅与舍弗勒或斯凯孚一家轴承企业的水平相当。从中可以看出，我国轴承行业对全球轴承产业而言几乎无足轻重，而且亟待提高高端产品的竞争力。

其次看轴承钢的进出口情况。根据海关统计的数据，2015年，中国进口轴承钢仅1.57万吨，其中1.54万吨是国内的日资轴承企业从日本关联钢厂进口的。也就是说，国内企业真正进口的轴承钢只有数百吨。此后，虽然没有详细的海关数据，但据相关部门估计，中国轴承钢进口量每年也仅为3万~4万吨。反观出口方面，近年来，包括兴澄、大冶、宝钢、石钢等特钢企业每年直接出口至国外和外资轴承企业的轴承钢近百万吨，且呈现稳步增长趋势。这些用户包括斯凯孚、舍弗勒、NTN等世界顶级轴承制造商。其中，兴澄特钢2020年共生产96.5万吨轴承钢，有63万吨卖给了日本、瑞典等国的轴承企业。

如果说国产轴承质量提高的关键技术瓶颈是轴承钢，那为什么中国轴承企业不进口高质量轴承钢，进而生产高水平的轴承？为什么中国的轴承钢反而大量出口给国外知名轴承企业？答案显而易见。长期以来，国内轴承企业生产的轴承与国外差距较大，售价因而低了很多。这种发展模式的结果是：企业只能通过进一步压低成本和售价来占据市场，却在微薄的利润下无法通过技术升级进行换血再造和品牌建设。与此同时，国内一些特钢企业也更愿意将高质量的轴承钢以较高的价格出售给外资企业。在这样的产业恶性循环中，国内轴承、轴承钢企业扮演的都只是相对被动的角色，而且缺乏充分的产业话语权。

轴承突围，可以从轴承钢学到什么

整体看来，国产高端轴承的技术瓶颈还在于产业发展无法升级突破。事实上，中国轴承钢技术曾经遭遇国外封锁，但通过产业界的不懈奋斗，已经基本实现了技术自立。20 世纪 90 年代，中国的高端轴承钢研发、制造与销售都被瑞典斯凯孚、美国铁姆肯等世界轴承巨头垄断。它们在中国的山东、浙江等地建立起生产基地，采购属于低端环节的材质并运用核心技术制作高端轴承钢，然后再以十倍的价格卖出。即便如此，中国为了发展高端装备制造业，也不得不接受它们高昂的价格。但随着中国工业转型升级的步伐加快，自主制造高端轴承钢迫在眉睫。

于是，在产业界共同努力下，中国先后攻克轴承钢技术、工艺和生产中的诸多问题，交出了高水平答卷。其中，在科技部和江苏省等方面支持下，兴澄特钢经过十余年艰苦攻关研制出了高端轴承钢，使得轴承钢氧含量控制在小于 5ppm 的世界先进水平，同时粒径大于 $2\mu m$ 的夹杂物指数小于 1.0，指标亦是世界领先。而在通过极为严苛的国际测试认证后，兴澄特钢与瑞典、德国、日本等国的世界一流轴承制造商达成多项出口供货合作,并且连续十年被斯凯孚评为"杰出供应商"、连续七年被日本 NSK 评为"优秀供应商"。与此同时,兴澄特钢还迅速崛起成为中国最大轴承钢企业,年产量已占全国轴承钢总产量近 1/4。

兴澄特钢的脱颖而出是中国制造业优质企业成长的典型样本。20 世纪 90 年代初,它还是一个装备简陋、管理粗放,年产量不满 20 万吨的地方小厂。但自 1993 年与香港中信泰富有限公司合资办厂后,兴澄特钢就把发展方向定位于生产全球最优质的轴承钢。目标虽然有了,可研发高端轴承钢绝不是一件容易的事。此外,当时一些能生产高端轴承钢的外国企业也对中国企业实行技术封锁,导致兴澄特钢走了一些弯路。但困难并没有吓倒他们。针对卡脖子难题,科研团队立足自主创新,敢于打破传统,挑战西方"权威",实现"普转优""优转特""特转精"的不断升级,进而取得系列成就。

21 世纪初,当国内主流钢厂还在用模铸和电渣工艺生产轴承钢时,兴澄特钢顶住压力上马连铸,并用连铸轴承钢叩开了瑞典斯凯孚的大门,成为进入斯凯孚采购"绿色通道"的首家中国钢铁企业。2016 年,兴澄特钢再次打破电渣轴承钢被国外垄断的局面,通过了中国铁路总公司 CRCC 认证,成为国内首家也是唯一一家采用"真空脱气+连铸"工艺生产铁路货车轴承用钢的钢厂。如今,法国高铁等多个国家铁路公司也均将兴澄特钢的轴承钢纳入采购名录。此外,兴澄特钢还牵头承担国家十三五重点研发计划课题"轴承钢冶金质量控制基础理论与产业化关键共性技术研究",与钢铁研究总院等共同攻关。

值得注意的是,对于制备轴承钢,中国还取得了另一项重大工艺突破。以往,在炼钢过程中加入稀土,就能使原本优质的钢变得更加"坚强"。但添加的成分、比例和工艺,一直是世界轴承巨头的核心秘密。20世纪80年代,我国曾掀起稀土钢的研发和应用高潮。但加入稀土后,钢的性能变得时好时坏,大规模生产过程中也极易堵塞浇口。此后,由于一直没能突破相关技术瓶颈,稀土在钢铁行业的应用逐渐由热变冷。直到2018年年初,基于十余年研究,中科院金属研究所终于掌握稀土炼钢的核心技术,突破了稀土钢应用的卡脖子技术瓶颈。目前,中国的科学家们将稀土轴承钢中影响疲劳寿命的大尺寸夹杂物数量减少了50%。

但是,我国轴承钢技术发展进步巨大、不再受制于人,并不意味着可以高枕无忧。一方面,从轴承行业的视角看,国产轴承钢部分达到国际先进水平,但在高端领域、服役性能方面仍有一定差距。比如,一些标志性轴承钢仍需进口,特殊领域、极端工况条件下轴承钢的服役性能较西方也相对逊色,等等。另一方面,我国轴承工业与西方差距更大,其中主要体现在产品应用、技术水平和企业发展战略等方面,即产品缺乏高端应用,技术尚未实现根本性突破,以及企业战略通常较为短视。

总体而言，要改变高端轴承对外依赖现状，实现国产化突破，首先需要借鉴国外先进轴承企业经验，实事求是地找到国产化的技术瓶颈。作为工业制造的基本零部件，轴承的寿命和可靠性依赖于设计、制造装配、热处理、润滑和材料等诸多环节，而轴承钢只是其中一环。例如，在轴承设计方面，国外先进轴承企业普遍采用有限元仿真软件，其中集成了各种材料的大量数据以及自身积累的疲劳性能数据等。而国内轴承企业并没有形成有效知识积累与系统集成，因而在设计上与国外的差距越拉越大。

其次，要突破高端轴承卡脖子技术瓶颈，就需要轴承和特钢行业等多方密切协作，共同推动产业发展及升级。一方面，只有通过不断深入的联合基础研究及归纳总结，才能对材料提出具体而准确的要求，从而形成轴承设计和制备的知识储备和技术来源。另一方面，推进与下游应用的深度合作同样至关重要。目前，国内一些轴承企业在中低端市场争得头破血流，而高端领域却少有涉足。鉴于此，为提升自身及产业发展水平，各方应积极协作，与上下游共同创新技术和商业模式，同时避免恶性竞争。

最后，针对当前国内轴承产业的各种问题，还需要抓住主要矛盾。比如在各方协作中，尤其是轴承厂和钢厂的合作，重点应以提高轴承寿命为抓手进行相关技术研发，因为寿命是轴承质量参考的最重要指标。而在合作过程中，各方更要避免相互推诿，不能一出现轴承寿命短的问题就简单归咎于轴承钢质量不过关。换句话说,轴承厂和钢厂在提高轴承服役寿命上应目标一致,并基于各自大量的疲劳试验数据,共同进行充分科学论证、研究并导出结果。这将有助于中国加快突破高端轴承的技术瓶颈。

环顾当今世界,几乎所有科技工业强国,都是轴承设计、研发及制造强国。而我国之所以还不属于严格意义上的科技工业强国,一个重要表现就是轴承产业大而不强。显然,轴承制造是一项复杂的系统工程,而且每一个环节和步骤都十分重要。基于此,我国应团结产业链力量,建立从原材料设计到轴承研发应用的全流程创新平台,以打造出具有自主知识产权的轴承钢和轴承系列产品,进而打破国外对高端轴承的垄断。这可能无法一蹴而就,需要艰苦奋斗数年,但团结就是力量,而这种力量就是国家最好的钢铁!

第 17 章　豪华邮轮：
制造强国的重要一环

目前，豪华邮轮建造基本被意大利、德国、法国和荷兰四个欧洲国家垄断。

在船舶设计领域有一句俗语：造船业皇冠上有三颗明珠，分别是航空母舰、大型液化天然气（LNG）运输船和豪华邮轮。时至今日，世界上还没有一个国家能集齐这三颗明珠，中国也不例外。虽然我们已经建成了航空母舰和 LNG 运输船，但在豪华邮轮方面还是空白。不过，这个历史很快就要改变了。中国很可能在不远的将来，成为第一个集齐这三颗明珠的国家。

邮轮的前世今生

邮轮是一种大型远洋载客船舶。在那个无法依靠飞机出行的年代，大型客轮是远渡重洋的最佳工具。由于除了载客，往往还要承担跨洋运输邮件的任务，所以它被称为邮轮。随着民用航空业的发展，邮轮逐渐失去了独有的运输人员和邮件的物流功能，更多地被用于旅游休闲，开始朝豪华化、大型化的方向发展。

正是因为人们对舒适性的极限追求，豪华邮轮逐渐成为一个国家船舶设计水平的代表。当今世界的民用造船业几乎已经被中日韩三国完全垄断，但中日韩却都没有独立建造一艘豪华邮轮的能力。目前，豪华邮轮建造基本被意大利、德国、法国和荷兰四个欧洲国家垄断。意大利芬坎蒂尼造船厂、德国迈尔造船厂、法国大西洋造船厂和荷兰阿克尔造船厂，拿下了全球90%以上的订单。

和超大型邮轮（VLCC）/LNG运输船等工业用高附加值船舶相比，豪华邮轮船体上的技术难点并不算多，为何中日韩这三个造船巨头都造不出来呢？原来，豪华邮轮考验更多的是传统船舶设计领域之外，广义工业设计的综合能力。一旦一国能够造出豪华邮轮，就意味着其在常见商用、消费工业品的技术、功能和造型设计上，都已经达到了领先水平。

这种突破不仅仅在商业上有价值，甚至在军用领域也有实用的价值。大型武器装备都有人机功效的考量：士兵在坦克中乘坐更舒适，战斗力也就能发挥得更好。曾经很多苏式装备就被人抱怨过于强调性能而忽视了使用者的舒适性。对于长期漂泊在海面上或水下的舰艇而言，这方面的要求只会更高。

1937年，日本重巡洋舰前往英国参加英国女王加冕典礼，当时英国媒体评价称"这才是重巡洋舰，我们的只是武装邮轮"。原因是，日本军舰的排水量更大——意味着空间更大，但英国军舰的居住条件更好。虽然英媒当时看似自谦，但实际上，在远洋航行情况下，居住条件对维持官兵的作战能力极为重要。

近年来，各国护卫舰、驱逐舰越造越大，尺寸已经接近巡洋舰，但乘员数量却越来越少。这和军舰的自动化程度提高有关，但同时也大幅提升了使用者的生活体验，保证了军队战斗力。正在走向大洋的人民海军也是如此，我国新一代的驱逐舰、两栖攻击舰，甚至航空母舰上，人机功效都有大幅度的提高。

豪华邮轮虽然不是军舰，但关键时刻可以用来撤侨、运输人员。第二次世界大战时，英国豪华邮轮玛丽皇后号就被英国政府征用，运送了大量的人力和物力资源到欧洲战场。与此同时，豪华邮轮搭载的先进动力系统，也对其他船只有着巨大的参考作用。

邮轮产业版图的变迁

豪华邮轮的辐射带动作用如此之大，其他国家也不是没想过拿下这颗明珠。2002年，日本的三菱重工就争取到了嘉年华钻石公主号和蓝宝石公主号的建造任务，但建造过程中的火灾事故使项目严重拖期，导致其巨额亏损，不得不宣布退出邮轮制造业。2011年，恢复元气的三菱重工百折不挠，再次从邮轮运营公司嘉年华低价竞得两个大单，但接下来的项目实施，再次让三菱重工折戟沉沙。由于缺乏经验，大量的设计变更导致制造费用急剧增加；建造过程中还多次出现生产问题和火灾事故，连最重要的发动机也在验收时无法过关。经过多次延期，直至2016年才完成试航，交付用户。三菱重工在该项目上亏损高达24亿美元，而这两艘邮轮原本估计的造价也不过8亿美元，三菱重工的损失可谓惨重。该项目结束后，三菱重工成立调查委员会分析失败原因，最后得出结论：造船厂在建造豪华邮轮的工程和设计方面自视过高。痛定思痛，三菱重工决定未来不再涉足10万吨以上的豪华邮轮建造业务，转向中小型邮轮和客滚船建造，彻底和豪华邮轮说了再见。

豪华邮轮建造不仅使日本这样的新兴工业强国铩羽而归，甚至还能决定一国造船业的兴衰。曾经的海洋霸主、曾为世界第一的造船强国英国的遭遇就说明了这一点。作为豪华邮轮的发源地，英国历史上一度打造出泰坦尼克号、玛丽皇后号、卢西塔尼亚号、毛里塔尼亚号等让世界惊叹的豪华邮轮。可现在，这些都已经成为历史，英国卡纳德邮轮公司（隶属于嘉年华集团）旗下的玛丽皇后二号需要由法国船厂帮忙建造，这是为什么呢？

其实，英国一直相当重视造船业的发展。20世纪初期，英国造船行业的产量占全球一半以上，泰坦尼克号、玛丽皇后号、卢西塔尼亚号和毛里塔尼亚号等豪华邮轮都诞生于这一时期。当时的英国是不折不扣的"世界工厂"，全世界生产的谷物和原料通过航运源源不断地进入英国，而英国生产的工业制成品则被运往各个殖民地，巨大的航运需求保障了英国的造船能力。这一霸权一直延续到20世纪50年代。

能打败一个霸主的，只有它自己。两次世界大战之后，英国丢失了大部分殖民地，而其他强国也都拥有了自己的运输能力。需求的锐减让英国的造船量明显下降。雪上加霜的是，曾经的霸主地位留下的不仅有荣光，也包括官僚化的造船机构和陈旧的生产技术。在欧洲大陆国家、日本纷纷转向现代造船技术时，英国仍在墨守成规。第二次石油危机成为压垮骆驼的最后一根稻草。当时，全球造船业大萧条，而英国手上的订单更是暴跌九成。

此后的英国先后经历了工党和保守党轮流执政。前者在台上时推行造船业国有化，后者上台后又开始推行造船业私有化。这番折腾让英国造船公司损失惨重，主要商船造船企业除部分关闭外，全部被挪威企业收购，而这一时期恰恰是现代豪华邮轮的萌芽期。

法国大西洋造船厂在1983年开始建造现代豪华邮轮汤姆逊庆典号（Thomson Spirit）。其实，当时这家造船厂的境遇并没有比英国同行好多少，多次濒临破产。但在第二次石油危机发生前，它就改进了造船设备，并新建了当时顶级的大型船坞。尽管这一船坞在危机爆发后空置了好多年，但它的存在成功帮助大西洋造船厂拿到了现代豪华邮轮第一单，打响了翻身第一仗。

随后，全球豪华邮轮行业迎来大发展，我们熟悉的邮轮公司嘉年华、皇家加勒比和诺威真纷纷开始打造自己的邮轮船队。德国迈尔造船厂、意大利芬坎蒂尼造船厂也开始加入这一行业。但设备陈旧、理念落后、内耗不断的英国，却彻底错过了这个历史机遇，英国的造船业也随之沉沦。目前，英国造船业只能建造一些小型船舶，英国船队的总吨位也只有1 000万吨，只占世界总量的1%。

邮轮建造难在哪里

那么，建造豪华邮轮到底难在哪里？这需要从邮轮的建造过程说起。和其他船只一样，邮轮的建造一般从铺设龙骨开始算起。龙骨是船最重要的承重结构，位于船的底部。有趣的是，邮轮的建造过程其实比铺设龙骨要早很多。现代邮轮，几乎都是采用总段建造技术（block construction）建造，也就是说它是由许许多多巨大的模块（block）组成的。你可以把这些模块想象成一块块乐高积木，只不过这些积木每块都重达几十吨甚至上百吨。它们预先在专门的工厂被造出来，再运到造船厂的船坞里进行组装。一艘邮轮，往往由 70 到 80 个模块组成。模块则是由无数钢板和预制块组成的。

一个模块的建造流程是这样的：工人首先对钢板进行防腐蚀处理，然后将钢板切成合适的尺寸，由机器人焊接成模板。将不同尺寸的模板焊接在一起并装上支柱和外立面，铺设电路和管线，预制块就诞生了。最重的预制块可以重达百吨。再将数个预制块焊接在一起，一个模块就诞生了。

船厂通过船坞上方来回移动的起重机，将各个模块依次放置到各自的位置，船身就被搭建起来，发动机推进器也在这一阶段被组装起来。经过一年左右的"搭积木"过程，船体就完成了。在这之后，干船坞会被蓄上水，将船体泊出船坞，邮轮开始航行测试。有没有发现，这看起来和大型军舰、LNG 运输船的建造过程差不多？那么，建造豪华邮轮和建造其他船只到底有何不同？

原来，豪华邮轮并不仅仅是一艘船。从某种意义上来说，它更像是把一座超豪华的酒店搬运到了一艘大船上，因此，不仅仅是船体制造，更是高端旅游度假设施的整合。虽然这些年中国在大型船舶的建造上突飞猛进，在船体建设上有较高把握，但邮轮运营设施的设计和装修经验仍然可以说几乎没有积累。

与货轮更看重经济性不同,豪华邮轮的舒适性居于性能要求首位:数千名乘客在邮轮上参与各类休闲娱乐活动,要做到"如履平地",与设施完备的陆地酒店体验相当乃至更好。这就要求从船舶总体到动力、船型等分系统的设计,都要贯彻特殊的设计理念。

豪华邮轮和货轮的区别,集中体现在内舾,也就是船舶的内部装潢,这一环节占到了整个邮轮建造成本的 60%～70%。邮轮档次越高,这一成本占比越高。高成本的背后是高难度,虽然一艘邮轮看起来很大,但和陆地上的豪华酒店比起来空间小太多。如何在这些有限的空间内,布置出供好几千人居住和娱乐的设施?客房、剧院、露天泳池、水上乐园、酒吧、餐厅……一个都不能少。

和陆地酒店不同,船上使用的设备也不是随随便便一个工程队就能安装的。数以千计的配套设备都需要船东认可、船级社认证。就拿一块看似简单的木板来说,不仅要考虑重量、耐火性、耐腐蚀性,即便木板上的涂料也要经过船级社认证。而这些认证过的配套设备供应商,绝大部分在欧洲境内。前面提到的三菱重工巨亏,就有这方面的因素:供应商远隔半个地球,沟通协调成本显著增大。邮轮订货少,建造者还要长期承担人工维护成本。类似这样的因素大大增加了建造豪华邮轮的难度。有人说,一艘邮轮的舾装相当于几个五星级酒店的工程量,这并非夸张。

动力系统的研发同样是一大难题。大型豪华邮轮对动力系统的要求特别严格。例如，皇家加勒比旗下的豪华邮轮海洋绿洲号采用了全电推进，由 6 台瓦锡兰柴油发动机驱动，包括 3 台 16 缸发动机和 3 台 12 缸发动机。一台发动机的动力输出就相当于一个普通家庭一年的用电量。这么强的动力当然不只是用来发电的，船上各种设备——空调系统、家庭浴室甚至游泳池的运行电力都来自它们。这些都有着极高的门槛。安全和环保，也是拦在船厂面前的两座大山。如何逃生，如何降噪，如何防火，如何通风，都是巨大的考验。一艘豪华邮轮上往往有着成百上千个房间、数千名游客，如何更好地进行人员管理？在出现火灾或其他灾难时，如何妥善营救？2020 年新冠肺炎疫情发生，日本钻石公主号和美国至尊公主号两艘豪华邮轮出现了集体感染，更是敲响了邮轮应急风险管理的警钟。加上世界各国对环保日益重视，欧美国家对船舶污染物排放也提出了相当高的要求，这些都为邮轮的设计和建造增加了难度。加上船上密布的各种管道、电缆和消防系统，豪华邮轮的设计与施工可以说达到了噩梦级难度。

更进一步，工业美学也是设计的重要一环，既要体现出奢华尊贵，还要符合上述的工程要求，这种软科学层面的能力，往往体现的是一个社会长周期积累的文化成果和社会财富。东方国家在文化领域的话语权微乎其微，更直白地说，邮轮船东就是认可"欧洲贵族传统"，这足以成为横在后来者面前的巨擘。

与市场共成长的国造邮轮机会

除了上面罗列的因素，中国长期以来没有自建的豪华邮轮，还有一个不容忽视的原因，那就是中国的邮轮市场太小众，市场需求不足，自然导致船舶设计制造缺乏发展动力。虽然从千禧年后，中国的邮轮市场已开始逐渐发育，但有趣的是，中国游客与欧美游客的差别导致邮轮运营出现了明显差别。

在欧美，游客们上了邮轮往往开启狂欢模式，需要的是吃喝玩乐都能够在船上一站式解决。但中国游客似乎还仅仅把邮轮当成一种交通工具，在船上吃了睡、睡了吃，等待靠岸的时候一窝蜂涌下船，在海外港口城市购物，很少在船上进行非必要消费。因此，中国航线邮轮收入要比欧美航线低。另外，接待中国游客的成本较高，也加大了运营方盈利难度。

即使如此，愿意花上几千元在船上度过一周时间的国人，比例还是很低。国内邮轮乘客多是退休的老年人，年轻人很少。这就导致中国市场上的邮轮航线几乎是清一色的日韩短途航线，同质化严重。而邮轮公司也习惯了将邮轮舱位卖给旅行社，由代理商包团，大打价格战。因此，虽然不断有邮轮公司把新船投入中国市场，但往往过几年就撤出了，像诺唯真喜悦号、蓝宝石公主号等都是例子。近两年好不容易有些起色，新冠肺炎疫情又给了邮轮市场重重一击。

除了上述这些困难，中国制造邮轮还面临一大难题，那就是中国从来没造过豪华邮轮。你没造过，别人怎么相信你能造？连日本都失败了，那中国是否也该"明智"地知难而退，放弃这一工业产品的发展？答案当然是否定的。作为造船业的高附加值产品，成熟的邮轮制造业不仅能为船厂带来丰厚的利润，创造数千个工作岗位，更重要的是，它还能带动上下游产业链的发展，提高国内整体船舶制造水平乃至城市综合体建造运营水平，对经济的贡献不容小觑。

"有条件要上，没有条件创造条件也要上。"2018 年 11 月 6 日，中国船舶集团与嘉年华邮轮集团、意大利芬坎蒂尼船厂签订"2＋4"艘 13.5 万总吨大型邮轮建造合同。这是我国首次签订真正意义上的大型邮轮建造合同。次年，上海外高桥造船有限公司正式开工点火进行钢板切割，中国造邮轮开始进入实质性建造阶段。2020 年年底，首艘国产大型邮轮更是转入坞内连续搭载。

目前，该项目整体进展顺利，首制船详细设计和生产设计工作已步入尾声。截至 2021 年 5 月底，总段制作进度已达到 86％，船体合拢进度达到 62％。2021 年 12 月 17 日船体顺利起浮，向 2023 年 9 月份完工交付的总目标迈出关键一步。

据上海外高桥造船有限公司企划部副部长陈思介绍，设计方面，首制船详细设计和生产设计工作已步入尾声，二号船正在确认设计需求；建造方面，首制船机械处所已实现贯通，预计 9 月份完成全部总段的吊装工作；内装方面，首制船首批公共区域以及舱室预制模块已通过检验，目前正在开展舱室预制车间投产工作；采购方面，首制船基本完成全部采购工作，二号船采购策略制订工作正稳步推进。与此同时，其他各项事宜正在按计划稳步开展。

即将完工的中国首制大型邮轮，入籍英国劳氏船级社和中国船级社，船东为中船嘉年华邮轮有限公司，计划于2023年下海，总客房2 125间，一次出海可携带乘客5 000多人。整船的零部件，相当于C919大飞机的5倍、复兴号高铁的13倍；全船总电缆布置长度达到4 200千米，相当于上海至拉萨的距离；整船总工时相当于一艘同等吨位好望角型散货船的20倍。

仔细梳理这一项目可以发现，前面列举的种种可能的困难，中国造船企业都已经通过商务安排尽力予以规避和化解：下单的船东是中船集团和嘉年华邮轮集团成立的合资公司。建造则选择了和世界最大的豪华邮轮制造商芬坎蒂尼合作，2017年就引进了设计图纸；芬坎蒂尼还负责派员来华进行技术转让和培训，培育我们自己的供应链；英国劳氏船级社的加入，则可以弥补中国船级社的经验差距。

与此同时，国内的邮轮旅游市场也在加速发展。作为世界上新冠肺炎疫情控制最好的国家之一，中国的国内旅游市场已经开始恢复元气，随着疫苗的问世和普及，历经磨难的邮轮市场有望迎来复苏。可以预见，首艘国产大邮轮将和国产大飞机一样，成为中国制造强国之路上的重要里程碑，而高附加值的船舶设计与建造，也将成为中国造船业的未来方向。

第18章　高铁：残酷的技术竞争和政治角力

从全盘引进到走向全球市场。

2014年，美国《外交政策》网站曾以"高速帝国"为题，发表了一篇聚焦中国高铁的文章，文章指出："自从沙皇亚历山大三世建设跨越西伯利亚的铁路之后，还没有一个中央政府实施过像中国这样的雄心勃勃的铁路计划。"如今，中国国内高铁运营里程近4万千米，全球排名第一，中国成为第一个以高铁全面替代传统客运铁路的国家。获得这样的成绩并非一帆风顺，而是经历了无数波折与风浪。但《产经新闻》等国外媒体长期将中国高铁说成抄袭者。

意难平的日本

2010年，在京沪铁路线上，中国高铁创造了时速486千米的惊人纪录。可针对此事，日本相关专家和媒体的态度却耐人寻味。该国铁路与车辆出口协会负责人表示："中国人自称发展出以中国技术为基础的高速铁路，但这不是事实，这些列车使用的是日本新干线列车技术"。《朝日新闻》刊登题为"中国高铁走出国，威胁日本高铁"的文章，文章称："尽管日本新干线技术领先中国，但中国用低廉的价格诱惑买家。中国向海外大力推销高铁，是想借此扩大政治、经济影响力。"

欧美的媒体、学者，甚至上升到理论层面，重提哈尔福德·麦金德（Halford Mackinder，英国地缘政治学家，陆权论的提出者）。麦金德认为，随着陆上交通工具的发展，欧亚大陆的心脏地带成为最重要的战略地区。于是，就有了著名的麦氏三段论："谁控制了东欧，谁就能控制大陆心脏地带；谁控制了大陆心脏地带，谁就能控制欧亚大陆；谁控制了欧亚大陆，谁就能控制整个世界。"

受到传统地缘政治思维的影响，一些西方学者认为，中国高铁输出在地缘政治竞争中有特殊优势，可以不断缩短时空距离，促进更大的流动，更容易改变权力的分布、利益的布局。他们将中国的高铁外交归结为夺取资源、对外扩张，致使"中国威胁论"又有了新的土壤。

中国高铁产业的发展,是中国产业政策与经济发展模式的典型样本。

2020年11月,在广西防城港码头,一根50米长的钢轨被吊上邮轮,运往印尼。这根巨大的构件有何用途?答案是:用于修建东南亚第一条最高设计时速为350千米的高铁。这条高铁线路全称是雅万高铁,起点是印尼首都雅加达,终点是万隆。2015年,这个项目由中国竞得,是中国高铁成套技术整体输出的首个项目。可这样的成绩,让有的人不是滋味。日本《产经新闻》刊发文章,介绍中国复兴号高速列车。可文章在开头仅一笔带过"中国高铁时速达到每小时350千米",随即就开始以2011年甬台温动车追尾事故为背景,质疑中国高铁运营能力较日本有明显差距。更多的日本媒体,则在谈到中国高铁时流行一种论调,即中国高铁的基础技术主要来自日本,其依据是在2004年之前,中国还无法自主制造安全可靠的高速列车,订单需要对外招标,其中就有与日本川崎重工签订的技术引进合同。有关中国高铁技术是否原创的争论此后一直不断。"引进、消化、吸收、再创新"的说法,也让很多人误以为,中国高铁技术源头来自国外。可实际情况并非如此。

从消化国外技术到自主超越,靠的是中国铁路人前期的深厚积累。早在20世纪80年代末,中国就已经展开了建设高铁的讨论,之后自主设计开发出一批具有先进技术的高铁列车,比如"大白鲨":1999年5月,"大白鲨"从株洲电力机车厂驶出，车头蓝白相间，外形酷似放大版的子弹头；在广深线上测试时，"大白鲨"创造了每小时 223.2 千米的瞬时纪录。此后不到三年，该机车厂又先后研制出高速列车"蓝箭""中华之星"。后者在秦沈客运专线上，跑出了 321.5 千米的最高时速。原铁道部内部人士说过："在 20 世纪 90 年代的十年间，当时的国家科委、铁道部一共设立了 300 多个高铁研究课题，培养、涌现出近千名技术骨干，他们跟踪世界高铁先进技术，开展国产化研究。"

中国国内的技术进步，曾让川崎重工感到惊愕；在中国引进该公司高速列车初期，其认为，中方消化、吸收引进的成套技术，至少需要 16 年。中日双方曾计划在 2004 至 2007 年，一起联合设计高速列车。可就在此过程中，中方独立开发出时速 300 千米的列车。这是怎么做到的？回顾历史，从 1949 年算起，国内铁路装备工业从来没有忽视过自主正向开发，1956 年制订的"向科学进军"十二年科学技术发展规划提出：铁路牵引动力，要从蒸汽机车转向电力机车、内燃机车。之后，通过引进苏联的产品和专家，培养、锻炼自己的人才，从仿制开始，中国轨道交通科研生产逐渐起步。80 年代初，国内出版了一本题为"高速铁路"的书籍，里面写道，"曾经被称为衰老的客运工具'铁路'，因为高铁将获得新的生命契机"。仅仅过了十年，铁道部就开始布置高速铁路开发项目，而大规模技术引进还得等到 2004 年。

抄袭是个伪命题

既然国内当时已有高铁研发项目，为什么还要引进技术？因为铁道部布置了发展计划，但是在时限上不能让决策层满意。2003 年，提出的方针是"实现铁路跨越式发展"，短期内实现这样的目标需要有马上可用的技术，于是，大规模引进国外成品就成了可选项。涉及的国外厂家，除了日本川崎重工，还包括加拿大庞巴迪、德国西门子、法国阿尔斯通。严格意义上讲，这些引进是有限制的。首先，技术知识产权仍属于售卖方，中方只能在许可的范围内使用这些技术生产。其次，国内得到的产品技术资料往往只包括生产文件，而不包括设计文件，我们能够借此了解国外高铁的结构细节，却难以知晓总体设计的具体方法和工程诀窍。所以，中国高铁技术并非原创，其实是一个伪命题。将国外的高铁"黑箱"技术吃透消化，依赖的是几十年的正向研发经验积累。2011 年，中国自主研发的列车 CRH380 系列，投入运营，时速高达 350 千米，整车国产化率达到 85% 以上，被公认为当时世界上最先进的车型。从 2004 年引进技术算起，取得这样的成果，只花了 6 年的时间。如果只是单纯地抄袭国外产品设计，绝不可能实现这样的创新。

实际上，受当时的外部舆论环境所迫，出现了国内厂家造"假洋货"的情况，独立自主的优秀设计方案必须拉来外国专家在上面签字，才能被认可通过。有日本专家颇为无奈地表示："不是自己设计的方案，怎么去认可呢？"由此可见，"高铁原创"问题，在媒体哈哈镜的扭曲下，已经在舆论场上失去了其原有内涵与所指，成为两种不同价值观划线的工具。

前面讨论了高铁技术来源的复杂性，其实在 2004 年对外招标过程中，商务谈判同样上演了惊心动魄的剧情。在和川崎重工、庞巴迪、西门子、阿尔斯通四家巨头的谈判拉锯中，中方为了能获得切切实实的制造技术转让，在谈判策略上也煞费苦心。铁道部抛出了 140 列动车组订单作为诱饵，但给出的条件是必须由中国企业制造，而且该企业必须有国外合作方技术支持。这就意味着海外四大巨头要想拿到订单，必须和中国企业合作，通过技术转让，和中国企业共同参与投标。巨大的"市场换技术"诱饵面前，外企不得不接受了中方的总体合作模式。除此之外，中国在此次招标中采用了"战略买家"的策略：铁道部明确规定，只能由国内的四方机车车辆股份有限公司和长春轨道客车股份有限公司和国外谈判，其他企业一概不准和外方接触。这样的策略，有效阻止了国内企业之间的内耗，使中国铁路系统的规模优势得以集中释放，让中方在谈判桌上牢牢把握主动权。后来，这一经典商业案例，还被写入美国斯坦福大学的教科书中。

中国高铁吸收了四家巨头的经验，但它们提供的并非最先进的技术。拿日本来说，它坚决反对将最新制造技术转移到中国。双方曾连续谈判三天三夜，直到后来翻译人员过度疲劳，坐在椅子上昏睡过去，才暂时中断。甚至有四台打印机因为高频率工作，在现场直接被烧毁。这里，需要特别注明一点："转让技术"是指对中国购买的高速列车进行"联合设计"，这种"联合设计"，不是外方与中方一起从头设计一种全新车型，而是双方对中方购买的外国车型进行设计修改，以适应中国线路特点。转让的技术只是让中方能够将给定的产品制造出来，而非设计和开发产品。

北京大学教授路风在其《新火》一书中提到，中国铁道部曾针对"抄袭"的言论予以驳斥。当时的新闻发言人向媒体介绍说，中国高铁研发坚持政府主导，构建了"产学研"相结合的再创新平台，在不到 6 年的时间内，跨越了 3 个台阶：第一个台阶，通过"引进、消化、吸收、再创新"，掌握了时速 200~250 千米的高速列车技术，标志着中国高速列车技术跻身世界先进行列。第二个台阶，在掌握时速 200~250 千米高速列车技术的基础上，自主研制生产了时速 350 千米高速列车，标志着中国高速列车技术达到世界领先水平。第三个台阶，中国铁路以时速 350 千米高速列车技术平台为基础，成功研制生产新一代高速列车 CRH380 型高速动车组，标志着世界高速列车技术发展到新水平。

国际高铁"大博弈"

如今，在自主技术的加持下，中国高铁技术开始迈出国门，像本节提到的，中国为印尼修建雅万高铁就是其中一例。

不过，这样的输出，伴随着残酷的国际竞争、复杂的政治格局。2010年，印度提出宏伟蓝图，要修建7条高铁。首先计划的一条就是孟买到古吉拉特邦线路。孟买是印度的金融中心，也是该国最大的港口城市。而古吉拉特邦恰好是印度总理莫迪的大本营，他在这里担任了多年的首席部长，显然也有"回报"家乡父老的用意。

印度铁路线总长约为6.7万千米，是世界第四大路网，每天运行大约9 000个班次，乘客超过2 200万人次。不过，在英国殖民时期建造的印度铁路系统年久失修，事故频发，每年都有重大伤亡事故。莫迪在参加竞选时，承诺要整改老旧的基础设施，打造高速列车。2014年9月，莫迪推出"印度制造战略"，铁路、汽车等25项产业成为优先发展对象。

从印度自身条件出发，"高铁梦"很美好，但现实很残酷。《世界轨道交通》曾发文指出，高铁技术是一个国家大国力量的重要标识。印度这些年来的经济发展速度比较快，其政府也认为印度是南亚的大国之一，加上近年来中国自主修建多条高铁线路，印度在此契机下也希望加强本国高铁建设。

《世界轨道交通》的文章提到：早在2012年，印度政府就联合印度铁路公司，开始测试"印度制造"的高速列车MRVC1181。这次测试，政府共计花费6亿卢比，约合6 000万元人民币，耗时6年。早期，这辆高速列车的预计时速为140~145千米，这与国际高铁标准时速200千米相比，依旧有较大的差距。然而，印度的铁路公司却在2018年宣布这辆列车测试失败。现在,这辆列车被遗弃在汽车棚,它的一些零件被拆下来用在其他列车上。

中国、日本、欧洲都非常关注印度的高铁项目。2012年,中国还和印度签订了高铁技术备忘录。可出乎意料的是,日本笑到了最后。日方在当时给印度开出了一个优厚的条件:提供800亿元人民币贷款,利率只要0.1%,贷款年限长达50年,基本相当于免息,而且还承诺为当地培训4 000名员工。印度铁路委员会主席说:提供高铁技术的有很多家,但是同时提供技术和资金的只有日本。站在印度的角度看,拒绝中国,选择日本,并不意外。中印互为邻国,还存在领土争端。印度一直将中国视为对手,印度对待中国的高铁技术,就像对待中国一样,存在重重疑虑。虽然中国的产品性价比高,但印度却不愿对中国产生技术依赖。印度铁路公司高管说:"我们已经向日本提出,希望在印度本土造高铁。一旦我们这样做了,世界上将会有更便宜的高速列车。到时候,会有许多国家向印度购买,而不是中国。"

实际上,在印尼的雅万高铁项目上,也有复杂竞争背景。2021年5月,新华社曾刊发报道:"在印尼的雅万高铁施工现场,总统佐科表示,建设进度已达73%,希望2022年年初进入运营准备阶段。""全线要贯通13条隧道,很多路段需要建设连续梁和框架墩。"公开资料显示,两个城市直线距离虽然只有120千米,但是相对海拔达到700米。该铁路项目招标时,中国人提出建造资金约55亿美元,其中75%的费用来自中国国家开发银行。

在中方拿到项目之前,日本在竞标中处于领跑地位。早在2011年,日方就开始追踪雅万高铁项目,为了拿到订单投入了大量资金,先后做了3次可行性研究报告。日本人的积极作为并没有打动印尼政府,印尼政府一直保持着暧昧态度。高铁建设耗资巨大,印尼方面希望看到更优惠的条件。终于在四年后,中国入场了。2015年3月,中国高铁强势介入印尼市场,在政府高层的推动下,双方签署了谅解备忘录。到了9月,印尼方面正式决定放弃日本方案,选用中国方案。在竞标中,中方给出承诺:建设周期为3年,造价为55亿美元。而日本方案原本的计划工期为8年,造价达62亿美元,显然难以达到中方的建设效率。

2019年7月,世界银行发布报告,认为中国高铁的发展经验值得别国借鉴。《中国的高速铁路发展》报告指出,长期全面的规划和设计标准化是中国高铁成功的关键要素。报告认为,中国的《中长期铁路网规划》为高铁体系发展提供了清晰框架。

《世界轨道交通》刊文指出,在基建方面,中国高速铁路网的建设成本为平均每千米1 700万至2 100万美元,约为其他国家建设成本的三分之二。在准点率方面,中国高铁出发和到站的准点率分别为98%和95%,复兴号的这两项数据更是达到99%和98%。在票价方面,相比全球各国高速铁路车票售价,中国高铁售价是最低的:高铁二等座票价每人每千米0.46元,一等座每人每千米0.74元。这样的售价令中国高铁在 1 200 千米距离内，相比汽车和飞机具有竞争优势。反观国外，法国高铁，每人每千米售价为 1.65 至 2.13 元，德国为 2.34 元，日本为 2～2.13 元，这也意味着中国高铁票价是外国票价的 1/4 至 1/5。

业内学者曾刊文分析中国高铁建设对实体经济发展的溢出效应。文章提到，近年来，中国已步入高铁时代，并成为名副其实的高铁输出大国。自 2008 年 8 月 1 日京津城际铁路开通以来，以"四纵四横"路网为主骨架的高速铁路建设全面加快推进。截至 2018 年年底，中国高铁运营里程超过 2.9 万千米，占全球高铁运营里程的 2/3 以上。高铁建设短期对各省作用不显著，长期对铁路沿线省市的实体经济发展作用明显。东北区域，其高铁建设对本省实体经济发展产生持续推动作用。西部区域由于受资源要素的限制，高铁开通初期难以推动其实体经济发展，之后能产生持续推动作用。

2021 年 2 月，国务院印发《国家综合立体交通网规划纲要》，指出：到 2035 年，国内还要建设 3.2 万千米高铁，比已有里程还要多。在国内刚需、对外输出的内外加持下，中国高铁技术必定迈向更高的台阶。1978 年，中国人第一次体验日本新干线，发出感叹：有人催着跑。几十年之后，西门子交通集团总裁访问中国，站在中国企业的列车总装车间感叹道：这就是我们欧洲的大工业之梦。如今，在"一带一路"沿线，中国在共享这种工业能力，为当地人民架桥、修铁路，给他们带来切切实实的优惠，帮助他们摆脱落后和贫困，迎接现代化曙光。

第 19 章　大飞机复刻高铁奇迹

雄关漫道真如铁，而今迈步从头越。

2021年3月，一则新闻令国人振奋：东航与中国商飞正式签署C919大型客机采购合同，首批引进5架，力争2021年内交付首架。东航将成为全球首家运营C919大型客机的航空公司。从1970年国家提出立项要研制自己的大飞机算起，到此已经度过了50多个春秋。C919即将开花结果，依靠的是无数科研人员的血汗投入。但巨大的成就背后，舆论场上对该项目仍存在争议，如发动机尚需依赖进口。

大飞机情结

什么是大飞机？专业的描述是，起飞重量在 100 吨以上、载客超过 100 人、航程超过 5 000 千米的喷气式飞机。它直接反映了一个国家的工业体系水平，有人将其形容成制造业的一颗明珠。要想研制大飞机，必须掌握新材料、发动机、电子信息、自动控制等多个领域的关键技术。欧美发达国家和地区极为重视大飞机的研发，因为航空工业辐射面广，可以连带拉动高新产业发展。

中国为什么要自主研发大飞机？海关总署的统计数据能给出答案。2019 年，该机构披露的一份报告显示，当年 1 月到 11 月，中国飞机进口量为 893 架，价值近百亿美元。飞机制造，特别是民用大飞机制造，一直是空中客车、波音等巨头垄断的禁区。航空工业这一高科技产业，在世界范围内，甚至被称为白人霸权工业。虽说亚洲人在电子工业领域可以和欧美平分天下，但是在航空航天领域，西方国家却有着压倒性的优势地位。印度、韩国都不具备民航大客机研发能力。日本 2003 年开始上马支线客机 MRJ 项目，在美国提供发动机的情况下，至今还不能实现真正商用。

2021 年 6 月，日本媒体《每日新闻》刊文：日本寄予厚望的大飞机项目 MRJ，因为受新冠肺炎疫情和经济危机的双重打击，已经事实上搁浅，全部的实验型样机被扔在飞机厂无法启动。对日本航空业而言，这是一次重大打击。实际上，日本航空制造技术水平并不低，数据显示，该国曾为波音737飞机提供35%的零件。问题是，第二次世界大战后，日本被欧美牵制，被阻止研发自己的飞机技术。20世纪70年代，日本曾计划组建自己的战斗机研发体系，不过当时的英法等国家直接将自己的战斗机样机给了日本，让它仿制。一直用别人的战斗机样本，自己当然也就没有动脑子进行研发，没有掌握核心科技，因而在飞机研发设计领域一片空白。

MRJ大飞机项目主要执行方是三菱集团，可这家公司如今面临严重的经营困难，还要大量裁员。更严重的情况是，三菱公司在MRJ项目上甚至拿不到足额的拨款。该公司内部已经在讨论要不要停掉MRJ项目。另外，因为三菱集团过于依赖美国，受新冠肺炎疫情的影响，其面向波音公司的订货已经下降了一多半甚至在四分之三以上，这直接导致三菱集团资金链近乎断裂。

有咨询机构做过预测：到2040年前后，中国国内航空运输市场将成为全球最重要的民航市场之一，至少需要干线客机6 000架，价值近9 000亿元。所以，我们为什么要造大飞机的答案已经明了：推动高新技术产业发展，打破欧美巨头技术垄断，让中国人的血汗钱不再轻易化为西方资本的超额利润。

波音公司的研究表明，民用机销售额每增长1%，对国民经济增长拉动0.714%。国际经验也表明，一个航空项目10年后给当地带来的效益产出比为1∶80，技术转移比为1∶16，就业带动比为1∶12。可以看出，发展大飞机产业，不仅可以带来制造和运营使用的直接经济贡献，而且将有力地支撑国民经济的发展。

《中国工业评论》曾发文指出，大飞机对推动技术创新和工业转型升级有重大的牵引作用。该文引用美国兰德智库的研究表明，大飞机研究及其核心技术衍射到相关产业，可以产生1∶15的带动效应。研制和发展大飞机，不仅能带动诸多基础学科的重大进展，还能带动新材料、现代制造、先进动力、电子信息、自动控制、计算机等领域关键技术的群体突破。可见，大飞机产业通过显著的技术扩散和溢出，将推动整个工业技术创新，加快产业转型升级。

运-10，生不逢时

一直以来，总有言论认为，C919机体中来自西方供应商的零部件比例偏高，就像前面提到的，发动机这样的核心部件，用的也是国外的产品。2017年，C919在上海浦东机场成功首飞后，有媒体在喜悦之余发出严肃追问："中国何时才能有自己的航空发动机？"有军事专家曾放话："国内在该领域至少落后美国30年以上。"拿民航来说，只有美国、英国、法国、俄罗斯等国少数几家公司，拥有完整的航空发动机研制和产业化能力。其中，美国的GE、普惠，英国的罗罗，法国的赛峰，占据全球97%的民用航发市场，而且四家企业间相互联合、交叉经营，形成严密的合谋垄断格局。这样的垄断，严重影响中国航发技术的进步。

在浦东机场 C919 的首飞中，C919 搭载的发动机 LEAP-X，由 CFM 国际公司研制，而这家公司恰好是前面提到的美国 GE、法国赛峰各出资 50% 组建的。中国工程院院士甘晓华长期从事航空发动机技术研究，他曾指出：飞机设计制造一般需要 15 到 20 年。发动机要 20 到 25 年。就军用发动机而言，与国外最先进水平相比至少落后一代；民用发动机，因为没有基础，恐怕差距更大。

这样的差距，一方面是后发的劣势造成的。像法国的赛峰集团成立于 1896 年，1905 年就已经进入航空动力产业，开始制造活塞式发动机，而此时的中国还处在晚清乱世，技术积累无从谈起。另一方面，文化的挑战丝毫不亚于技术挑战。中国航发商发总经理冯锦璋，曾透露自己的亲身经历："国内工厂进口一台大型锻造机，德国公司过来安装后，这台机器运转了三年，性能良好。同样的机器由工厂自己安装，结果才六个月机器就坏了。"这离奇却又真实发生的案例，显示出中国航空产业界在生产过程的质量管理能力上，较国外有很大差距。工厂生产流程不规范，工人甚至都没有填写操作记录的习惯，这在欧美制造业巨头那里，几乎无法想象。

不过，大飞机研制中出现的难点、痛点，恰恰为未来的攻关和优化指明了方向。以航空发动机为例，最近几年，经过国内科研人员的努力，在解决大飞机"心脏"问题方面已经取得不少重大成果。例如涡扇 20 发动机，以"太行"发动机为基础，属于大涵道比涡扇发动机，单台最大推力可达到 16 吨。目前，该机已安装到国产军用大飞机运-20 改进型号试用。自从涡扇 20 披露后，就有俄罗斯专家开始担心，该型发动机会对俄罗斯航发在中国市场的份额产生影响，担心中国不再购买俄制发动机。

当然，航空发动机问题仅仅是中国发展大飞机中的一个痛点。2015 年，《中国工业评论》在其刊发的文章中，引用美国兰德公司的研究指出，中国大飞机产业的主要劣势是未掌握核心技术和材料，能够自给的部件价值不到 40%，特别是航空发动机叶片等材料和生产技术缺乏。而且，我国大飞机设计、制造、试验和测试技术水平也不高，基础研究、应用技术研究和探索研究缺乏，技术储备、专业技术人才队伍不足，自主配套体系不完整，关键材料和元器件仍依赖进口。不过，这些困难并没有阻挡中国航空人的脚步。

国内航发技术的点滴积累，其实也是大飞机研制历程的缩影，甚至过程更为艰辛，其间，经历了多次失败。从时间上看，与西方国家相比，中国大飞机起步并不算晚。1970 年 8 月，国家提出立项，研制运-10，也就是后来著名的"708 工程"。在那个年代，技术受到欧美严格封锁，几乎所有的配套部件都要自己研制。研发条件非常艰苦，有专家回忆道："没有设计场所，设计人员就在食堂的饭桌上绘图，趴在木箱上编写程序。"在这样的困境下，中国科研人员仅用 8 年的时间就实现了运-10首飞。当时，有外媒评论道："中国已经掌握高度复杂的技术，不能再将它看作落后的国家。"

运-10的首飞上天，标志着由中国完全自主设计制造的大飞机研制成功，使中国成为继美、苏、英、法之后，第5个研制出100吨级大型客机的国家。资料显示，运-10飞机采用了近100项新材料，100多项新标准、新工艺，获得了研制组织工作的宝贵经验。在试飞成功后的6年中，运-10还进行了大范围试飞，飞行轨迹覆盖了中国整个版图。《世界经济导报》外刊评论："运-10飞机研制成功，使中国民航工业同世界先进水平差距缩短了15年。"从1970年中央下达任务，到首飞、试飞成功，国家总投资5亿多元，形成一支1.1万余人的飞机和发动机研制队伍，建成具有先进装备的飞机、发动机工厂和研究所，为以后国内干线飞机的研制奠定了技术和物质基础。

可运-10前期首飞、试飞的成功，并不代表它能实现商业化。造出样机仅是开端，还要通过大量试飞总结经验，收集数据，改进设计。这需要持续的资金支持。可面临对外开放的大潮，美国的波音、麦道等公司的先进产品潮水般涌入中国。"造不如买，买不如租"的思维，在国内再度盛行。运-10的研发预算被大幅削减，项目被实质性搁浅。外资企业则抓住机会，在运-10项目中断时，立刻和中国民航签订几十亿元的巨额合同，合作生产麦道公司的MD-82飞机。国内工厂无奈配合，将原有的运-10生产线拆除，为麦道的飞机腾出空间；为了赶时间，还号召工人开展拆除国产机生产线的劳动竞赛。本来组装好的运-10机体，竟被用来培训新员工练习打铆钉。

本以为与外企合作能快速缩小差距，可结果走了弯路。MD-82型飞机设计并不成功，无法与波音、空客的产品竞争。原来，麦道是因为在国际市场发展遇阻，才愿意拿出MD-82在中国生产，换取订单。可最终，MD-82也只是组装生产了几十架。后来，麦道被波音公司收购，MD-82机型也宣布停产。

C919的骄傲

运-10中断、MD-82下马并没有击垮中国人研制大飞机的决心。认识到"造不如买，买不如租"的误区后，2006年，国务院在规划《国家中长期科学和技术发展规划纲要（2006—2020年）》时，将大飞机重大专项确定为16个重大科技专项之一。经过反复的论证和讨论，三年后，新组建的中国商飞公司，正式发布首个单通道常规布局150座级中型客机机型，也就是C919。在技术论证阶段，来自全国13个省市的43家科研单位参与其中，专家近500人。与以往研制飞机不同，C919项目让用户也参与进来，团队制定技术方案时专门走访了国航、东航、南航等多家公司，听取使用方建议。

C919有一个最值得骄傲的地方，那就是在首飞的时候没有发生任何故障，甚至连警告的信息也没有。在研制过程中，总设计师系统和其他系统协同，前期工作做得很细，尽可能将所有问题在地面上发现并解决，排除上天后的所有隐患。

C919整体布局设计完全自主，如何调整结构全部由中国工程师把握，而且很多关键系统已经实现国产。飞机的"神经中枢"——航电系统，由上海昂际电子科技有限公司提供。这是一套综合系统，采用分布式计算机控制技术，通过多路传输数据总线，把多种机载电子分系统交联在一起，兼顾现有单一功能的分散系统，如通信电台、雷达、导航设备等，统筹安排，组成多功能综合系统，实现信息的测量、采集、传输、处理、监控、显示等功能，完成飞行控制、发动机控制、导航、性能管理等任务。中国民航发展几十年，一直没有自主的航电系统公司，直到C919开始扭转局面。上海昂际电子科技有限公司成立之初聘请了大量的外国专家，如今通过C919项目，已经培养出大量的本土工程师。

除了航电系统，保证飞机整体稳定性和操控性的飞控系统也在加速国产化。C919的飞控系统由西安飞行自动控制研究所负责。该所与霍尼韦尔、派克宇航两家公司合作，吸收了很多飞控方面的技术经验。而且，双方的合作工厂已经投产运行两年。

大飞机的案例，与当年引进高铁有类似之处。国内引进高铁的时候，与川崎重工、庞巴迪、西门子、阿尔斯通等国际巨头合作。2004年引进技术，2011年拿出了自主研发的列车CRH380系列，时速350千米/时，整车国产化率达到85%以上，被认为是当时世界上最先进的车型。在引进初期，高铁的部分关键部件,也是最初依赖国外技术,之后再逐步国产化。

这里要普及一个概念:技术平台。任何一种有形的产品,出售给用户后都会离开设计它的企业,但是在开发产品过程中获得的知识、经验、技能,会保留在该企业,而且随着后续产品的研发,这样的知识、经验、技能会不断积累和提升,这就形成了企业能力不断发展的技术平台。无论是几十年前的运-10,还是现在的高铁、C919,都起到孵化技术平台的作用。只要形成这样经历完整正向研发历程的技术平台,就可以相对顺畅地进一步打磨发动机、飞控系统等关键子系统。

C919是一个巨大而复杂的系统,包含几万个零部件,但每个部件不可能单独在空中飞行。如果只把这些零部件堆积在一起,放进金属箱子里,没有任何意义。只有通过科学的设计、拼接,才能组装成大飞机。中国的科研人员花了9年的时间研究这些数量庞大的零部件。要在一个有机组合中获得预期性能,这个过程需要工程师的技术创造力。反思运-10下马,我们惋惜的不是飞机样品,而是失去一个开发平台。

一种产品如何打造出开发平台呢?企业必须对该产品设计拥有知识产权。如果没有知识产权,就没有对其进行修改和再开发的权利,企业研发能力也就不能获得持续提高。像汽车领域,中外合资的背景下,国内企业不掌握知识产权,要想修改一个螺丝钉都要征得国外合作方同意,这怎么可能转化为技术的开发平台?给麦道公司组装飞机,也是这样的道理。

中国独立自主掌握的C919平台,不仅涉及飞机制造本身，也和大量的配套产业息息相关。有了这样的平台，新材料、发动机、机载设备、总装制造、市场营销、客户服务等能力，都将随时间的推移逐渐增强。

有研究机构做过预测：到 2040 年前后，中国国内航空运输市场将成为全球最重要的民航市场之一。可盯着这么一大块蛋糕的，不仅有中国公司，还有美国的波音和欧洲的空客。这两家公司一直把持着全球民航客机市场，其他国家要想买大飞机，只能二选一。在 C919 问世前，这两家公司已经争斗不休。一方面，美国政府为保护本土企业，提高欧盟飞机的进口关税。另一方面，欧盟为了让空客做大做强，坚持向该公司提供补贴。围绕空客补贴问题，欧美两家甚至把官司一路打到了WTO。直至 2011 年，WTO 裁定波音、空客均得了数十亿美元的非法补贴，方才平息这一贸易冲突。

对 C919 来说，此时进入国际市场，既是挑战，也是机遇。挑战自然不用说，争斗不休的波音、空客不会容忍第三方切分市场蛋糕，或将联手绞杀 C919 的市场空间。但机遇是，近年来，波音 737 Max8 连续多次发生坠毁事故，严重损害了波音公司的声誉。其后，中国停飞该型客机，其他国家迅速跟进，更是让该公司的境遇雪上加霜。而突如其来的新冠肺炎疫情，也重创了空客。2020 年三季度，空客销售额约为 112 亿欧元，同比下降 27%；此前，空客已经宣布裁员 1.5 万人。

国产大飞机的定位瞄准的是，国内直飞航线和中短途国际航线，直接与波音 737 和空客 A320 竞争市场。与后两者相比，C919充分发挥自己的后发优势，无论是在安全性、乘客体验上，还是在运营成本上，都极具竞争力。这样一款飞机定价只要5 000万美元，仅仅是波音737价格的一半。在中国经济对世界影响不断扩大、中国在世界话语权日益增加的情况下，很多国家愿意和中国合作，C919的国际市场前景非常广阔。

从2006年大飞机重大专项确立至2021年，已经过去了15个年头。15年磨一剑，东航正式签署购机合同，标志着C919向成功又迈进一大步。大飞机"三足鼎立"的格局，已经初步成型。运-10的悲壮故事将会记录在历史教科书中，警示后来者。但C919的成功，必定会在将来鼓舞一代又一代埋头苦干的中国科研人员不断奋进。

第 20 章　北斗导航系统：艰难的历程

我们就是要争一口气。

2020 年 7 月 31 日，中国北斗三号全球卫星导航系统全面建成开通。这标志着经过长达 20 年的"排星布阵"，我国的卫星导航系统终于完成了全球组网，中国成为世界上第三个独立拥有全球卫星导航系统的国家。不仅如此，作为后起之秀的北斗系统，还展现出了超越卫星导航界的龙头大哥——美国 GPS 的潜质。

众所周知，卫星导航系统是用来提供定位、导航、授时服务，即统称 PNT 服务的基础设施。定位，就是告知用户在地球上的具体地理位置；导航，则是引导用户在出发点与目的地之间的运动；授时，是指通过导航卫星上携带的原子钟，向用户播报精确的时间，让身处地面不同位置的多个系统能够校准同步。

在古代，中国人通过辨别北斗七星确定在野外所处的方位，中国的卫星导航系统以北斗命名，寓意不言自明。

北斗定位系统溯源

美国是现代卫星导航系统的开创者。1957年，第一颗人造卫星由苏联发射升空，美苏太空争霸也由此展开。在双方相互窥探对方卫星动向的过程中，美国科研人员无意中发现，卫星的运行轨迹可由卫星通过时所测得的多普勒频移曲线来确定。反过来，如果知道了卫星的运行轨迹，也可以测定地面上接收机的地理位置，卫星导航系统的构想由此诞生。

这一原理设想，很快通过美国军方的资助，进入实用化发展阶段。

从第二次世界大战时期开始，美国军方，特别是美国海军，就对远距离的船舶和飞行器定位有着巨大需求，并由此催生了罗兰、塔康等一系列地面无线电定位系统的应用。美军资助卫星导航系统研发也是为了军用，比如，要想定位一艘在茫茫大海中航行的潜艇是很难实现的，和陆地相比，大海一望无际，缺乏可供参考的地理坐标，而当时采用的星光导航定位也不准确，难以满足战略核潜艇长期巡航的需要。

20世纪60年代，美国海军开始了名为子午仪的卫星导航系统研发。子午仪系统由5~6颗低轨道卫星组成。当时的导航卫星没有高精度原子钟，需要由地面上的计算中心生成数据，在卫星过顶期间通过星地通信注入卫星计算机，确保卫星数据更新。尽管今天看来子午仪卫星导航系统比较简陋，但它为美国的卫星定位系统研发积累了宝贵经验。在使用多年后，美国军方决定开发一款升级的导航系统，把原先局限在海洋船舶应用的导航定位服务扩展到全球。全球定位系统，也就是GPS，就此诞生。

为了完成这个系统，美国在近地轨道布置了24颗卫星，它们排列在互成120度角的三条轨道上，确保地球上任何一点都能观测到6~9颗卫星。无论使用者身处北非荒漠还是南极冰原，都可以通过GPS定位设备，准确地获知自身所在位置，最低精度可达100米，最高精度可以到10米以内。

GPS的效用立竿见影。在海湾战争中，美军利用GPS全天候、高精度的特点，准确标记地形地貌，把茫茫沙漠变成了自己的主场；甚至一枚导弹能够飞过前一枚导弹打开的缺口，摧毁目标。美国政府在海湾战争总结报告中写道，战争的胜利是GPS的胜利。除了军事上的作用，随着美国在20世纪80年代将GPS系统开放民用，GPS在交通运输、气象预报、公共安全等领域也开始发挥巨大作用。

既然GPS这么好用，为什么中国要另起炉灶，独立开发北斗系统？首要原因来自国家安全层面。原来，GPS 导航信号分为军码和民码，只有美国和其主要盟国可以使用精度高、可靠性好的军码，其他国家只能使用精度低的民码，整个系统的运转也完全控制在美国军方手中。

1996 年台海局势紧张，作为对"台独"势力的警告，军方在台湾附近的东海海域展开大规模军演，发射了 3 枚导弹。虽然第一枚导弹准确命中目标，但紧接着发射的第二枚和第三枚导弹突然无法追踪，最终偏离了原定的落点范围。事后有分析称，后两次发射失败可能是由 GPS 信号突然中断造成的。无独有偶，2008 年，俄罗斯和格鲁吉亚发生冲突，部分投入战区的俄军车辆 GPS 信号丢失。

而在一些关键时刻，民码也会遭到美国的禁用。1993 年，美国无中生有，指控从事正常贸易的中国银河号货船载有违禁化学品，要求必须停船检查。在中方拒绝其无理要求后，美国关闭了货船所在海域的 GPS 定位系统，正在印度洋上正常航行的银河号成了无头苍蝇，完全失去了方向。在海上漂泊 33 天后，银河号无计可施，被迫停港接受检查，酿成了震惊世界的银河号事件。虽然最后经过检查，中国洗刷冤屈，但这场耻辱却永远记在我们心中。

这一系列事件都让国人明白，卫星导航一日不掌握在自己手中，就没有国家安全可言。为了摆脱对美国 GPS 的依赖，建造我们自己的北斗导航系统就此被提上议事日程。

北斗与"伽利略"的情仇

意识到卫星定位系统重要性的不只有中国,欧盟也在20世纪90年代后期公布了自己的卫星导航系统计划——"伽利略"。时任法国总统希拉克曾说:"没有'伽利略',欧洲将不可避免地成为美国的附庸,首先是科学和技术,其次是工业和经济。"可伽利略计划投资巨大,欧盟财政很快难以负担。当欧盟注意到中国也在发展卫星导航时,主动邀请中方加入伽利略计划。在当时的国际环境下,双方一拍即合,很快签署技术合作协议,中国成为参与伽利略计划的第一个非欧洲国家。

中国参与伽利略计划后表现出很高的积极性。根据协议,中国同意为伽利略计划注资 2 亿多欧元,第一阶段就投入 7 000 万欧元,对于当时的中国来说这无疑是一笔巨款,也体现了中方的诚意。然而,好景不长,中国和欧盟的合作很快引发了美国的不满。在美国看来,中国和欧盟的合作,将削弱其对欧洲盟国的掌控力。

在美国的压力下,欧盟开始不断给中方制造障碍,先是规定中国等非欧盟参与国只能使用伽利略系统的非加密信号;随后又取消了中方在伽利略计划中的表决权;发展到最后,更是变本加厉,直接以知识产权为理由,把中国企业踢出竞标。这一系列操作使得中国这个投入巨资的伙伴国,待遇还不如其后加入的印度和日本。在付出和收益完全不成正比的情况下,中国痛下决心，决定全力投入自己的导航系统"北斗"的研发。

北斗系统的发展历程，可以用"三步走"来形容。第一代北斗一号于1994年开始研制。由于当时条件有限，因此在拟定计划时，我国陈芳允院士提出了"双星定位"的思路。也就是把地球的中心当作一个虚拟的卫星，通过这样的系统架构思路创新，只要再发射两颗静止轨道卫星，配合精确测定的地面站坐标，就可以实现卫星定位。

北斗一号充分体现了中国航天花小钱办大事的传统风格，也成功解决了我国卫星导航的有无问题。但它的缺陷同样明显：北斗一号是一个天地协同才能发挥作用的系统，需要向卫星发送定位申请，并通过地面站解算反馈，才能响应用户。这带来两个问题：一是用户需要主动暴露自身位置；二是系统难以同时响应大量用户并发需求，容量有限。随后推出的北斗二号系统，针对上述问题进行了针对性改进，用户无须发送申请，直接接受卫星广播的导航信号，就可以自行解算其位置，与GPS等主流系统技术路线趋同，覆盖范围也明显扩大，可服务整个亚太地区。

不仅如此，在北斗二号的研制过程中，还突破了原子钟这一关键器件的国外垄断。

原子钟是一种计时装置，精度可以达到每2 000万年误差仅1秒。精确的时间对于科学研究和国防建设来说有重要意义。日常生活里，分钟级的时间误差问题不大，然而工业和工程领域，对时间精确性却有极高要求。比如建造跨海大桥，多台起重机一起吊装箱梁，动辄上千米的作业面，时间上相差毫厘，对接精度就可能谬以千里。而北斗系统授时的同步精度性能已经到了纳秒级，要达到这样的目标，就需要星载原子钟。

北斗二号立项之初，中国原子钟技术非常薄弱，产品需要从瑞士进口，不仅价格昂贵，核心技术还掌握在别人手中，这导致中国的卫星导航系统存在巨大安全隐患。因此，中科院武汉物理与数学研究所、中国航天科技集团中国空间技术研究院、中国航天科工集团二院203所等单位联合，对星载铷原子钟一系列关键技术开展攻关。

原子钟的研发调试是对研究人员耐心、耐力的重大考验，仅调试日稳定度这一项，"每调一改锥"后的效果需要等上15天才能看出来。在阶段性测试验收节点前，研发团队核心成员往往需要连续几天几夜进行调整、测试、修改。

经过反复摸索、仿真、验证、调试，2005年，国产星载铷原子钟工程化初样鉴定机交付。北斗导航卫星发射升空的那一天也成了值得永远铭记的时刻。北斗二号用上了国产原子钟，其性能与进口相当，能够达到百万年相差一秒的精度。北斗系统工程副总设计师、北斗三号工程卫星系统总设计师谢军曾这样评价国产星载铷原子钟："时至今日，经过大量卫星在轨运行状态的检验测试，可以说，国产的原子钟已经达到国际先进水平。"

北斗二号的发射过程中还有过一个小插曲。前面提到，中国被欧盟逐步排挤出了伽利略计划，可这仅仅是争议的开始。

在卫星导航诞生最初的日子里,全球频率资源还比较充沛,美国的 GPS 系统和俄罗斯的格洛纳斯系统之间也不存在频率资源的冲突问题。可到了北斗系统和伽利略系统建设的时候,导航频段争夺战已经白热化。

为了化解这种冲突,国际电联规定,一个卫星导航系统向国际电联提出占用某频段的申请后,以国际电联接受时间为基准,7 年内申请者必须有卫星实际使用该频率,否则申请失效。这样的规定看似公平——全世界各国平等拥有频率使用权利——其实是为发达国家量身定做。美国等发达国家,卫星导航系统建设起步早,已经占领了最理想的无线电频段。而那些连航天技术都没有的小国,卫星都研制不了,谈什么占据?但对于中国和欧盟来说就很尴尬了:双方都有实际需求,但剩余的可用频段已经十分紧张,好用的频率已经不多了。

那怎么办?中国必须和欧盟展开竞争。根据国际电联公布的资料,中国于 2000 年 4 月 17 日提交申请,中国想要保住自己的导航频段所有权,就必须在规定的 7 年时间内把卫星打上去。2007 年 4 月 14 日,北斗二号系统第一颗卫星十分罕见地准备提前发射。这一举动很不寻常,因为一般情况下,发射只会延迟,不会提前。而中国,通过各个部门的通力合作,终于使火箭矗立在发射台上。

发射当天并不太平。4 月 14 日的凌晨 4 点 07 分,现场工作人员发现一个供气连接器没能脱离,而这一状况可能会给火箭、卫星带来灭顶之灾。当时的发射指挥员在一分钟之内下了

7 道指令。终于，4 点 11 分，首颗北斗卫星发射升空并成功入轨。

但入轨还不是终点，还得接收到卫星信号。4 月 17 日，多家研发单位聚集在接收机前焦急等待。终于，接收屏幕上出现一道亮光，这是北斗二号首星传来的导航信号，此时，距离申请失效的最后期限，只剩下不到四个小时。频段保住了。

走向世界的北斗三号

这一惊心动魄的事件发生后，欧盟并不服气。前面说了，中国申请是在 2000 年 4 月 17 日，而欧盟的申请时间是 2000 年 6 月 5 日，欧盟的申请时间晚于中国。但中国在伽利略系统研制过程中耽误了时间，使得欧盟在 2005 年 12 月 28 日率先发射了试验卫星并传回信号，因此，欧盟认为，其对申请的频率拥有优先权。但中方认为，即使依照欧盟观点，根据国际电联申请频率第二条规定"如果多方申请同一频率，各方需要协调"，中方仍有权占据这一频段。

双方的频段之争僵持了一段时间。这一问题的解决非常具有戏剧性。因为欧洲债务危机爆发，伽利略系统的研制陷入停滞。截至 2012 年年底，伽利略系统只发射了 6 颗卫星，而北斗二号已经发射了 16 颗，并开始在亚太区提供定位服务。在这种情况下，欧盟意识到继续争执已无意义，双方最终在 2015 年达成了频率共用共识。

在经过这场频段争夺战后,中国卫星导航系统建设进一步提速。北斗三号系统技术上又有了新的进步——其使用了全球最先进的"星间链路"机制。此前,卫星导航系统运行往往需要地面控制站的配合,成本高、难度大,如果要实现全球覆盖的目标,就需要在各大洲布置地面站,而美国以外的其他国家很难具备这样的便利条件。"星间链路"方案则克服了这一难题:卫星之间通过相互通信,中继接力传输数据,大大弥补了缺乏地面站的短板。

2020年7月,北斗三号系统组网完成,北斗系统补上了从区域系统到全球系统的最后一块拼图,也完成了北斗系统"三步走"的最后一步。短短不到30年的时间,北斗系统彻底完成三级跳;卫星数量也从北斗一号的个位数,增加到了北斗三号30颗的庞大规模。

诚然,今天的北斗系统在部分性能上,例如西半球定位精度,还不如GPS,但这种落后更多的是起步晚、黄金频率被占用、市场小、地面监测站不足等客观因素造成的。与此同时,北斗系统在许多方面,已经把GPS甩在身后。例如,GPS使用双频信号,单向接收,而中国北斗系统是三频信号,双向接收。GPS没有短报文通信收发功能,北斗系统则支持短报文收发。对于这项功能,"北斗女神"徐颖曾有一个比喻:"假设一个人流落荒岛,如果只有GPS,他知道自己在什么位置,却无法通知别人来救援;如果用的是北斗,他既知道自己在哪,还能把位置发送到方圆几十、几百甚至上千公里之外。"

实际上，初代北斗系统就具备了区域短报文功能。这项功能在汶川大地震救援中发挥了很大的作用，救援部队利用短报文发出来自灾区的第一条信息。中国航天人也通过这样的实际使用场景，认识到与导航卫星天地通信的重要性。后续的北斗系统进一步加强了这项功能，从只可以发送120个汉字，提高到现在的1 200个汉字，还可以发送图片信息。基于这项功能的便利性，北斗用户甚至进行了许多应用层面的再创新：有渔民以短报文互通渔情，提高捕鱼效率；甚至还有渔民把它当成了闲暇时打发时光的聊天软件。

有意思的是，这项功能还酿成一个美丽的误会。双向接收短报文本质上是一种通信服务，是叠加在导航服务上的额外功能，因此，使用短报文服务是收费的。有些人就误解了，认为中国的北斗卫星导航系统是收费的，美国的GPS系统是免费的。实际上，美国的GPS作为一套只具备单向接受功能的导航系统，只能控制信号的发射，在发射端采取措施；接收端的数据，它没法控制，也就无从向别人收费了。综合比较的话，北斗导航系统＝GPS导航＋短信服务，可以类比的话，或许和支持语音通话的铱星系统更相似一些。

当然，美国也不是没办法从GPS身上"找钱"，虽然导航服务没法直接收钱，但是导航设备甚至衍生产品都可以收钱。美国政府在GPS不同发展阶段颁布了一系列国家政策，衍生出一系列庞大的跨国集团，不但输出了软实力，真金白银也都捞到了。

回到北斗系统，短报文功能虽然收费，但使用这项功能物有所值。它的应用范围也越来越广，从交通运输到农林牧渔无所不包。在 2020 年抗击疫情的关键时刻，北斗系统还为火神山、雷神山医院的建设，提供了精确的测量数据，争取到大量宝贵的时间。

北斗系统的服务还拓展到了海外市场。例如，在埃塞俄比亚首都亚的斯亚贝巴，一家外卖公司广受欢迎，原因就是其送货定位非常准确，这背后依靠的，就是中国北斗系统的卫星导航服务。美国卫星信号接收公司 Trimble 数据显示，在世界上 195 个主要国家和地区中，有 165 个国家和地区的首都或重要城市，北斗卫星在天顶半球的可见数都要比 GPS 高。

北斗三号系统全球组网还远非中国卫星定位系统发展的终点。目前，中国正在酝酿下一代卫星系统建设。到 2035 年，我们将完成下一代北斗系统的组网工作，初步构建高精度、高智能、高安全、高效益、基准统一、覆盖天空地海的时空信息服务基础设施。新一代系统将会在导航、星基增强、精密定位、星间链路等方面进一步提升能力，更好地融入国家网络信息体系。届时，卫星导航系统将只是这个体系的组成部分之一，我们将真正做到无处不在的导航定位。

卫星导航这项由美国开创出的前沿技术，也将迎来新的领军者，中国北斗的未来必将更加闪耀。

第 21 章　机床：跌跌撞撞的追赶者

中国数控机床的最短板，并非技术。

2021年召开的全国两会上，正式通过了《中华人民共和国国民经济和社会发展第十四个五年规划和2035年远景目标纲要》。在这份中国中期发展的总蓝图中，科技和工业得到了重点关注。纲要中专门谈到推动高端数控机床发展，以智能制造推动制造业的优化升级。事实上，随着媒体报道热度的提高，对于智能制造这一"热词"，普通老百姓已耳熟能详。然而，媒体报道的内容，反映出公众对这一产业发展热点的理解参差不齐。因而，本节有必要先用最简洁的话语，对智能制造的内涵加以解析。

白话智能制造

智能制造,其实和一个相对传统的概念——工业自动化有密切关系。工业自动化,指的是工业生产过程中实现机器自动完成生产作业,减少乃至取消人力的直接参与。而智能制造,相对于工业自动化的概念又有了进一步扩展,除了将生产过程改造标准由自动化进一步升级为智能化,同时还将改造对象由生产过程扩展为业务过程:从终端市场需求到早期产品设计,从产品备料投料生产到出厂配送交付,整个复杂的业务过程,由智能算法和相应的软硬件设施进行组织和控制,形成高度整合的一体化循环。

如果用开餐馆来类比,从生产的角度看,餐馆完全可以被视为一个生产食物的工厂。即便是一家小餐馆,传统上也要聘请收银员、传菜员、切配员、大厨、洗碗工、外卖配送员等一系列岗位的员工,团队成员各司其职才能实现餐馆的正常运转。以往的工业自动化可以类比为餐馆后厨的自动化,用各种专用电器乃至炒菜机,替代了大厨这个最核心生产环节的人力;而智能制造,则是工业自动化概念的进一步扩展,从前台收银,到切配菜、炒菜装盘,再到送至客户餐桌,整个过程几乎全部依靠网络、算法、硬件机器设备,整合成单一系统,如此一来,一家智能制造的示范餐馆就出现了。

智能制造有着怎样的意义?不妨继续用智能餐馆的例子来

阐述。既然实现了餐馆业务全过程的智能运转，首先，餐馆的物理形态就会发生变化，实体店铺可能不再是必需的经营条件。远程下单、远程配送，经常使用外卖软件的读者不会对此感到陌生，或许某家在外卖软件上经常供餐的餐馆，自始至终都不会有人光顾过其实体店面。智能制造当然不只是交易流与物流的网络化、平台化，更是整个业务模式的深刻变革。用外卖软件订餐，顾客可选择的菜品大体属于少数标准化产品，往往只能部分匹配顾客口味需求；但是，智能制造系统却能够实现这样的服务，即根据客户主动描述，或者基于客户行为数据，自动分析出其个性化的口味需求，随即灵活高效地生成产品设计、组织后端原材料备料、加工烹饪、配送交付，精准匹配客户的特殊需求。

通过这个例子我们可以清晰地看到，智能制造将是对实体经济的一种深度改造，这反过来对生产环节提出了更高的要求。传统的工业生产车间，无论是流程工业的大型连续装置，还是离散工业的一台台独立机具机床，总之，生产都是围绕着标准化大批量制造的需求进行组织与优化，普遍基于给定模具或规格的产品，企业间竞争比拼的是大规模生产的效率，即用同样的成本投入，谁能生产得最多最快。然而，在智能制造的场景下，工业生产则被提出了完全不同的要求。新的能力坐标下，比拼的不再是规模经济性，而是哪家企业能更敏捷地回应客户定制化需求，生产出客户要求的、独一无二的产品。

在现实生活里，这种定制化生产并不罕见，长期以来广泛存在于一些奢侈品领域，比如名牌箱包、高级轿车。足够高的定价和利润，使商家能够负担得起拥有一支由手艺高超的匠人组成的团队，打造定制化产品。但未来的智能制造，不可能延续奢侈品的商业模式。智能制造既要具备不亚于大规模工业生产的成本效率，又要融合传统手工业作坊按需订制的灵活性。要同时达到这对看似相互矛盾的要求，除了人工智能、物联网、云计算等新基础设施的支撑，传统工业母机——机床的发展同样关键。

机床在传统的制造业生产过程中处于中心地位，是用来制造机器的机器，故得名"工业母机"。制造业向智能制造升级，一定程度上可以视为传统机床向智能机床的升级过程。上文谈到，智能制造比拼的不再是大规模生产的效率，而是定制生产的敏捷性，这一对传统制造业思维的颠覆性变革，仍然需要依托于工业母机来实现。在机床技术的演进上，智能制造是一次渐变而非突变，传统机床产业巨头们仍然拥有相当大的竞争优势。

目前，世界上最大的机床厂商山崎马扎克，已经推出了对智能制造的完整解决方案——iSMART 工厂。在这种示范工厂里，已经看不到人工参与具体生产过程，各种工业机器人、自动定位车串联起一台台数控加工中心之间的物料输送，整个车间的硬件设备借助物联网实时采集运行数据，上传汇总至云端，融合形成一个完整反映实体车间运行情况的"数字孪生"工厂，通过如同航天测控中心般的整洁大厅进行人工控制与管理,并由"数字孪生"的虚拟世界反馈交互至实体车间。在这个智能制造工厂上班的蓝领工人,已经和普通的互联网公司技术人员看不出有任何区别。

要实现这样的愿景,就需要机床有非常高的智能化、数字化水平。这也正是本节开篇提到的十四五规划里,高端数控机床专门安排在智能制造部分的原因所在。

既然机床是实现智能制造的关键,那么中国的机床产业发展历程与现状如何?

大而不强的中国机床业

正如上文所述,智能制造对于传统机床技术,特别是高端数控机床、数控加工中心有相当大的继承性。从规模上说,中国机床产业发展水平不低,中国机床消费量和总产量分别在2002年和2009年跃居世界第一位。之后,这两项桂冠就从来没有旁落过。国产机床产品门类也非常齐全,几乎没有机床产品的空白点。但是,从性能上来看,中国机床产业又可以说是典型的大而不强,在世界上仅仅处于中游水平;中高端产品,特别是数控机床、数控加工中心,乃至更加集成化的柔性制造工厂、智能工厂的发展,与欧美发达国家和地区相比,仍有很大的差距。

技术水平的差距,导致中国机床产品在中高端市场上难以匹敌德国、日本、美国厂商。目前,国内的中高端数控机床市场绝大部分份额被日本的山崎马扎克、德国的通快等海外厂商牢牢占据，中国企业只能在低端产品市场上相互厮杀。举例来说，中国金属加工机床进口均价达到了 12 万美元，其中高端品类数控机床的进口均价更是达到 28 万美元，而我国出口的金属加工机床均价只有区区 300 多美元。进口机床均价六位数，出口机床均价三位数，相差了三个数量级。

比起机床整机层面的差距，在机床的关键核心零部件上，中国企业的差距或许更为惊人。数控机床核心的数控系统，被两家国外公司垄断了 80% 的市场份额，即日本法那科、德国西门子。数控系统这一机床控制枢纽，由于上承计算机领域知识诀窍，下接用户编程语言学习成本，因而存在极高的技术壁垒和强大的马太效应，即便国内企业突破了硬件技术，也极难说服客户付出额外学习成本，迁移到国产数控系统。

很多国内厂商生产的数控机床，尽管贴着国货的牌子，但里面的核心零部件可能都依赖进口。建筑机械相关内容中提到过的原机械工业部部长沈烈初老先生，回忆他考察过的南京某机床厂，该厂研制的五轴联动数控机床总体性能取得了突破，但关键性的数控系统、功能组件、液压气动件、轴承都是进口部件，成本约占到总价的 60% 以上，真正的利润都让国外供应商赚去了。

数控机床的被动局面，并非缘于中国人认识不到这一产品的重要性，恰恰相反，从泰勒制、福特制的时代开始，东方后发国家就对工业制造技术的革新极为重视和留意。列宁在《苏维埃政权的当前任务》一文中，讲到资本主义的泰勒制的时候，曾经说过：泰勒制也和资本主义其他一切进步一样，"包含着两种成分，一种是资产阶级剥削的最巧妙的残酷手段，另一种是许多最丰富的科学成就，即按科学来分析劳动中的体力动作，消除多余的笨拙的动作，制定最精确的工作方法，实行最完善的统计和监督制等方面所获得的成就"。①

20世纪50年代苏联对中国的大规模工业援建，几乎完整移植了当时苏东阵营的生产制造体系，很好地适应了大规模制造的需要。

然而，时也运也，恰好在这一工业化窗口之后，计算机技术开始向工业母机等机械工业领域渗透，出现了以机器语言纸带输入、计算机控制加工过程的自动机床，并且其很快体现出在生产效率、制造精度上相对传统工业母机的优越性。东方阵营的"老大哥"苏联率先行动，组织科研生产部门开始多品种加工用的可调组合机床和自动线研究，70年代中后期开始制造机械加工中心。但其性能与西方国家仍有明显差距，长期难以规模应用，在一些高精度特种加工领域，不得不设法绕过封锁，从特殊渠道进口日本数控机床，乃至酿成80年代后期著名的"东芝事件"。

基础更为薄弱的中国机床产业，其实也早早接触到了数控

---

① 建国以来重要文献选编：第12册．北京：中央文献出版社，1997：154-155．

化这一新技术。1972年3月，日本国际贸易促进会在上海举办了日本机床展览会，展出了九台数控机床产品，其自动换刀与多工序集成的特点给参观者带来极大震撼。当时实行机电分线发展的中国工业界，对于这九台机床所使用的富士通发那科打孔纸带程控装置，更是犹如天书般陌生。

20世纪80年代打开国门后，国内多次组织自动机床、组合机床攻关，但是，厂、所分隔，机、电分隔的体制藩篱，使得这些攻关始终没能有效转化为全行业技术能力的提升，在市场上仍然是海外巨头一统天下的局面。

欧美公司垄断着高端机床，除了定价上得以维持超额利润，在使用方面对客户也极为挑剔，为了满足西方国家对华技术禁运要求，设定了很多苛刻的限制条件。比如购买美国机床，卖家会对用户定时核查，掌握设备使用情况；日本机床会安装电子围栏，一旦设备移动位置，数控系统将自动锁死；德国数控系统，往往要联网注册激活相关功能，才能开机使用。这些跨国公司的售后服务人员还会携带GPS对设备进行定位，像防贼一样防着中国用户。

04 专项的失与得

面对高端机床领域的被动局面，我国曾经在著名的《国家中长期科学和技术发展规划纲要（2006—2020年）》中，专门安排了"高档数控机床与基础制造装备"这一重大科研专项，即业内俗称的 04 专项。04 专项从 2009 年开始实施，中央财政累计投入了上百亿元经费支持，也确实集中突破了一批基础技术的卡脖子难题，把中国机床产业的技术能力整体往上提升了一大步。高端机床，尤其是被西方禁运制裁最严重的航空、航天领域，基本实现了国产替代。

不过，在 04 专项的落实中，也出现了一些规划之初未曾预料的问题：主要是市场化手段相对不足，过于依赖行政手段，导致资源过于向国企，特别是少数国企倾斜。同时，技术研发成果的落地也缺乏规划，攻关的学术色彩太浓，科研和生产处于断裂的状态，往往费尽力气搞出来的样机成果，开过专家鉴定会，形成文件，批准定型，便在科研院所内束之高阁。科研成果有没有转化为实际产品进入市场？新的机床产品怎样找到市场？这些真正重要的问题，却少有人留意。这也是 20 世纪 70 年代以来，中国机床产业屡次向上突围未竟全功的症结所在。

04 专项中重点扶持少数企业的资金分配机制，也使得相关领域地方国企，特别是有"强人"当家的企业，出现了一味追求规模快速做大的倾向，而忽视了技术上、经营上的发展质量要求。2011 年之后，随着机床产业发展周期进入下行阶段，两大国家资源重点扶持的机床企业——沈阳机床、大连机床，相继出现经营困难，直到 2019 年相继破产重整，被央企中国通用技术集团收购。

两大曾经风光无限的中国机床产业龙头企业相继破产，是否意味着雄心勃勃的 04 专项业已彻底失败？答案当然是否定的。

中国作为后发追赶者，产业政策的暂时挫折并不少见，只要总结好经验教训，失败就一定会是成功之母。就 04 专项而言，也远远未到可以对其盖棺定论的时刻。在沈阳机床、大连机床走下坡路的同时，大量的民营机床企业在快速崛起，04 专项的科研攻关成果在这些企业得到了很好的消化、吸收、扩散。比如，科德数控的 GNC60 多轴数控机床，绝大部分核心零部件已经实现了国产替代，整机性能和德日高端产品也没有明显差距。可以说，目前在高端数控机床的几乎所有卡脖子环节上，从数控系统，到主轴、丝杠、刀具，中国都已经涌现出技术水平基本过关的企业，和国外巨头已经不存在代差，所欠缺的主要是可靠性和用户口碑的积累。

现在的中国机床产业已经处在"万事俱备，只欠东风"的状态。而 2021 年，正是东风到来的起点。一方面，按照机床行业的景气循环周期，自 2021 年开始，大量上一个高峰期购置的老机床面临折旧汰换，机床重置需求将推动行业进入又一个上升周期，市场需求将稳步扩大。另一方面，美国试图联合欧洲、日本，对中国搞产业脱钩乃至高端技术的封锁，这反而会给国产高端机床难得的机会，动摇之前海外机床厂商在中国市场的种种壁垒，让更多的用户，不管是主动地还是被动地接纳国产高端机床，为其提供产品迭代乃至试错的实践机会。

传统数控技术成熟化、颗粒化、快速扩散，叠加所谓的卡脖子操作，意味着传统高端机床巨头们构筑的技术和商务壁垒已经明显松动。而在智能制造大潮下，传统高端机床的"单点"性能，对整个制造过程的影响力也已经明显减小。新的能力要素，如工业互联网、云计算、人工智能、数字孪生、虚拟现实，对于智能制造的实现，已经展现出越来越大的支撑作用。正如此前计算机对于机床产业的渗透与改造，这些新生产力要素，也必然引起机床产业格局的重构。

"三十年河东，三十年河西"，上述新生产力要素，已经超出了传统高端机床企业的能力范围，却恰恰都在中国具有相当深厚的产业基础。几乎每一个领域，中国都有具备世界级竞争力的企业出现，这意味着发展智能制造，中国机床企业享有更为优越的环境，某种程度上已经抵消乃至超越了传统机床产业巨头们的优势。

互联网 BAT 三巨头（百度、阿里巴巴、腾讯），都不同程度依托其云平台和大数据、人工智能领域能力优势，开始深入智能制造领域，推动传统工厂的数字化改造/转型。如阿里云工业互联网平台，瞄准汇聚工业设备、业务系统等关键数据，承载工艺知识、机理模型、软件工具等关键资源的目标，依托其大数据、物联网、人工智能、区块链等一系列优势技术作为底座，为中小制造业企业以相对较低的成本提供数字化改造方案，在不少行业已经积累了成功案例。

总的来说，从 2009 年 04 专项实施至今，中国机床产业的高端化之路尽管跌跌撞撞，但已经经过了重重考验，在关键技术、市场主体上，形成了进一步向上跃进的条件，随着行业景气周期东风的到来，中国机床产业一定会给我们带来巨大的惊喜，也必将助力智能制造的蓝图在中国得到率先实现。

第 22 章　光刻机：一步一个脚印补齐功课

光刻机是全民关注的关键核心技术装备。

中国目前既是全球数一数二的制造业大国，又是有名的科技大国，但是在半导体芯片领域的发展却一直落后于西方发达国家。一定程度上，在过去数十年时间里，中国科技企业在半导体芯片的发展上受到了"造不如买"等思想的影响，因而没有下定决心投入重金去研发和制造芯片。这导致我国处理器芯片在全球市场份额不到 1%，电子产品严重依赖进口处理器芯片。2020 年，中国芯片进口额同比猛增 14% 至 3 800 亿美元，是石油进口总额的两倍以上，芯片成为当之无愧的第一大进口产品类别。而在中美贸易摩擦及新的博弈背景下，中国的芯片主要从美国进口，便面临重大卡脖子风险。

光刻机之难

当然，形成当前芯片巨额进口的局面还有更复杂的因素，比如新冠肺炎疫情的影响以及国内一些科技企业囤货等。但最根本的原因则是国内没有足够先进的芯片制造能力。而在芯片制造中，作为最精密复杂、难度最高、价格最昂贵的设备，光刻机也是国内半导体产业在攻坚突破中受制于人最严重的一环。因此，任何有关国产光刻机的风吹草动都会被迅速放大、发酵。但如果能冷静下来思考，国民渴望先进光刻机国产化，主要源自国产芯片不再被卡脖子的希望，但这种希望总伴随着焦虑、焦躁甚至浮躁。显然，在追赶先进光刻机的重大目标下，这样的心态不可取，倒是"一步一个脚印补齐功课"更为切实可行。

什么是光刻机？简单来说，光刻机就是以光作为刀片在晶圆上刻画芯片图纸的机器，这个过程属于芯片生产加工最基础也是最关键的一环。整个光刻过程可以理解为，将设计好的芯片图案印在掩膜上，再用激光穿过掩膜和物镜，把芯片的图案曝光在光刻胶涂层上。通常，一台光刻机由数万个部件组成，是集合了数学、光学、流体力学、高分子物理与化学、表面物理与化学、精密仪器、机械、自动化、软件、图像识别领域顶尖技术的产物。在一台尖端光刻机上，通常可以看到世界各国顶尖技术：德国的蔡司镜头，日本的特殊复合材料，瑞典的工业精密机床，美国的先进控制软件、电源等。

在设备类别上，光刻机分为前道和后道光刻机。其中，前道光刻机用于芯片制造，后道光刻机主要用于芯片封装。在工艺技术上，光刻机又可分为无掩模和有掩模光刻机，前者技术壁垒相对较低，一般用于高分辨率掩模版、集成电路原型验证芯片等特定领域。而技术壁垒较高的有掩模光刻机，多用于先进制程的前道工艺中。如果再细分，无掩模光刻机又可分为电子束直写光刻机、离子束直写光刻机、激光直写光刻机。而有掩模光刻机可分为接触/接近式光刻机，以及投影式光刻机。此外，有掩模光刻机还可按照光刻光源的代际划分，如深紫外光刻机就属于第四代光源有掩模光刻机。

作为半导体前道工艺七大设备之首，光刻机的地位举足轻重，甚至在工业领域中堪比航空发动机。飞机曾一直被誉为现代工业"皇冠"，航空发动机则被视为"皇冠上的明珠"，是人类最顶级的工业和国家综合实力象征之一。但最近十几年来，光刻机大有挑战航空发动机"明珠之王"地位的态势。对比来看，航空发动机是在极端高温、高压条件下挑战材料和能量密度的极限；光刻机则是在比头发丝还细千万倍的晶体管上，挑战激光波长和量子隧穿的极限。可以说，两者都是人类工业的骄傲。其中，航空发动机保证全球每天逾10万架次飞机在天空中安全飞行，光刻机则在世界半导体工厂中每秒精准曝光刻蚀上千亿个晶体管。

从对工业上下游的辐射带动能力看,航空发动机通常主要应用在航空领域,或作为船舶、特种车辆的燃气轮机动力装置,在发电、采暖等领域也有运用;而光刻机制造的半导体元件,在各国经济和社会生活的方方面面都有广泛应用,直接或间接创造出的社会经济价值,明显要比航空发动机大得多。如飞机、坦克、卫星、手机、电视和电脑等整机产品,要实现正常运转,都有赖于芯片的支撑。正因如此,过去几十年,全世界的科技发明璨若星河,却只有芯片被公认为对历史进程有着深远影响。而在这样的荣光背后,制造芯片的光刻机居功至伟,并且已成为现代国家间科技和经济竞争的"国之重器"。

阿斯麦崛起

光刻机的起源要追溯到 70 多年前。1947 年,贝尔实验室发明了第一只点接触晶体管,光刻技术由此开始发展。1959年,仙童半导体研制出世界上第一个适用单结构硅晶片,并发明了掩膜版曝光刻蚀技术。当时的光刻技术比较简单,就是把光通过带电路图的掩膜投影到涂有光敏胶的晶圆上。但这项技术几乎是芯片制造的标准环节,经升级后至今还在使用。不过,早期光刻的尺度处于微米乃至毫米级别,而如今的先进半导体光刻精度则达到了纳米级别,即百万分之一毫米。值得一提的是,1965 年,因发现光刻工艺的平滑演进,仙童半导体高管戈登·摩尔（Gordon Moore）提出了著名的摩尔定律。

受益于计算机半导体产业大热，美国光刻机产业开始发展。但半导体公司通常是自己设计工装和工具，只有 GCA 医疗技术公司、川崎等少数几家公司做过一些相关设备。而自 20 世纪 70 年代起，光刻机逐渐从半导体企业的附属部门脱胎而出，形成真正的市场并快速迭代。其中，Kasper 首先推出行业领先的接触式机台，但由于掩膜和光刻胶多次碰到一起极易污染，接触式机台后来被接近式机台淘汰。1973 年，Perkin Elmer 推出投影式光刻系统，搭配正性光刻胶方便适用、良率颇高，因而迅速占领了市场。到了 1978 年，GCA 推出真正意义上的自动化步进式光刻机 Stepper，正式开启了群雄争霸时代。

20 世纪 80 年代初，乘着日本国内大公司、大财阀进入半导体行业的东风，日本的尼康、佳能等公司开始与美国光刻机企业一较高低。它们利用供应链优势，大力改进投影式光刻机等，不断挤压美国光刻机厂商的市场。1984 年，尼康已经和 GCA 平起平坐，各占全球三成市场，Ultratech 约占一成，佳能大约占 5%。但不久后，由于全球产能大规模过剩，存储芯片价格下跌了近 80%。这导致美国的半导体产业遭受巨大打击，GCA、Ultratech 等一众光刻机厂商出现严重财务危机，要么破产重组，要么被迫变卖资产。而供应链更稳定的尼康和佳能受冲击相对较小，在挺过危机后逐渐取代了美国的行业主导地位。

紧接着，进入90年代，美国光刻机企业在被边缘化的路上一去不复返。而曾经的荷兰"小弟"阿斯麦（ASML）开始崭露头角，进而与尼康、佳能正面交锋。1994年，依靠投资方飞利浦等方面的支持，阿斯麦的全球市场份额达到18%。随后，设计超前的八英寸PAS5500及IPO等给阿斯麦插上了翅膀。台积电、三星和海力士等半导体厂商广为采纳PAS5500光刻机，甚至完全改换阵营，一举助推阿斯麦在行业逐步登顶。进入21世纪，阿斯麦一发不可收拾，进而成为光刻机霸主，同时在EUV光刻机领域一枝独秀。与此同时，由于"选队"正确，台积电、三星和海力士也发展为全球半导体巨头。

至于最初窘困不堪的阿斯麦为什么能脱颖而出，有人认为，与尼康、佳能的孤岛式研发不同，阿斯麦胜在开放创新的研发模式；也有人说，阿斯麦是得益于美国的EUV LLC联盟扶持及获准收购光学企业SVG、Cymer等；还有观点认为，阿斯麦在193nm光刻光源竞争中首先采用了台积电的浸入式方案是关键。但《光刻巨人：ASML的崛起之路》一书作者瑞尼·雷吉梅克（René Raaijmakers）则表示，阿斯麦成功主要在于：管理层的出色领导，良好的团队精神，以及注重听取客户意见的企业文化等。另外，从外部环境看，光刻机行业龙头GCA破产、大量补贴资金和市场发展趋势变化，也是阿斯麦得以崛起的重要原因。

中国光刻机,征程漫漫

在美日欧企业激烈竞逐之时,国产光刻机进展如何?要知道,中国光刻机的研发起步并不算晚。1965 年,北京、石家庄和上海等地相继诞生集成电路,这标志着中国开始用光刻技术制造芯片。到了 70 年代初,国内多家科研单位先后投入研制光刻机。1977 年,中国第一台 GK-3 型接触式光刻机诞生。随后,清华大学、中科院半导体所、中科院 109 厂等机构相继研制成功各类光刻机。这些设备水平均不低,甚至接近国际主流水平。到了 1985 年,中电科 45 所研制出的分步式投影光刻机,被机械电子部技术鉴定为达到 GCA 公司在 1978 年推出的 4800DSW 光刻机水平。这使中美光刻机技术差距缩短至 7 年。

但也有人指出,这些设备偏科研项目,没有经过产线验证,并不能代表真实水平。另外,曾有一段时间,国内相关研究成果及论文在通过专家评审后即被束之高阁,导致光刻机技术停留在纸上谈兵阶段。然而,换一个角度看,在国内市场化刚启动时就攻克了光刻机技术并制造出设备,不是更能代表当时中国科研人员的实力吗?梳理国产光刻机早期发展脉络:50 年代奠基;六七十年代一路向前;而 80 年代前期仅次于美国,甚至比肩日本、领先韩国。整体上,老一辈革命者和建造者奉献自己的青春,造就了中国半导体产业的特殊荣光:自给自足性之强达到了顶峰,且基本不依赖进口。

伴随着国门初开，中国半导体的发展也存有隐忧。1980年，无锡的江南无线电器材厂（742厂）引进日本东芝的电视机集成电路5微米全套产线大获成功。随后，全国有33家单位不同程度地引进各种集成电路生产线设备，累计投资约13亿元。但在半导体大热，以及"拨改贷"政策随着中央改革应运而生的背景下，一些半导体项目很快因贷不到款戛然而止。不过，仍有极少部分重点项目一直在跟进研发，并取得一定成绩。如中电科45所，分别在1985年和1994年研制出g线1.5微米和0.8微米分步式投影光刻机；中科院光电所，于1991年研制出分辨率1微米同步辐射X-射线光刻机；等等。

与此同时，在扩大对外开放环境下，"造不如买"的思潮迅速蔓延全国。于是，各地政府大量引进国外的光刻机等半导体设备和产线，同时一大批企业抛弃独立自主、自力更生的方针，盲目走上以"贸工技"为指导的发展路线。此后，由于缺少支持和顶层设计等，国产集成电路的科研、教育及产业出现脱节，导致原有的独立半导体科研和产业体系逐渐崩塌。这时，政府也意识到发展集成电路的重要性和紧迫性。20世纪90年代中期，中央领导指示："砸锅卖铁也要把半导体产业搞上去。"自此，横跨十年的908、909工程启动。但从结果来看，两项工程的主体企业无锡华晶和上海华虹不是失败就是收效甚微。

直到2000年，在中央发布针对半导体产业发展的18号文件后，中国半导体产业才痛定思痛、总结调整。在政策补助和庞大市场等刺激下，中国整个半导体产业出现海归创业和自主发展热潮。紧接着，2002年光刻机被列入"863重大科技攻关计划"。其中，上海微电子是攻关项目主体承担企业，而中电科45所原光刻机研发团队整体迁至上海"助攻"。但这时，国产光刻机已落后国际领先水平近20年。于是，上海微电子开启艰苦追赶，并在2007年宣布突破365nm光波长的DUV（深紫外）光刻技术，研制出90nm工艺的分布式投影光刻机。但是，在西方国家禁运下，这台光刻机直到九年后才实现量产。

为什么这么多年，国产光刻机难买又难造呢？这与一个半导体行业的历史因素有关。早在1949年成立的"巴黎统筹委员会"框架下，西方就一直对社会主义国家禁运高技术光刻机。随着冷战结束、"巴统"解散，中国成为主要矛头。1996年7月，在美国主导下，33个西方国家签署了《瓦森纳协定》，以维持对中国、朝鲜和伊朗等国的现代高新技术产品封锁禁运。在这一框架下，西方国家对中国光刻机等半导体设备出口，一般遵循"N-2"的原则审批，即比最先进的技术落后两代。如果再在审批过程中拖延一下，基本上中国能拿到的设备技术就落后三代甚至更多。

此外，《瓦森纳协定》还限制华裔工程师进入欧美知名半导体公司的核心部门，严防技术泄露。即便是已出口的光刻机也有保留条款，包括禁止给国内自主芯片做代工，不得生产用于军事科研和国防领域的芯片等。而要注意的是，虽然《瓦森纳协定》允许成员国在自愿基础上对半导体技术及设备出口实施控制，但成员国在做重要技术出口决策时实际上都受到美国的影响。外部发展空间日益逼仄。为了开辟一条生路，国内曾提出"以市场换技术"理念，并大幅降低芯片进口关税。但结果可想而知，国内集成电路产业受到狂风暴雨般的冲击，光刻机市场也基本被西方国家彻底垄断。

近年来，随着国际政治经济形势发生新的变化，以美国为首的一些西方国家再次致力于用政治手段让中国买不到先进光刻机。2018年5月，中芯国际向阿斯麦订购了一台EUV光刻机，价格达1.2亿美元，预计于2019年年初交付。然而，美国方面立即盯上了这笔交易。在接下来的几个月里，美国国务卿蓬佩奥等政府官员至少四次与荷兰官员开会，讨论是否可以直接封杀这笔交易。虽然在与美方讨论时，荷兰首相曾强调"每个国家都必须做出自己的安全决定"，但最终荷方还是迫于美方压力不再续签出口许可证，阻断了这台EUV光刻机的出口。这直接导致中芯国际难以研制7nm以下工艺的先进芯片制程。

此外，美国还继续进行"长臂管辖"，把手伸到了中国台湾地区，通过所谓"美国技术占比"的相关法案阻断台积电为华为代工芯片。有趣的是，特朗普政府为达到目标分了"两步走"，即规定在台积电为华为代工的芯片工艺中，将含美国技术的比重从25%降到10%再降到0。在美国步步紧逼下，台积电最终妥协，于2020年5月15日开始不再接受华为任何新订单，9月14日后则完全断供。但美国的打压没有就此停下，甚至要赶尽杀绝。不久后，美国商务部又将中芯国际列入实体清单。不难发现，美国试图阻断中芯国际、台积电这两大中国半导体设计企业主要代工渠道，最终让华为乃至中国半导体产业无法升级。

面对严峻形势，国产光刻机要如何突围？首先，政府与企业富有战略性和前瞻性的引导投入，是光刻机突破性创新的先决条件。这是因为，半导体属于高技术、高难度的重资产行业，极其有赖于国家的统筹和动员。其实，为了推动半导体产业发展，我国政府多年来投注了相当多的资源。比如，在"863计划"的推动下，上海微电子研制出了90nm的DUV光刻机。但由于这台样机无法量产，国家于2008年又成立了"极大规模集成电路制造装备与成套工艺专项"（02专项），主攻高端光刻机技术及材料和工艺等产业配套能力。随后，除了整机制造，国家扶持了一大批光刻机配套企业的研发工作。

具体而言，其中包括长春光电所、上海光电所和国科精密研究曝光光学系统，北京华卓精科承担双工件台，南大光电研制光刻胶，启尔机电负责突破DUV光刻机液浸系统等，最终促成了90nm光刻机实现量产。而为了推进半导体产业化发展，自2014年起，国家先后成立了数千亿元规模的集成电路产业投资基金一期、二期。近年来，随着国际形势演变，中央政府继续加大了对半导体产业的投入。比如，对先进制程的半导体企业和项目实行十年免税政策，相关封装、材料等企业也给予免税待遇。此外，国家还将"集成电路"设为一级学科，加大对集成电路基础人才的培养力度。同时，各地不断出台人才扶持、专项激励等政策。

在企业方面，作为国内半导体代工厂的代表，上海微电子及其产业链企业也在积极探索突围路径。2021年年底前后，上海微电子即将交付的 28nm 光刻机，由其自身负责光刻机设计和总体集成，科益虹源提供光源系统，国望光学提供物镜系统，国科精密提供曝光光学系统，华卓精科提供双工作台，启尔机电提供浸没系统。与此同时，中芯国际也在致力攻坚芯片 $N+1$、$N+2$ 工艺。从性能比较看，中芯国际的 $N+1$ 工艺相当于台积电的 10nm 水准，$N+2$ 工艺在性能和稳定性上逼近 7nm。更重要的是，其不需要 EUV 光刻机。需要注意的是，上海微电子、中芯国际作为市场主体以及业界代表，势必需要齐心协力、相互扶持。

无论如何，对中国半导体产业界来说，目前更切实际的是尽快研制出 28nm 光刻机，进而建立"去美化"的自主生产线。因此，加快国产光刻机突破，缩短自主 28nm 光刻机产能的研发和建设周期，将成为中美在半导体博弈上的重要抓手。2020年11月，中国半导体产业协会专家表示，中国将在两年内实现 28nm 工艺技术自给自足。为了达成这一目标，各产业链企业和科研机构正在快马加鞭、矢志攻坚。其中，中芯国际已斥资共计 653 亿元分别在北京和深圳建设 28nm 工艺的芯片产线。目前，我国经济社会运转高度依赖进口半导体，对外依存度达八成。而国产光刻机一旦突破 28nm 以下技术，中国半导体产业将形成"燎原"之势。

总而言之，在当前国内外形势下，推进高端光刻机研制以及芯片国产化已成当务之急。但这一过程绝不会是一路坦途，需要大量的资本、人才和资源等要素投入，才能攻克相关产业链各个环节的难题。由于光刻机涉及极其复杂的产业链，中国要自主研发高端光刻机，就需要与全球领先的零部件厂商合作，不能因为受美国制裁就断开对外交流。此外，国产光刻机的研发也要抑制"弯道超车""完全国产化"的冲动，半导体尤其是光刻机的技术发展并没多少捷径可走，既应保持对先进技术方向的探索，也需要在传统方向上一步一个脚印补齐功课。展望未来，只要众志成城，相信国人终将攻克光刻机这个新一代"大国重器"。

第 23 章　工业软件：逆水行舟

工业软件，没有弯道超车的"捷径"。

伴随着半导体产业链国产替代的热潮，电子设计自动化，又叫 EDA 软件，突然成为新闻热点。这个用于集成电路布局设计的小众工业软件，被普遍认为是美国套在中国芯片产业脖子上的一根绞索。不少有识之士担忧，垄断市场的三家美国软件商一旦中断供应，中国集成电路设计行业就会休克。

芯片，或者说大规模集成电路产业的重要性，恐怕无须再做科普，经过近年来密集的媒体报道，公众已经耳熟能详。光刻机、光刻胶、12 寸晶圆……此前仅仅少量业内人士使用的术语，由于可能形成芯片产业链的卡脖子风险，频繁登上媒体热点，EDA 软件是最新但不会是最后的例子。这样的现象，源于芯片设计和制造的工艺链条的独特性。芯片制造兼具传统流程工业和离散工业特点，高度集成了基础科学与众多工业部类知识诀窍。漫长而复杂的连续生产流程，就如同几百个灯泡串联在一条电线上，只要有一个灯泡灯丝熔断，所有灯泡便都无法点亮。芯片产业的另一大特点，则是成百上千个工艺步骤中，每个环节都有很高的技术含量。还是以串联灯泡的例子来说，每个灯泡的技术原理都不一样，却要求实现相同的可靠性。

EDA 软件卡脖子之忧

以 EDA 软件为例，芯片设计，也就是集成电路的设计，原理并不神秘，就是把几千万乃至上亿个最简单的半导体器件，比如开关、电阻、电容、晶振，布置在芯片表面，并通过金属导线连接在一起，使之能够作为一个片上系统运行所需要的功能。抛开具体的电路设计，仅仅如此数量级的器件相互连接，就是人力无法完成的工作。不少读者制作过演示文稿或是绘制过思维导图、业务流程图，即便是在几个或者十几个知识点、业务节点之间画出有条理的连线，作逻辑串联，想要做到线条走向清晰，避免交叉，都是极耗心力的工作，更何况芯片上天文数字的元器件要整合起来，这远远超出了人类手工作业的极限。

事实上，集成电路诞生之初，其发明者就已经认识到了集成电路的设计需要配套专门的自动化软件。在集成电路制造技术突飞猛进的同时，集成电路的自动设计需求也逐步得到清晰定义和发展，最终形成了 EDA 软件这一产品门类。EDA 可以将众多半导体元器件，按照人类设想的电路逻辑和芯片尺寸规格，自动生成最优化的布局布线，建立各部分之间正确的连接。这张比世界上最复杂的迷宫还要复杂一万倍的电路设计图，就好像大楼施工的总蓝图，在其后芯片制造的过程中反复利用。EDA 软件能执行如此复杂的任务，除了依靠显性的算法技术，还离不开相关软件商掌握的功能模块 IP 资源等积累，因而形成了先行者对后来者的森严壁垒。目前，EDA 软件市场已经进入了寡头垄断时代，三家美国企业统治着这个领域，包括中国企业在内的其他厂商只能分食一些边角料。正是这种极不平衡的格局，意味着美国方面在芯片设计这个环节拥有过于危险的控制力，一旦美国企业停止对某国用户的 EDA 软件使用授权，该国几乎不可能在短期内找到替代选择，也就基本锁死了这一国家进行超大规模集成电路设计的能力。

对美国封锁 EDA 软件的担忧绝非空穴来风。2020 年，美国曾经发布禁令，禁止数值计算软件 MATLAB 向哈尔滨工业大学、西北工业大学等中国用户颁发使用许可。

正如上文所述，EDA 软件是一种工业软件。而工业软件是在工业企业运转中所需要的专用软件产品。EDA 软件属于其中面向产品研制需求的一个细分产品。除了产品研制开发需要专用的软件,企业业务运转、生产运转中的流程管理软件、设备控制软件,同样属于工业软件的范畴。

工业软件发展不如印度?

在泛工业软件领域,EDA软件这样存在被卡脖子风险的产品并不是特例。事实上,工业软件领域类似的案例不胜枚举。即便在理论上应该是西方封锁最严密、敏感性最高的国防军事工业中,设计飞机和导弹必不可少的工业软件,如用来计算流体力学、快速结构仿真、疲劳寿命测试的CAD/CFD软件,仍然大量依赖于西方供应商,尤其是美国厂商的MAT-LAB、法国达索公司的CATIA。而在民用领域,情况更不容乐观,欧美工业软件普遍占据国内市场过半份额,国产软件商往往只能抢食中低端市场份额,忙于彼此间低水平的价格竞争。

或许会让读者感到更加不可思议的是,工业软件产业上,中国甚至距离印度都有一定差距。目前,印度本土已经诞生了多家具有全球市场竞争力的工业软件巨头,比如INFOSYS、HCL、塔塔。之前中国企业美的集团收购德国工业机器人巨头库卡公司,让国人倍感自豪;但是,鲜为人知的是,长于硬件的库卡公司要转型升级,研发工业4.0、智能制造方案,还需要与印度工业软件巨头INFOSYS合作,母公司美的竟然无法在中国找到一家能匹敌INFOSYS的企业推荐给库卡。不只是库卡,曾经的全球机电装备领军者美国通用电气公司,其工业互联网业务同样是找到印度的一家企业塔塔集团进行软件系统合作。联想集团收购 IBM 个人电脑业务,曾经是中国制造业崛起的一个标志性案例,但令人深思的是,IBM 的工业软件业务却有相当一部分被印度 HCL 集团收购。

总体而言,工业软件产业上中国企业普遍实力不足,除了个别管理软件产品,在工业软件的大部分细分领域,都没有涌现出具备市场竞争力的中国产品。绝大部分国内工业软件企业被锁定在规模小、研发弱、市场认可度低、无法迭代产品和技术的恶性循环里,与国际巨头之间差距很大,甚至差距越拉越大。

中国工业软件为什么形成了这样一种发展现状?这里有两方面的原因。一方面,工业软件,特别是涉及产品研发方面的专用软件,往往凝结着海量的实际工程实践知识。这些一代代积累起来的工程经验和诀窍,才是一个工业软件企业的核心资产。如果空有精美的软件界面和前端交互,而缺少工程实践知识与数据的积累沉淀,这样的工业软件对客户而言将毫无价值,甚至会酿成灾难。不妨设想这样的场景:软件模拟环境下的结构仿真数据有误,有缺陷的结构承力部件被安装在大型客机上……这绝非危言耸听。即便经验丰富如航空工业巨头波音,在其号称开风气之先,完全实现数字设计与数字制造的首个项目——T-7A"大红鹰"教练机上,也出现了气动数值仿真与实际试飞表现的差异,以至于由于飞机大迎角机动下的意外失稳问题，不得不降低调门，宣布推迟该机型的预定量产时间。

故此，中国工业软件发展与国际一流水平的差距，其实也正是中国工业整体技术水平和发展历程的折射。中国制造虽然已经取得了长足的进步，大大缩短了与欧美发达国家和地区的差距，但是差距毕竟还没有抹平。此外，工业软件行业某种程度上可以比拟为一块海绵，吸收的是前沿制造业工程研发实践逐步扩散渗透，经年累月过滤沉淀的知识积累。中国制造业技术升级的步伐虽快，新知识的扩散仍然遵循着人类认知的一般规律，向工业软件行业的沉淀仍需时日，也就导致工业软件的发展相对滞后，还没有来得及吸收制造业前沿的工程实践知识。此外，即便手握大量工程一线实践数据，工业软件的算法等功能模块，仍然需要通过用户的使用反馈持续迭代优化。而工业软件的用户，恰恰很难有余裕的时间为国产软件提供试错空间。如果一项设计任务，用国产仿真软件时常出现问题，用国外成熟软件则能够稳定运行，仿真数据也和现实情况高度吻合，那么，怪罪用户不给国产软件机会，显然是一种苛责。

另一方面，工业软件产业的发展，从百家争鸣的春秋时代，向寡头争霸的战国时代转变，各个细分产品领域呈现头部企业一家独大的现象，而且各个细分领域之间出现了明显的横向整合趋势。大企业通过跨界并购，不断丰富自己的软件产品业务线，在每个细分领域都确立起霸主地位，并且形成产品的交叉协同。比如美国的工程仿真类软件巨头Altair，就在自己的 Hyperworks 软件平台上，以合作伙伴联盟的名义，把一些功能互补的第三方软件引入平台，购买其平台使用许可证之后，可以直接调用这些软件，既满足客户需求，又能以此拉拢一批工业软件企业进入其联营阵营，潜移默化地向一个包含用户和供应商的生态闭环转型。再比如知名度更高的美国 Adobe 公司，传媒行业各式各样的制作需求，几乎都可以由这家公司的产品实现，几乎已经没有了后来者的生存空间。

中国工业软件产业的发展，恰好赶上了这样一个全球工业软件产业的整合浪潮。国内软件业由于起步较晚，已经错过了比较安逸地实现原始积累的时间窗口，不得不直接面对和行业巨头、世界顶级产品的竞争，无论是软件产品本身的性能，还是面向用户的销售能力，都存在巨大差距。用一个夸张的例子类比：就好像一个刚拿到驾照的实习司机和专业赛车手同场竞技。

EDA 软件面临卡脖子风险，工业软件产业整体进入兼并整合的历史阶段。这两个事实放在一起，可能不少人会倍感绝望，认为逆水行舟偏遇顶头风，中国工业软件产业前景非常黯淡。但事实上，高悬在头顶的美国制裁封锁大棒，却恰恰给中国工业软件产业带来了绝处逢生的契机。中国工业发展，如果说有一个历史规律存在的话，那毫无疑问应该是：越是有外力压迫，中国产业人反而越能迸发出巨大的创造力。

历史机遇的到来

工业软件产业同样不会例外。美国人试图通过禁令和制裁，让中国科研院所和骨干企业无法使用先进的工业软件，这固然能在短时间内起到拖住中国人脚步的作用，但是从中长期来看，却应了那句俗语："搬起石头砸自己的脚。"国外巨头撤出中国市场，会给中国工业软件企业带来梦寐以求的发展机遇：之前看似高不可攀的技术和商务壁垒，现在一下子被这些巨头自己撤去了。一旦国内用户主动或被动地向国产工业软件敞开怀抱，前面提到的国内工业软件企业"死循环"就将被有效打破：软件有了现实的应用需求，企业预期改善，愿意投入研发，外部补贴和资助也大大增加，软件部署后不断收集需求，打磨迭代，逐步与国有大型企业建立起良性合作关系，树立起自己的商务壁垒，积累用户使用惯性和口碑，从而启动一种良性循环。

就以我们开头提到的 EDA 软件为例，在美国人得意扬扬收紧绞索的同时，原先被压制在边缘的华大九天等中国 EDA 软件商却迎来了发展的春天，无论是资本市场融资，还是与下游企业的对接，都出现了突破性进展，未来前景可期。正如赫鲁晓夫当年的卡脖子，大大加速了中国人自力更生突破两弹一星的进程。美国人在工业软件领域的卡脖子，也只可能收获同样的结果，那就是为中国相关产业的突围带来巨大的推动力。

中国工业软件绝地反击的号角已经吹响。

除了欧美制裁"自动"为国产工业软件让出市场空间，技术变革与产业政策优化同样将为中国工业软件发展注入巨大动力。

技术变革在上文中已经有所涉及。美国工程仿真类软件巨头 Altair 推出的 Hyperworks 软件平台，潜移默化地向一个包含用户和供应商的生态闭环转型。这种软件企业从产品化向平台化的转型，蕴含着产业格局变化的巨大机会。这是因为，平台化乃至云端化的软件即服务形态（SAAS），对软件部署环节提出了更高的技术要求，使传统巨头在软件开发环节建立的技术壁垒相对被稀释，为后发厂商田忌赛马式的差异化竞争提供了可能。

例如，中国 CAD 软件头部企业浩辰，就对应推出了其基于集中式中央服务器的 CAD 协同设计系统，可以让企业内部专网用户展开高效的协作交流。更进一步，浩辰 CAD 跨桌面应用解决方案，则一步到位实现了复杂工业软件的 SAAS 化，实现了电脑、手机等跨终端设备的协同设计需求，乃至开拓出移动办公、数据共享等轻应用功能，进一步扩大了其产品对需求的覆盖面。浩辰的云平台"CAD 看图王"，据称已经拥有了全球最大的 CAD 软件移动用户群，成为弯道超车的一个典型例证。

工业软件的 SAAS 化趋势，还有另一个重大价值，即工业软件全生命周期的支撑要素，如算法模型、代码开发、部署环境、测试交付、客户维护，均可被高度专业化、外部化。长期制约中国工业软件发展的技术转化难题，即"搞科研的做不成软件，做软件的不了解科研"，有望在这种高度专业化后迎刃而解。埋头于数据积累的科研机构，不需要再为组织软件开发工程、开拓市场客户维护之类的事情头疼，而是可以通过为要素整合者直接提供知识包实现成果输出。

事实上，以软件服务上云为主要特征的"公有云＋SAAS"产业生态，正在席卷中国产业界。刚刚习惯自购服务器部署软件的中国企业，或主动或被动，将迎接数字化转型的新挑战。

各地方国资委，目前正纷纷推出自建云平台，即国资云方案，将之作为数字化转型的政策依托平台。这些新的云平台基础设施（网络、存储、计算）服务主体，将有效疏通目前国内工业软件，乃至广义企业软件领域的生态。

国内现有公有云头部平台，在业务发展上仍有强烈的消费互联网"增长黑客"基因，业务边界从公有云基础设施（IAAS），向开发部署工具（PAAS）乃至终端应用（SAAS）延伸渗透，追求全栈式业务布局，是其明显有别于海外 IAAS 巨头的特点。更为独特的是，国内公有云巨头往往凭借其资本与流量优势，用 C 端市场"先获客，再变现"打法切入 B 端新业务，在快速孵化市场的同时，也对独立 SAAS 或 PAAS 企业形成挤出效应，这对整体商业创新效率弊多利少。美国 SAAS 产业出现过万亿元人民币市值企业（Salesforce）的盛况，这在国内仍难想象。

国资云对公有云市场集中度的稀释，无形中是对这种"巨头通吃"生态的平衡与矫正，使更多产业互联网发展的"养分"，能够下渗到中小型软件企业。同时，国资管理者的"出手"，也将有效推动相对稳健的大中型国企，以更大力度拥抱工业软件变革，为国内企业打开此前难以进入的领域。

"互联网的下半场属于产业互联网"，自 2018 年马化腾提出这一观点以来，企业数字化转型的声势之大，从中国知网的文献数据统计可窥一斑。企业信息化上一轮热潮的关键词 SAP，自 2011 年以来热度不断走低；而"数字化转型"为主题的报道与研究，则在 2018 年以来井喷式涌现。

然而，与这种超高声量相比，企业界，尤其是关键行业关键客户——国有企业群体，数字化转型实际推进则相对保守。这固然源于业务场景、业务逻辑在复杂性、可靠性上的严苛要求，少有 SAAS 企业技术能力和行业经验能够匹配。此外，国企业务对经济民生的巨大外部影响，也使本地工作负载迁移上云，不得不慎之又慎。

不过，在现象的另一面，国企数字化转型的保守相当程度上也源于传统企业信息系统开发模式下，大中型国企往往倾向于以新设子公司的方式，自行搭建开发运维团队，自建专线、专网、专用软件、专用机房来实现需求，在"公有云＋SAAS"的产业变革浪潮中，这种"一企一云"的重复建设，实质上可能降低而非提高资源配置效率。

而地方性国资云,则是一种打破传统格局的有益探索,某些方案中还明确规定了"各市管企业及所属企业原则上不再新建、升级或扩容数据中心(机房),不再新购服务器、存储设备等硬件资源",这已不仅是对企业数字化转型"各自为战"的治理,更是主动对国企业务上云的"步调"提出要求。

正如上文所述,除了技术趋势的变化,产业政策顶层设计,同样利好国内工业软件发展。地方性国资委的调度筹划之外,2021年,资本市场还有一个重大动作——北京证券交易所设立,这对工业软件发展同样将注入强心针。

诸多国内工业软件企业,限于其高度聚焦的垂直市场及巨头挤压,营收规模往往十分有限,从而陷入"缺技术—缺市场—缺资本"的死循环。然而,北交所的成立,为广大中小型软件企业提供了直接融资的新空间,此前提到的浩辰,目前就是新三板挂牌的中型企业。北交所的成立,很可能将惠及一大批类似浩辰这样的细分领域中国"赶路人"。

总体而言,中国工业软件产业,业已站在了转型升级的历史性机会前,未来发展值得期待!

第 24 章 深海探测：海洋里的角逐

西方文明的精神圣地，出现了东方奋斗者的身影。

人类在对大自然的探索中，探索的往往是两个极限：向上，是无尽星空；向下，是蔚蓝深海。马里亚纳海沟挑战者深渊，就是深海的极限。2020 年年底，这里出现了三张东方人的面孔：是年 11 月 10 日，奋斗者号载人深潜器在马里亚纳海沟成功坐底，深度达到海平面下 10 909 米。作为人类历史上第四艘抵达挑战者深渊的载人深潜器，它是能力最强、技术最先进的一艘。更关键的是，它出自中国制造。

深海探索的人们

事实上，在中国之前，只有美国实现过载人探测马里亚纳海沟。1960年1月，美国海军的里雅斯特号深潜器，就带着双人乘组成功坐底海沟。尽管这艘船属于美国海军所有，却由瑞士人设计，意大利制造，整合了许多欧洲技术。下潜过程中的深潜器操纵员也是瑞士人。这台传奇深潜器虽然只在海沟里待了20分钟，却验证了当时美国海军载人深潜器的实力，海军的工程师们随即将相关技术用于深海救援等实用化装备的研发。

有趣的是，探险的航路一旦开辟，探险者就络绎不绝。2012年，痴迷海洋文化的知名电影导演、执导了《泰坦尼克号》《阿凡达》的詹姆斯·卡梅隆（James Cameron）拉到赞助，专门定制了深海挑战者号单人深潜器并亲自驾驶，于当年3月26日成功坐底马里亚纳海沟，成为第三个抵达地球深极的人。

微软联合创始人保罗·艾伦（Paul Allen），其后购置了海燕号保障船，使用无人深海探测器找到不少第二次世界大战战沉名舰，圆了不少海军迷的终极梦想。随着技术的成熟，职业探险家维克多·维斯科沃（Victor Vescovo），还推出了"五极探险"商业项目，使用定制的制约因素号载人深潜器，依次探索五大洋最深部。其后一年多，制约因素号又陆续完成了多次马里亚纳海沟坐底，实现了常态化运营。

盘点了这些先驱者，再来与奋斗者号对比，中国深潜器的优势可以归结为三个"最"：最大的空间，最强的动力，最好的通信。

首先，奋斗者号钛合金耐压球体内径超过 2 米，内部空间远大于内径 1.5 米的制约因素号；其次，奋斗者号的充油锂电池技术水平比以往的银锌电池有跨代进步，容量也更大；最后，在通信领域，奋斗者号可以实现万米海底与母船的数据、图片乃至低帧率影像传输，优于深海挑战者号和制约因素号单纯的无线电传输，彻底脱离了"通信靠喊"的时代。

能力越强，责任越大。跟前辈相比，奋斗者号是一艘名副其实的作业型深潜器，可以搭载更多的乘员，操作更多的探测设备，在深海活动时间更长，移动范围更广。这些能力优势，都直接服务于科学与工程项目现实需求。据媒体报道，奋斗者号将使用高分辨率声纳对挑战者深渊进行海底地形测绘。

中美两大国，为什么不约而同要探索挑战者深渊？19 世纪 70 年代，刚刚结束内战的美国，就展开了对海洋"新边疆"的热情探索。频繁的美国环球航海与科考，在欧洲列强帝国主义化的前夜，触动了大英帝国逐渐紧绷的神经，一场心照不宣的英美探海竞赛悄然展开。相似的一幕，百余年后又在美苏登月竞赛上重演。

为了夺回海洋探索的声望，皇家海军与英国皇家学会通力合作，专门改造挑战者号护卫舰，组成 200 多人的庞大科考团队，自 1872 年年底出发，至 1876 年年中返航，展开了为期近 5 年、航程近 13 万千米的环球海洋科考，对沿途水深、水温、洋流、气象、海洋生物、海底矿物乃至亚洲各沿海地区人文地理进行了翔实的调查。

这次载入史册的科考，被誉为自 15、16 世纪地理大发现以来，人类对这颗星球认识的最大飞跃。挑战者号探险成为海洋科学的分水岭：在此之前，海洋学仍然不脱文人博物雅趣；在此之后，海洋学成为一门严谨的自然科学学科。正是在这次探险中，挑战者号发现了马里亚纳海沟，并对其深度进行了人类有史以来第一次测量，海沟的最深部后来被命名为挑战者深渊。

也许是深海太过神秘，挑战者号不光拓展了科学的边界，也对当时的大众文化产生了深刻影响。1904 年，德国生物学家恩斯特·海克尔（Ernst Haeckel），在浩如烟海的挑战者号科研文献中，特地选择出视觉冲击力强、诡秘的海洋生物图像，结集出版了一本面向大众市场的画册。这本满是扭曲花纹和触须的画册，被认为深深影响了后世克苏鲁世界的创造者，霍华德·洛夫克拉夫特（Howard Lovecraft）。

洛夫克拉夫特在这些神秘生物的影响下，创造出来一系列克苏鲁文化主题作品。在这些作品中，远洋探险、深渊探秘往往会触发一系列神秘事件。这些事件难以用现有的科学体系解释，最终催生了不可名状的恐怖。不过，在当代的文化艺术作品中，对于深海生物的设定，则显得更加简单。在电影《哥斯拉 2：怪兽之王》中，哥斯拉的栖息地，就是海底的古老文明遗迹。类似的设定，克苏鲁世界观下南太平洋底的沉没都市拉莱耶也曾运用过。

不过，海底生物文化并不是西方世界的专利。中国的《小精灵画传》系列中《海底迷宫覆灭记》一集，展现了浑身触手、体型巨大的章鱼怪兽。在当时国内的很多科幻科普作品中，深海则变成了一个拥有巨大探索空间的宝库。这种夹杂着畏惧的技术乐观主义，也与 20 世纪改革开放后，我国飞速上升的国力相契合。

"挑战者"的文明意蕴

从表面来看，克苏鲁文化的诞生，代表着深海探险为通俗文化提供了无限的创作素材。但是，从更长远的角度来看，深海探险标榜的绝对实力，最终帮助美国这样的国家抢到了故事的定义权。虽然挑战者号的名字起源于大英帝国工人阶级的拳击运动，但是随着国力的变迁和新探险的诞生，这个属于英国人的名号，逐渐变成了美国人的象征。

1972 年 12 月发射的阿波罗 17 号飞船，是迄今为止美国载人登月计划的最后一次任务，也是科研探索内容最丰富的一次任务。这艘飞船的载人登月舱，也被命名为挑战者号。这个特殊的名号，后来又被 NASA 授予一架航天飞机。在 1986 年挑战者号航天飞机悲壮的事故中，这个名字得到了升华。在堪称美国科幻文艺支柱的《星舰迷航》的世界中，主创团队也加入了一艘名为挑战者号的太空战舰。

这正是欧美执迷于挑战者深渊的原因：从 19 世纪末的大规模科考竞赛开始，美国通过对世界极限的定义，在 20 世纪完成了属于自己的文明叙事。在那个年代，这样的探索不仅帮助美国争取到了领土和资源等现实利益，也是美国海军实力的体现。这些探险让美国的国家形象为之一变：不再是北美大陆上孤独的新教流亡者桃花源，而是源于古希腊和古罗马、一路西向传承的"西方文明"跨大西洋共同体一员乃至领导者。而对于中国而言，深海探测同样不仅是单纯的技术突破，也标志着中国在黄土文明的基础上，开始向兼顾海陆的文明形态做出宝贵的探索，完成属于中国的文明叙事重构。

挑战者一词，其后也演化出别样的寓意，成为英语中英勇探索精神的代称。挑战者深渊突然出现了来自中国的奋斗者号，这种象征意义的反差，引发了西方社会公众的认知失调，让其主流媒体一时失语：针对奋斗者号的相关报道，欧美主流媒体与业界相当默契，选择视而不见或轻描淡写。当被问及如何评价奋斗者号时，"五极探险"的名人维克多·维斯科沃转而大谈奋斗者号乘员的伙食，生动诠释了何为"王顾左右而言他"。

中国人是如何实现这一工程成就的？回到1956年，在当时，中共中央发出了"向科学进军"的号召；同年3月，国家科学规划委员会成立。钱学森担任各专业领域审核抓总的综合组组长，意图"迅速壮大我国的科学技术力量，力求某些重要的和急需的部门在十二年内接近或赶上世界先进水平"。

国家科学规划委的成果——600余万字的《1956—1967年科学技术发展远景规划纲要（修正草案）》，是中国第一份、也是世界第一份国家规模的发展科学技术的长期规划。在这份规划当中，位列第七的"中国海洋的综合调查及其开发方案"就此成为新中国第一份海洋科学规划。

1958年，为了贯彻该规划，中国进行了第一次全国海洋普查，摸清近海家底。在时任中科院秘书长裴丽生的支持下，中科院海洋研究所成为一个综合性海洋探索研究机构。裴丽生提出，对海洋调查船及水下海洋生物的考察设备应予留意。不过，当时的中国，经济与科技水平都相对受限，一切还只是设想。

上述规划的制定对苏联有所借鉴，但又不是简单翻版，而是贯彻有中国特色的方法论，十二年规划所形成的特有风格与传统一路延续至今。这套中国科研管理的"独门秘籍"，在战略上继承着十二年规划"以任务为经，以学科为纬，以任务带学科"的基本原则，使科学研究贯穿着明确的方向感与使命感。

我们的科技规划效果到底如何？不妨看看我们的对手如何评价：美国对华政策策源地之一——美中经济与安全评估委员会，在2016年发布了一份专题报告，以洋洋洒洒三百多页的篇幅，剖析中国科技管理体制机制，为此后被视为中美贸易摩擦起点、实则聚焦中国高科技产业发展的301报告做了铺垫。这份以科技为主题的报告，恰到好处地提及了中国的深海开发和航天探索产业。既然对手如此重视，还要专门想办法对付我们，那说明我们恰恰走在正确的道路上。

在战术上，中国科研历经数十年打磨，形成了"闷声发财"的独特风格，循序渐进，一步一个台阶提高能力。上台阶的动作拆解成"跳跃"和"下蹲"。跳跃阶段聚焦集成创新。下蹲阶段则通过带动关键子系统的国产化完成自主创新，为下一个台阶的跳跃创造条件。"多做少说，只做不说"的中国工程师们，借此完成了一系列的技术飞跃。

20世纪70年代后，随着中国核潜艇走向大洋，海上石油勘探等产业也崭露头角，深潜装备终于进入中国科研视野，依托国内技术，同步开展深海无人机器人和载人深海救生艇的研制。可喜的是，不同院所研制的两台装备，均在1986年成功实现海试。从零到一，"有没有"的问题解决了。

在实现从零到一的突破后，中国深潜装备研发转入了下蹲阶段，在资源有限的情况下，集中力量攻坚更急需的深海无人平台，引进并消化国外先进技术，成功研制了6 000米作业型无人深潜器CR-01。1995年，CR-01在东太平洋锰结核矿海区执行了多次海底探测，获得大量第一手资料，确保了中国作为先驱投资国的15万平方千米矿区的权益，同时也标志着在深潜无人平台领域，中国已经达到了世界先进水平。

载人深潜突围路

与无人深潜器方向的生机勃勃相比，载人深潜器研制则频频碰壁。20世纪90年代的中国经济，还不足以支撑对载人深潜的需求。1995年，CR-01东太平洋作业现场，中船702所总师徐芑南接到国内跨洋来电："大深度载人深潜器"立项努力又一次失败了。这意味着来年开始的第九个五年计划期间，702所立项努力也将很难获得支持。60岁的徐芑南选择了退休，开始了带孩子、买菜做饭的中国式晚年生活。

转机在千禧年出现了。2000年前后，负责管理海洋矿产的联合国国际海底管理局，提出对新资源的勘探申请必须要有载人深潜器配套，使中国载人深潜的推动者看到了一缕曙光。在现实需求的驱动下，2001年年底，历经近十年论证与申报，"7 000米载人潜水器"重大专项终于被列入"863"计划，科技部于2002年6月正式批复立项，中国船舶重工集团第702研究所承担了7 000米载人潜水器总体集成工作，这就是蛟龙号的由来。

领受研制任务后，所长吴有生发现，702所在岁月蹉跎中人员流失严重，甚至凑不起研制总师班子。一天晚上，正在旧金山带孙子的徐芑南忽然接到所长的电话，退休六年的他毫不犹豫地决定马上回国。这位老人一边服用降压药平复激动的心情，一边向家人解释这个突然的决定："回去还是可以做点事的。"

总师没人，下面的主设计师更是短缺。来所工作才3年、刚刚24岁的叶聪，就赶鸭子上架，成了蛟龙号总布置主任设计师。返聘老头加上职场新手，开始了蛟龙号的研制。他们反复观看《泰坦尼克号》等电影片段，凭截图去反推深潜器舱室布局，甚至联络导演詹姆斯·卡梅隆团队找寻资料，又争取与美方开展联合深潜科考，通过实际体验形成自己的总体设计方案。

总体方案有了，关键零部件、子系统在国内几乎是一片空白。作为总体单位的702所都"青黄不接"，何况各个辅机厂所。怎么办？还按老办法，先跳上台阶，把集成创新这一步跨过，再蹲下蓄力，解决自主配套问题。在蛟龙号中，大约有60%的关键设备是委托国外制造的，包括由俄罗斯加工制造的钛合金载人球舱、由美国进口的固体浮力材料。

当然，国内也并非无所作为。例如，中科院声学所研制的高速水声通信设备，就已经超越了当时已知的所有国外设备的性能。2009年，蛟龙号制造完成，开始下潜测试。叶聪转职当起了蛟龙号驾驶员。2012年6月，蛟龙号在马里亚纳海沟下潜至7 020米，突破了7 000米的设计深度，这也是世界同类型载人潜水器的最大潜深纪录。正式立项十年之后，7 000米载人潜水器研制取得了圆满成功。

蛟龙号的成功，只是中国式科研实践的第一步。2014年，4 500米载人深潜器深海勇士号正式立项，这个难度尚不及蛟龙号的新项目，用意就是完成"下蹲"，即实现深潜关键技术的国产化突破。与蛟龙号相比，深海勇士号实现了钛合金耐压壳、固体浮力材料、锂电池、推进马达、液压系统、水下定位等十大核心技术的突破，国产化率达到95%，全面更新配套体系，为集成创新的新突破奠定了基础。

2016年7月,"全海深载人潜水器总体设计集成与海试"项目正式立项,37岁的叶聪成为总设计师。在配套能力的支撑下,项目明确提出国产化率不低于90%的要求,载人深潜技术新的"跳跃"开始了。短短四年后,奋斗者号全海深潜器成功坐底挑战者深渊。

这并不是中国深海探测的终点,甚至还没有画上逗号。随着深潜关键技术的突破、国内配套能力的健全,地方与企业也开始涉足深海探索。在国家自然科学基金和上海市科学技术委员会的经费支持下,上海、杭州高校及企业展开了民间版万米载人深潜器的研制,采用小型钢制耐压壳等方式节约成本,有望使深海探索的门槛进一步降低。

在公布不久的《中华人民共和国国民经济和社会发展第十四个五年计划和2035年远景目标纲要》中,明确提出了瞄准空天科技、深地深海等前沿领域,实施一批具有前瞻性、战略性的国家重大科技项目。在掌握了可以全海深作业的有人、无人深潜器技术之后,下一个深海领域的突破点在哪里?深海空间站是一个有希望的方向。

载人航天在飞船时代后迎来空间站,深海探索的未来同样是长期驻留作业。按照中国式科研的风格,我们推测,中国载人深海空间站已经进入实质性工程阶段。一些论文中甚至提到了核动力供能的概念。有了空间站,当然也会有配套的往返"飞船",与空间站对接,补给物资,轮换人员,实现长期的人员值守。极富冲击力的科幻画面,可能在不远的未来成为现实。

正如蒸汽船的突破带来殖民竞赛的浪潮,深海探测技术同样有着改变生活面貌的潜力。覆盖地球三分之二的海洋,蕴藏着大规模的海底矿物和全新能源:可燃冰、锰结核矿、海洋石油……如果依托于海底天然的高压环境,二氧化碳可以维持液体状态。在海底寻找合适的盆地或裂隙地形,灌入巨量的二氧化碳,形成"碳湖",可以解决相当一部分碳排放的处理问题。

奋斗者代表着肯吃苦、能吃苦、相信勤劳投入就能有收获的形象,挑战者则更多包含着短促激烈的人与人对抗意味。张扬的挑战者是可畏的,沉默的奋斗者同样可以做到一些非同寻常的事情。奋斗者号踏入挑战者深渊,似乎也因此有了一种别样的意味。再次踏上上升期的东方文明,焕发出的能量与19世纪的西方文明相比,不刺眼,更内敛,也因而更有宁静致远的绵长后劲。

后 记

孙 斌

观察者网·科工力量栏目主编

本书是我们在 2021 年推出的视频课程"中国制造：一场未来十年的大博弈"基础上完善并扩充了接近一倍的内容后形成的。具体分工如下：李沛、程小康、赵宝瑞、陈兴华、王一鸣进行撰稿，李沛负责统稿，孙斌负责整体策划。

这本书虽然起了一个很大的题目，但并不是也不可能做到对中国制造的全面考察。我们的目标是：假如你对中国制造何以改变我们的社会进而重塑今天的世界格局这类问题感兴趣，我们希望提供方便，节省你的时间，帮你较快获得通识性的、相对高质量的了解。

越是靠近我们生活的当下，历史就越难写，何况要写中国制造用几十年走过西方国家用几百年走完的路，其中还涉及许多非常专业的领域。要了解这么多的行业，抓住问题的重点，用一般公众能够理解、看得下去的语言讲清楚，都是写作中遇到的挑战。希望最后的成品能够对得起读者。

尽管我们尽可能核实了每一个信息点和知识点，但由于涉及的知识领域太多、太新，难免还有差错。好在我们的栏目一直在网上更新，与读者的交流比较方便，欢迎读者予以批评指正，以便日后修订。因为涉及太多的信息来源和参考文献，并且许多信息来自互联网，所以很难对每个信息都核实最原始的出处。经过考虑，决定不一一罗列了。

感谢观传媒的沙烨老师、金仲伟老师以及中国人民大学出版社的马晓云老师、王海龙老师，在他们的支持下，本书得以问世。

"中国人总是被他们之中最勇敢的人保护得很好。"在今天这样一个复杂又动荡不安的世界，一个实业兴旺的强大祖国，总是给我们勇气和希望。

2022 年 3 月

图书在版编目（CIP）数据

实业强国：中国制造自强之路/观察者网·科工力量栏目组编著． -- 北京：中国人民大学出版社，2022.4
ISBN 978-7-300-30421-2

Ⅰ.①实… Ⅱ.①观… Ⅲ.①制造工业-工业发展-概况-中国 Ⅳ.①F426.4

中国版本图书馆CIP数据核字（2022）第041362号

实业强国
中国制造自强之路
观察者网·科工力量栏目组 编著
Shiye Qiangguo

出版发行	中国人民大学出版社		
社　　址	北京中关村大街31号	邮政编码	100080
电　　话	010-62511242（总编室）	010-62511770（质管部）	
	010-82501766（邮购部）	010-62514148（门市部）	
	010-62515195（发行公司）	010-62515275（盗版举报）	
网　　址	http://www.crup.com.cn		
经　　销	新华书店		
印　　刷	天津中印联印务有限公司		
规　　格	148mm×210mm　32开本	版　次	2022年4月第1版
印　　张	11.5	印　次	2022年4月第1次印刷
字　　数	218 000	定　价	68.00元

版权所有　侵权必究　印装差错　负责调换